“十四五”职业教育国家规划教材

高等职业教育汽车类新形态一体化教材

汽车发动机机械系统检修

（第2版）

主　编　曾　鑫　杨时川
副主编　胡望波　邱翠榕　胡汉桥
　　　　吴雅莉　丁新桥
参　编　周　磊　李　蓉　潘卫东
　　　　吴光武　王志强

QICHE FADONGJI JIXIE XITONG JIANXIU

中国教育出版传媒集团
高等教育出版社·北京

内容简介

本书是“十四五”职业教育国家规划教材，由“十三五”职业教育国家规划教材修订而成。本书以汽车发动机机械系统常见故障检修任务为依据，采用任务驱动式教学方法，按照企业实际工作中的典型工作任务，对发动机机械系统的教学内容进行重新整合，从分析故障原因开始，确定完成检修作业所需的知识和技能，将学习内容凝练为知识点和技能点，易于学习和总结。本书在阐述发动机机械系统基本结构、原理与检修方法的同时，突出对职业岗位综合能力的培养。

本书分7个项目，共22个学习任务，包括解读汽车发动机机械系统、曲柄连杆机构的检修、配气机构的检修、润滑系统的检修、冷却系统的检修、燃料供给系统的检修、发动机总成的检修等内容。

本书内容全面、资料翔实、图文并茂、通俗易懂，并配套有丰富的授课教案、电子课件、微课、技能视频、授课视频、动画等数字资源，以及大量来源于企业的真实案例视频，是一本新形态一体化教材。另外，本书配套提供任务工单手册，共设计10个任务工单和对应的测试习题。本书视频类资源可以通过扫描书上的二维码在线学习，全部资源可通过“智慧职教”(www.icve.com.cn)平台上的“汽车发动机机械系统检修”课程进行学习。“智慧职教”使用方法详见“智慧职教”服务指南。

本书可作为高等职业院校汽车类专业相关课程的教材，也可作为相关企业的培训资料，同时还可作为汽车维修技术人员的参考资料。

授课教师如需本书的教学课件等资源，可发送邮件至 gzjx@pub.hep.cn 获取。

图书在版编目（CIP）数据

汽车发动机机械系统检修 / 曾鑫，杨时川主编. -- 2版. -- 北京 : 高等教育出版社, 2024.12
ISBN 978-7-04-062025-2

Ⅰ. ①汽… Ⅱ. ①曾… ②杨… Ⅲ. ①汽车-发动机-机械系统-车辆检修-高等职业教育-教材 Ⅳ. ①U472.43

中国国家版本馆CIP数据核字(2024)第058631号

策划编辑 姚　远　　责任编辑 姚　远　　封面设计 姜　磊　　版式设计 童　丹
责任绘图 于　博　　责任校对 陈　杨　　责任印制 赵　佳

出版发行 高等教育出版社
社　　址 北京市西城区德外大街4号
邮政编码 100120
印　　刷 大厂回族自治县益利印刷有限公司
开　　本 787mm × 1092mm　1/16
印　　张 16.25
字　　数 400千字
购书热线 010-58581118
咨询电话 400-810-0598
网　　址 http://www.hep.edu.cn
　　　　 http://www.hep.com.cn
网上订购 http://www.hepmall.com.cn
　　　　 http://www.hepmall.com
　　　　 http://www.hepmall.cn
版　　次 2018年6月第1版
　　　　 2024年12月第2版
印　　次 2024年12月第1次印刷
定　　价 48.80元

物 料 号　62025-00

“智慧职教”服务指南

“智慧职教”(www.icve.com.cn)是由高等教育出版社建设和运营的职业教育数字教学资源共建共享平台和在线课程教学服务平台,与教材配套课程相关的部分包括资源库平台、职教云平台和 App 等。用户通过平台注册,登录即可使用该平台。

- 资源库平台:为学习者提供本教材配套课程及资源的浏览服务。

登录“智慧职教”平台,在首页搜索框中搜索“汽车发动机机械系统检修”,找到对应作者主持的课程,加入课程参加学习,即可浏览课程资源。

- 职教云平台:帮助任课教师对本教材配套课程进行引用、修改,再发布为个性化课程(SPOC)。

1. 登录职教云平台,在首页单击“新增课程”按钮,根据提示设置要构建的个性化课程的基本信息。

2. 进入课程编辑页面设置教学班级后,在“教学管理”的“教学设计”中“导入”教材配套课程,可根据教学需要进行修改,再发布为个性化课程。

- App:帮助任课教师和学生基于新构建的个性化课程开展线上线下混合式、智能化教与学。

1. 在应用市场搜索“智慧职教 icve”App,下载安装。

2. 登录 App,任课教师指导学生加入个性化课程,并利用 App 提供的各类功能,开展课前、课中、课后的教学互动,构建智慧课堂。

“智慧职教”使用帮助及常见问题解答请访问 help.icve.com.cn。

资源索引

续表

续表

第2版前言

党的二十大报告指出，要坚持教育优先发展、科技自立自强、人才引领驱动，加快建设教育强国、科技强国、人才强国，坚持为党育人、为国育才，全面提高人才自主培养质量，着力造就拔尖创新人才，聚天下英才而用之。本书以党的二十大精神为指引，将创新精神、文化自信、绿色发展等理念融入教材内容中，力争培养有理想、有担当、有国际视野的高素质技术技能人才。

汽车发动机机械系统检修相关知识是汽车检修从业人员的必备知识，是进行发动机电控系统检修和综合故障检修的基础。以往，在学习汽车发动机机械系统检修相关知识的过程中，学习者最头疼的就是图片不易看懂，对相关零部件认识不够清晰。本书是一本新形态一体化教材，配套提供丰富的数字化教学资源：三维模型动画、工作原理动画可对汽车发动机机械系统进行直观展示，使学习者对汽车发动机零部件的结构一目了然；微课主要用于讲解不易弄懂的原理性知识点；实操视频主要用于讲解相关技能点的具体操作步骤。此外，由于不同车型的发动机技术可能存在差异，书中还提供不同车型在4S店中的真实案例，以便让学习者了解最新技术，使书中的基础知识学习和技能训练落地。

通过大量的企业调研、走访，书中归纳总结了关于汽车发动机机械系统检修的典型工作任务，将具体知识归纳进“知识点”，将技能要求整合到“技能点”，并配以相关的数字资源，深入浅出，系统阐述汽车发动机机械系统结构和工作原理，详尽描述具体的故障诊断和维修技能，完全能够满足实际中汽车发动机机械系统检修岗位的知识和技能要求。

本书为修订版，针对第1版教材使用教师所反馈的意见，将原附录内容调整为项目六燃料供给系统的检修，对项目二曲柄连杆机构的检修内容进行重构更新，对全书关键技能点增加了国赛车型一汽大众迈腾汽车维修手册中的相关标准，对企业案例进行了更新，并增加了国赛考核标准。

全书对课程思政进行了设计更新。本书分为7个项目，共22个学习任务，包括解读汽车发动机机械系统、曲柄连杆机构的检修、配气机构的检修、润滑系统的检修、冷却系统的检修、燃料供给系统的检修、发动机总成的检修等内容。本书在配套资源方面新增任务工单手册，共设计10个任务工单和对应的习题测试，包括发动机总体结构的认识、附件及气缸盖的拆装、拆卸和安装活塞连杆组、拆卸和安装曲轴、拆卸和安装平衡轴、拆卸和安装凸轮轴与气门组、拆卸和安装正时链条、拆卸和安装油底壳与机油泵、拆卸和安装冷却液泵、检测发动机机油压力等。

本书由武汉软件工程职业学院曾鑫和杨时川任主编并统稿，咸宁职业技术学院胡望波和武汉软件工程职业学院邱翠榕、胡汉桥、吴雅莉、丁新桥任副主编，武汉软件工程职业学院周磊、李蓉、潘卫东、吴光武、王志强参与了内容编写和数字资源建设。全书编写主要分工如下：曾鑫编写项目1并统稿，邱翠榕编写项目2，吴雅莉编写项目3，胡望波编写项目4，杨时川编写项目5，胡汉桥编写项目6，丁新桥编写项目7。全书由武汉软件工程职业学院张红卫教授主审。

在本书的编写过程中，相关企业的汽车维修技术专家和管理人员给予了大力支持和帮助，其中，武汉汇丰汽车销售服务有限公司（武汉唐海波技能大师工作室）高级工程师唐海波、湖北威马楚通实业集团有限公司培训总监姜险峰为本书提供典型故障案例并对故障案例内容进行审核，在此表示衷心的感谢。在本书编写过程中参考了大量的书籍和维修手册资料，在此对所参考文献资料的作者表示真诚的感谢。

由于编者水平有限，书中难免有疏漏和不妥之处，敬请广大读者批评指正。

编　者

2024 年 5 月

第 1 版前言

发动机机械系统检修相关知识是汽车检修从业人员的必备知识，是进行发动机电控系统检修和综合故障检修的基础。

以往，在学习发动机机械系统检修相关知识的过程中，学习者最头疼的就是图片不易看懂，对相关零部件认识不够清晰。本书是一本全新的数字化教材，配套提供大量数字化教学资源：三维动画、工作原理动画可对发动机机械系统进行直观展示，使读者对汽车零部件的结构一目了然；微课主要用于讲解不易弄懂的原理性知识点；技能视频主要用于讲解技能点的具体操作步骤。此外，由于不同车型的发动机技术可能存在差异，书中还提供 4S 店不同车型的真实企业案例，可让读者了解最新技术，让书中的基础知识学习和技能训练落地。

通过大量的企业调研、走访，书中归纳总结了关于发动机机械系统检修的典型工作任务，将具体的知识归纳入“知识点”，将技能要求整合到“技能点”，并配以相关的数字资源，深入浅出，系统阐述发动机机械系统结构和工作原理，详尽描述具体的故障诊断和维修技能，完全能够满足实际发动机机械系统检修岗位的知识和技能要求。

全书包括 6 个项目，共 20 个学习任务，包括解读汽车发动机机械系统、曲柄连杆机构的检修、配气机构的检修、润滑系统的检修、冷却系统的检修和发动机总成检修等内容，基本囊括发动机机械系统所涉及的维修知识和技能。

本书由武汉软件工程职业学院汽车工程学院曾鑫任主编并统稿，邱翠榕、杨时川任副主编，郑振、王旭东、胡汉桥、吴浩、李蓉、刘霞、陈珊、罗振华、姜小东、刘彦笈、刘志君、丁新桥、胡春红、谈丽华、鄂义、陈高等参与了内容编写和数字资源建设。全书编写主要分工如下：曾鑫编写项目 1，邱翠榕编写项目 2，杨时川编写项目 3，郑振编写项目 4，罗振华编写项目 5，刘志君编写项目 6。全书由武汉软件工程职业学院张红卫主审。

在本书的编写过程中，相关企业的汽车维修技术专家和管理人员给予了大力支持和帮助，在此表示衷心的感谢。在本书编写过程中参考了大量的书籍和维修手册资料，在此对参考文献的作者表示真诚的感谢。

由于作者水平有限，书中难免有疏漏和不妥之处，敬请广大读者批评指正。

编　者

2017 年 11 月

目录

项目 1
解读汽车发动机机械系统

任务 1.1　汽车发动机发展历程

1.1.1　汽油发动机发展历程

微课
汽车发动机
的发展历程

动画
蒸汽汽车
的诞生

1. 汽油发动机出现之前的摸索阶段

18 世纪中叶，瓦特改良了蒸汽机，此后人们开始设想把蒸汽机装到车上载人。1769 年，法国工程师古诺制造出第一辆蒸汽机驱动的汽车（见图 1.1）。这辆车全长 7.23 m，时速为 3.5 km。1771 年，古诺改进了蒸汽汽车，时速可达 9.5 km，可牵引 4 ~ 5 t 的货物。

图 1.1
蒸汽机汽车

1858 年，定居在法国巴黎的里诺发明了煤气发动机，并于 1860 年申请了专利。该发动机用煤气和空气的混合气体取代往复式蒸汽机的蒸汽，使用电池和感应线圈产生电火花，用电火花将混合气点燃爆发。这种发动机有气缸、活塞、连杆、飞轮等。煤气发动机是内燃机的初级产品，因为煤气发动机的压缩比为零。

1867 年，德国人奥托（Nikolaus August Otto）受里诺研制煤气发动机的启发，对煤气发动机进行了大量的研究，制作了一台卧式气压煤气发动机。后经过改进，于 1877 年 8 月 4 日申请专利，在 1878 年法国巴黎举办的世界博览会上展出了他制作的样品。由于该发动机工作效率高，引起了参观者极大的兴趣。在长期的研究过程中，奥托提出了内燃机的四冲程理论，为内燃机的发明奠定了理论基础。德国人戴姆勒和卡尔·本茨根据奥托发动机的原理，各自研制出具有现代意义的汽油发动机，为汽车的发展奠定了基础。

1892 年，德国工程师狄塞尔根据定压热功循环原理，研制出压燃式柴油机，并取得了这种发动机的专利权。

2. 四冲程发动机的应用

往复活塞式四冲程汽油机是德国人奥托于 1876 年在大气压力式发动机的基础上发明并投入使用的。其采用了进气、压缩、做功和排气四个行程，热效率从大气压力式发动机的 11% 提高到 14%，而发动机的质量却降低了 70%。相比于二冲程发动机，四冲程发动机的平衡性与燃烧效率都更好。如今的汽车发动机基本上全部采用四冲程技术。

3. 奔驰的单缸四冲程汽油发动机

1885 年，德国人卡尔·本茨制造出世界上第一辆以汽油为动力的三轮汽车“奔驰 1 号”（见图 1.2）。1886 年 1 月 29 日为发明专利立案日，因此这一天被认为是世界汽车诞生日，同年德国人戴姆勒制造出第一辆四轮汽车。

图 1.2
奔驰 1 号

该车装有卧置单缸四冲程汽油发动机，785 cm^3 容积，0.89 ps 马力（约 655 W），每小时行驶 15 km，具备现代汽车所有基本要素，如齿轮转向器、电子打火、水冷循环、钢管车架、钢板弹簧悬挂、后轮驱动、前轮转向和制动手柄等。

4. 转子发动机

1957 年，德国人汪克尔发明了转子发动机，如图 1.3 所示。转子发动机的特点是无曲轴连杆和配气机构，可将三角转子运动直接转换为旋转运动。转子发动机零部件数比往复式活塞发动机少 40%，且质量轻、体积小、转速高、功率大。1958 年，汪克尔制成功率为 22.79 kW、转速为 5 500 r/min 的新型转子发动机。

拓展微课
转子发动机

5. 化油器式发动机

化油器（见图 1.4）最早诞生于 1892 年，由美国人杜里埃发明。随着技术的演进，化油器功能愈加完备，到 20 世纪中后期，化油器的结构已经可分为五大部分：主供油系统、起动系统、怠速系统、大负荷加浓系统（省油器）和加速系统。这五部分的作用是根据发动机在不同情况下的需要，将汽油气化，并与空气按一定比例混合成可燃混合气，及时适量送入气缸。

图 1.3
转子发动机

图 1.4
化油器

6. 电喷发动机

电喷系统最早出现于 1967 年，是由保时捷公司研制的 D 型电子喷射装置，随后被用在大众等轿车上。这种装置以进气管内的压力作为参数，与化油器相比，存在结构复杂、成本高、不稳定的缺点。针对这些缺点，博世公司又开发了 L 型电子控制汽油喷射装置，它以进气管内的空气流量作为参数，可以直接按照进气流量与发动机转速的关系确定进气量，据此喷射出相应含量的汽油。这种装置由于设计合理、工作可靠，广泛为汽车制造公司所采用，并形成了如今电子控制燃油喷射装置的雏形，长安 CS95 电喷发动机如图 1.5 所示。

图 1.5
长安 CS95 电喷发动机

电喷系统的电子控制单元（ECU）会随时监测发动机温度、进气流量、转速变化、振动状况，并依照实际需求调整供油量与点火时间，因此在动力输出、燃油经济性与污染物排放表现上可以取得相当不错的平衡。同时，为了增加发动机进气量，提高燃油燃烧效率，发动机从早期的单点喷射演化至多点喷射，单缸气门数量从两个增加至最多五个。

7. 缸内直喷发动机

当电喷技术的研发进入瓶颈期时，缸内直喷技术成为各大厂商的主攻方向。目前市场上备受关注的缸内直喷发动机包括奥迪 FSI 缸内直喷发动机、凯迪拉克 SIDI 双模直喷发动机。国内吉利、长城、奇瑞等厂家也自主研发出缸内直喷发动机。

微课
国内缸内直喷发动机

与电喷发动机相比，缸内直喷发动机（见图 1.6）的喷油嘴被移到了气缸内部，因此气缸内油、气的量不会受气门开合的影响，而是直接由 ECU 自动决定喷油时机与喷油量，气门则仅控制空气的进入时间和容量，油、气在进入到气缸内之后才进行混合。由于油、气的混合空间、时间都相当有限，因此缸内直喷发动机必须依靠高压将燃油从喷油嘴压入气缸，以达到高度雾化的效果，从而更好地进行油气混合。

图 1.6
奇瑞 1.6T GDI 缸内直喷发动机

一般而言，应用了缸内直喷技术的发动机要比同排量的多点喷射发动机的峰值功率提升 10%～15%，峰值转矩能提升 5%～10%。这样的提升可谓是一种质变，单靠增加气门数量是难以达到这一效果的。

1.1.2　柴油发动机发展历程

微课
柴油发动机的发展历程

1. 柴油发动机的诞生

柴油发动机几乎是与汽油发动机同时发展起来的，它们具有许多共同点，所以柴油发动机的发展也与汽油发动机有许多相似之处，可以说在整个内燃机的发展史上，它们是互相促进的。

德国的狄塞尔于 1892 年获得压缩点火发动机的技术专利，并于 1897 年制成第一台压缩点火的“狄塞尔”发动机，即柴油发动机，从此揭开了柴油发动机发展的新篇章。

2. 柴油发动机的发展

1898 年，柴油发动机首先用于固定式发电机组；

1903 年用作商船动力设备；

1913 年，第一台以柴油发动机为动力的内燃机车制造成功；

1920 年左右开始用于汽车和农业机械；

> 科技创新
>
> 2003年起，潍柴动力主导开发了我国具有完全自主知识产权的WP10/12系列蓝擎重型高速柴油机。2019年，潍柴动力申报项目荣获国家科技进步一等奖。
>
> 2020年，潍柴集团董事长谭旭光收到习近平总书记回信勉励"坚定创新自信，着力攻克关键核心技术"。

1951 年，德国第一台配置涡轮增压器柴油发动机的卡车在德国曼公司诞生；

1970 年后，柴油发动机进入电子控制时代；

1990 年至今，柴油发动机电子控制技术控制面更宽，控制精度更高。

3. 柴油发动机现状

现在，几乎所有的重型车以及 30% 的乘用车都在使用柴油发动机。以往的柴油发动机笨重、噪声大、喷黑烟，令许多人对柴油发动机的印象不佳。经过多年的研究和新技术应用，现代柴油发动机一般采用电控喷射、共轨、涡轮增压中冷等技术，在质量、噪声、烟度方面已取得重大突破，达到了汽油发动机的水平。图 1.7 所示为潍柴 WP3 系列柴油发动机。

图 1.7
潍柴 WP3 系列柴油发动机

微课
新能源汽车的发展历程

1.1.3 新能源汽车发展历程

1. 新能源汽车的发展阶段

新能源汽车从最初的只有纯电动汽车发展到如今的多种类型的新能源汽车经历了漫长的过程。在世界汽车发展史上，电动汽车的发明比内燃机汽车还要早。因此，新能源汽车也是最古老的汽车之一。新能源汽车的发展经历了以下几个主要阶段。

(1) 19 世纪 30 ~ 50 年代——电动汽车的诞生。电动汽车的历史并不比内燃机汽车短，甚至比奥托循环发动机（柴油机）和奔驰发动机（汽油机）还要早。

早在 1835 年，荷兰的 Sibrandus Stratingh 就设计了第一款小型电动汽车，他的助手克里斯托弗·贝克则负责制造。更具实用价值、更成功的电动汽车是由美国人托马斯·达文波特和苏格兰人罗伯特·戴维森在 1842 年研制的，他们首次使用的是不可充电电池。

(2) 19 世纪 60 年代 ~ 20 世纪 20 年代——电动汽车的发展。随着电池性能、容量等技术方面的突破，到 1881 年，法国发明家 Gustave Trouve 在巴黎举行的国际电力博览会上演示了三轮电动汽车。1884 年，托马斯·帕克使电动汽车实现量产。1897 年，美国费城电车公司研制的纽约电动出租车实现了电动车的商用化。20 世纪初，安东尼电气、贝克、底特律电气（安德森电动车公司）、爱迪生、Studebaker 和其他公司相继推出电动汽车，电动汽车的销量全面超越内燃机汽车，电动汽车也逐渐成为受欢迎的城市用车。在早期的汽车消费市场上，电动汽车比内燃机驱动的车辆有着更多的优势：无气味、无振动、无噪声、不用换挡和价格低廉等。因此，电动汽车在当时的汽车产业发展中占据着重要位置。据统计，到 1890 年，在全世界 4 200 辆汽车中，有 38% 为电动汽车，40% 为蒸汽机车，22% 为内燃机汽车。

(3) 20 世纪 20 年代～20 世纪末——电动汽车停滞期。随着大量石油的开发和福特“T”型车大批量生产，电动汽车在 1920 年之后渐渐地失去了优势，逐步被内燃机汽车所取代，只有少数城市保留着很少的有轨电车和无轨电车以及很有限的电瓶车（使用铅酸蓄电池，被应用在高尔夫球场用车、铲车等领域），电动汽车的发展从此停滞了大半个世纪。随着全球石油资源的开发和利用，以及内燃机驱动汽车技术的不断成熟，人们几乎忘记了电动汽车的存在。运用在电动汽车上的技术，如电驱动、电池材料、动力蓄电池组、电池管理等也处于停滞状态。

(4) 20 世纪末至今——电动汽车的复苏及创新期。随着全球石油资源的日益减少、大气环境的污染加重，人们重新认识到电动汽车的重要性。在 1990 年 1 月举办的洛杉矶汽车展上，通用汽车总裁向全球推介了 Impact 纯电动轿车。1997 年，丰田的 Prius 混合动力轿车下线。

与以往的电动汽车生产厂家不同，成立于 2003 年的特斯拉汽车公司只生产纯电动汽车。其 2006 年推出的 Roadster 跑车 0～60 mile/s（1 mile = 1.609 km）加速只要 3.9 s，每次充电可行驶 400 km。2016 年 7 月，特斯拉 Model 3 发布，并于 2017 年开始量产。

在 2008 年北京奥运会期间，中国京华客车厂生产的纯电动公交车进行了一定规模的实际运行。最重要的是，它采用了充换电站模式，这一模式展示了未来充换电站逐步取代加油站的趋势。

2010 年，我国加大对新能源汽车的支持力度，自 2010 年 6 月 1 日起，国家在上海、长春、深圳、杭州、合肥 5 个城市启动了私人购买新能源汽车补贴试点工作。2010 年 7 月，国家将十城千辆节能与新能源汽车示范推广试点城市由 20 个增至 25 个，选择 5 个城市进行对私人购买节能与新能源汽车给予补贴试点。新能源汽车正进入到全面政策支持阶段。

2017 年，补贴开始减少，双积分政策也随之落定。新能源汽车产业生态和竞争格局面临重构，加快向低碳化、电动化、智能化方向发展。

根据 2023 年公安部统计数据，截至 2023 年底，我国机动车保有量达到了 4.35 亿辆，其中汽车占 3.36 亿辆；同时全国新能源汽车的保有量达到了 2041 万辆，占汽车总量的 6.07%。其中纯电动汽车的保有量为 1552 万辆，占新能源汽车保有量的 76.04%。2023 年新注册登记的新能源汽车数量为 743 万辆，占新注册登记汽车总量的 30.25%，比 2022 年增加了 207 万辆，增长率为 38.76%。自 2019 年的 120 万辆增长至 2023 年的 743 万辆，新能源汽车市场呈现出了显著的高速增长态势。

2. 新能源汽车的主要类型、发展情况及其优缺点

新能源汽车包括混合动力汽车、纯电动汽车（包括太阳能汽车）、燃料电池汽车、氢动力汽车及其他新能源汽车。

(1) 混合动力汽车。混合动力汽车是主要采用传统燃料，同时配以电动机 / 发动机来改善低速动力输出和燃油消耗量的车型。按照燃料种类的不同，混合动力汽车又可以分为汽油混合动力汽车和柴油混合动力汽车两种。目前，国内市场上混合动力汽车的主流为汽油混合动力汽车，而国际市场上柴油混合动力汽车也发展得很快。

混合动力汽车的关键是混合动力总成，其性能直接关系到整车性能。经过 10 多年的发展，混合动力总成已从原来发动机与电动机离散结构向发动机、电动机和变速箱一体化结构发展，即集成化混合动力总成。混合动力总成以动力传输路线分类，可分为串联式、并联式和混联式三种。

(2) 纯电动汽车。纯电动汽车就是主要采用电力驱动的汽车。大部分纯电动汽车直接采用电机驱动，有一部分车辆把电机装在前机舱内，也有一部分直接以车轮作为四台电机的转子。纯电动难点在于电力储存技术、基础设施建设不完善以及价格偏高，影响了纯电动汽车产业化的进程。图 1.8 所示为蔚来 ES8 纯电动汽车。

图 1.8
蔚来 ES8 纯电动汽车

(3) 燃料电池汽车。燃料电池汽车是指以氢气、甲醇等为燃料，通过化学反应产生电流，依靠电机驱动的汽车。其电池的能量是通过燃料和氧气的化学作用产生的，而不是经过燃烧直接变成电能。

近几年来，燃料电池技术已经取得了重大进展。2014 年，丰田公司 Mirai 轿车在日本上市。该车加满氢气不到 5 min，续驶里程达到 502 km。2021 年 6 月，我国红旗 H5-FCEV 氢燃料电池汽车亮相，续驶里程达 520 km。

(4) 氢动力汽车。氢动力汽车是一种以氢气为主要燃料的汽车，是一种真正实现零排放的交通工具，排放出的是纯净的水，具有无污染、零排放、储量丰富等优势，因此，氢动力汽车是传统汽车理想的替代方案。氢具有很高的能量密度，释放的能量足以带动汽车发动机运转，而且氢与氧气在燃料电池或氢内燃机中发生化学反应只生成水，没有污染。

(5) 燃气汽车。燃气汽车是指用压缩天然气（CNG）、液化石油气（LPG）和液化天然气（LNG）作为燃料的汽车。

近年来，世界各国政府都在积极调整汽车燃料结构，使用替代燃料。燃气汽车由于其排放性能好、运行成本低、技术成熟、安全可靠，所以认为是理想的替代燃料汽车。

(6) 生物乙醇汽车。乙醇俗称酒精，生物乙醇汽车就是使用乙醇作为燃料的汽车。在汽车上使用乙醇，可以提高燃料的辛烷值，增加氧含量，使气缸内燃烧更完全，降低尾气中有害物质的排放。

生物乙醇汽车主要不足之处是燃料乙醇制作成本过高，储存时间稍长会吸收空气中的水分，发生液相分离，影响使用，而且由于目前原料主要来源于粮食作物，大量推广会引起粮食问题。

目前，世界上已有 40 多个国家在不同程度地应用生物乙醇汽车，有的已达到较大规模的推广，生物乙醇汽车的地位日益提升。

1.1.4　发动机轻量化发展历程

微课
发动机轻量化发展历程

减轻汽车整备质量，实现汽车车身及零部件的轻量化，是降低油耗最有效的措施之一。发动机、底盘及车身零部件是轻量化的重点。

1. 汽车轻量化的意义

汽车轻量化是在保证汽车强度和安全性能的前提下，尽可能降低汽车的整备质量，从而提高汽车的动力利用率，减少燃料消耗，降低排气污染。汽车轻量化对于节约能源、减少废气排放十分重要。

2. 发动机的轻量化历程

（1）新设计在发动机上的应用。随着计算机技术的飞速发展，越来越多的先进设计理论应用到发动机设计中。如利用现代化信息技术，创新轻量化设计理论和优化设计工具，减少零部件数量，将部件零件化、复合化，整合零部件，结合结构优化方法与有限元法，对零部件进行结构优化设计，在保证零部件强度的前提下使零部件中空化、薄壁化，消除零部件的冗余部分。目前，在汽车轻量化结构优化设计中已普遍采用拓扑方法，可以在不增加质量的情况下提高刚度，及在不降低刚度的情况下减轻质量。例如，奥迪公司采用拓扑方法优化、改进结构，并通过有限元结构模拟计算，对主轴承盖进行优化设计，使其质量减轻 22%。

（2）新材料在发动机上的应用。铝合金、镁合金、钛合金、工程塑料、复合材料和高强度钢等材料是实现发动机轻量化的主要材料，主要用于改造和替代发动机材料。使用新材料的目的是在保证发动机性能的前提下，通过使用轻质材料来降低发动机质量，从而实现节能环保功能。

发动机通常使用三种材质：气缸体气缸盖全铸铁、气缸体气缸盖全铝合金以及气缸体铸铁气缸盖铝合金。采用铝合金或镁铝合金结构代替密度大的铸铁发动机部件，可实现发动机的轻量化，从而使强度更高、质量更轻。

铝具有良好的机械性能，耐腐蚀，导热性好，其密度只有钢铁的 1/3，铝合金还具有高强度、易回收、吸能性好等特点；但铝合金焊接性能差，加工难度比钢材高。搭载在红旗 HS5 上的 2.0T 全铝发动机（见图 1.9），热效率达到了 39%，是目前量产车中，热效率最高的国产发动机。

> **科技创新**
>
> 红旗 2.0T 全铝发动机采用全铝合金气缸体材质，采用了 350 bar（35 000 kPa）缸内直喷、进排气双 VVT 气门正时系统、热管理模块等技术。其中双 VVT 气门正时技术，可以在压缩行程通过延迟关闭进气门使部分混合气溢出气缸外，让发动机的膨胀比大于压缩比，从而提高发动机热效率。

镁的密度为 1.8 g/cm^3，与铝相比，镁可使质量减轻 21%，且镁合金减振性能好，能降低汽车噪声及振动；但镁的铸造性能比铝差，后处理工艺复杂，导致成本较高。发动机上已大批量应用镁材料的主要是进气歧管，以及支架、罩盖等。

高强度不锈钢耐热、耐腐蚀，在排气系统中大多使用不锈钢材料，但其成本较高。采用高强度不锈钢板试制的发动机支架等零部件，质量减轻幅度可达到 30% 左右。

钛的密度为 4.5 g/cm^3，钛及其合金的强度比铝、镁合金高；其高温力学性能和低温力学性能好，钛合金在 500 ℃左右仍能保持良好的力学性能；钛合金具有优异的耐腐蚀性能，可在恶劣的工作环境下使用。因此钛合金是可替代钢铁的高性能的轻量化材料，但其价格昂贵。钛可用于制造发动机气门、气门座、气门弹簧、连杆、紧固件等，除了减轻质量外，还可提

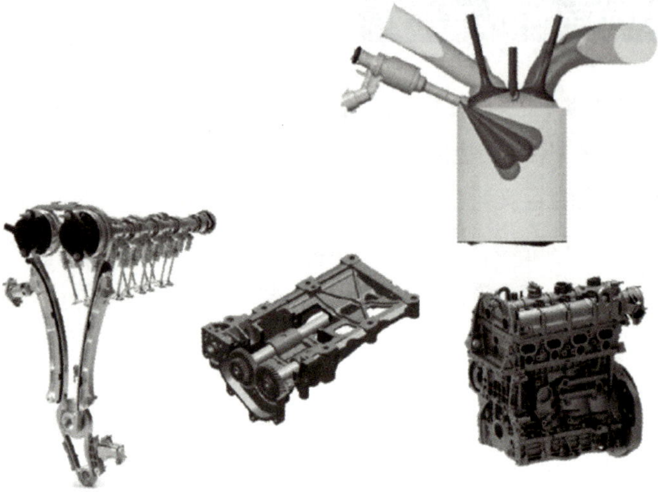

图 1.9
红旗 2.0T 全铝发动机

高使用性能、抗振、节约燃油。由于钛合金具有良好的高温力学性能和抗腐蚀性能，因此钛合金排气系统已应用于赛车、改装车或高档轿车中。

精细陶瓷具有优良的力学性能和化学性能，如强度高、硬度高、耐磨损、耐腐蚀、耐热冲击、耐氧化、耐蠕变等；但其成本高，制造工艺复杂，可靠性差。特种陶瓷主要用于发动机的各种耐磨耐高温零件，如活塞、气缸、发动机、配气机构零件、催化转化器载体等。纳米陶瓷可制作连杆、推杆、轴承、气缸内衬、活塞顶、氧传感器材料等。发动机采用陶瓷材料不仅可以减轻质量，而且能使功率提高，油耗大幅下降。

(3) 新制造技术和工艺在发动机上的应用。随着零部件的多材料设计、部件的零件化(减少零件)的发展，材料技术与设计、制造工艺有了越来越紧密的结合。激光拼焊、内高压成形以及不同材料的连接技术等新技术应运而生。应用先进的加工技术和连接技术，对多材料结构进行优化，可减轻发动机质量。

① 激光拼焊。激光拼焊是指将几个小零件通过激光焊接集成为一个大的毛坯，进而冲压成所需的整体部件，主要用于差强度、差厚度或不同表面处理状态的零件整体成形。采用激光拼焊后，可使零件数量减少 19%，零件质量减轻 24%，焊点减少 49%。该技术可用于制造发动机进气歧管等。

② 内高压成形。内高压成形也叫液压成形或液力成形，是一种利用液体作为成形介质，通过控制内压力和材料流动来达到成形中空零件目的的材料成形工艺。发动机的排气系统异形管件即采用管材液压成形技术。与冲压焊接件相比，管材液压成形能节约材料，减轻质量，轴类零部件可减重 30% ~ 50%，一般结构件可减重 20% ~ 30%，提高了零部件的强度与刚度，由于焊点减少也提高了疲劳强度。

③ 热冲压成形技术。热冲压成形技术是将钢板热至奥氏体状态，然后进行冲压并同时以 20 ~ 300 ℃/s 的冷却速度进行淬火处理(保压一段时间以保证淬透)，以获得具有均匀马氏体组织的高强钢构件的成形方式，可用于制造发动机罩等。

任务 1.2　发动机的结构及原理分析

1.2.1　汽车发动机的结构分析

汽车发动机是一种由许多机构和系统组成的复杂能量转换机器，可以将燃料中蕴藏的化学能转化为热能，并转化为机械能对外输出，为汽车提供动力来源。通常汽车发动机指的是往复活塞式发动机，对于采用电机作为动力来源的新能源汽车其动力来源一般称为驱动电机，本书只介绍往复活塞式发动机。汽油发动机总体结构如图 1.10 所示。

微课
汽车发动机的基本结构

动画
发动机的组成

问答：汽油发动机和柴油发动机有什么区别？

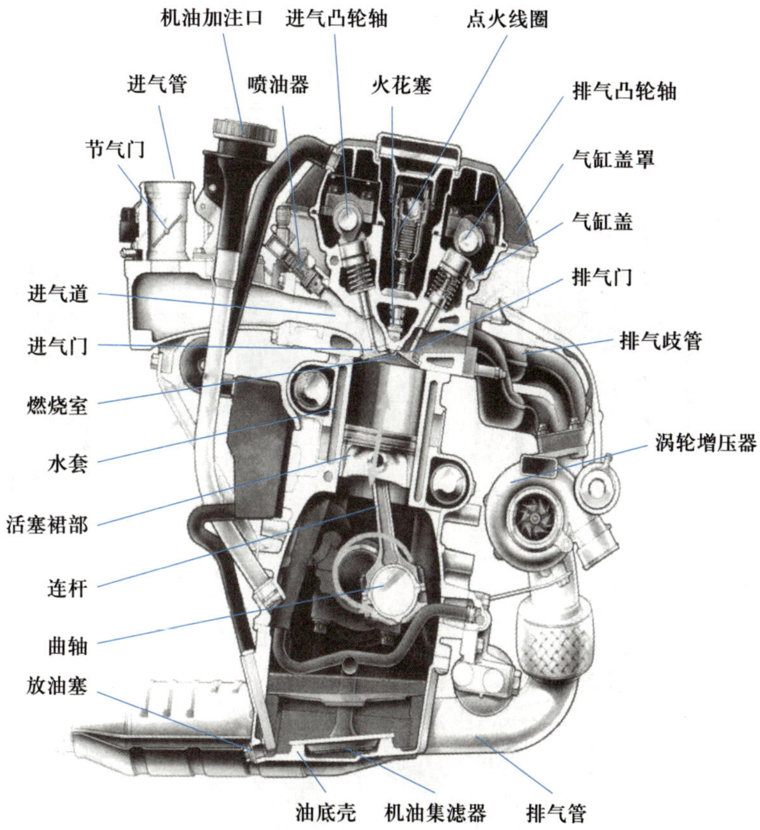

图 1.10
汽油发动机总体结构

虽然不同发动机具体的结构有所不同，但是基本结构都是一样的，都可以分为两大机构和五大系统，即曲柄连杆机构、配气机构、燃料供给系统、润滑系统、冷却系统、点火系统（柴油发动机没有）和起动系统，汽油发动机各机构、系统组成及功用见表 1.1。

表 1.1 汽油发动机各机构、系统组成及功用

序号	机构、系统	组成	功用
1	曲柄连杆机构	机体组、活塞连杆组、曲轴飞轮组	将活塞的往复直线运动(转子发动机除外)转变为曲轴的旋转运动从而输出动力
2	配气机构	气门组、气门传动组	将可燃的混合气及时充入气缸并及时从气缸中排出废气
3	燃料供给系统	燃油箱、燃油泵、燃油滤清器、喷油器、空气滤清器、进排气歧管、排气消声器等	根据发动机的各种工况要求,配制具有一定容量和浓度的可燃混合气,定时、定量地供入气缸中,并将燃烧后产生的废气排出发动机
4	润滑系统	由机油泵、集滤器、机油滤清器、机油冷却器、油道、机油压力传感器(开关)、机油压力警报灯、机油温度表、机油压力控制阀(限压阀)、油底壳等组成	将润滑油不断地供给做相应运动的零部件,以减少它们之间的摩擦阻力,减轻零部件的磨损并冷却部分磨损零部件、清洗摩擦表面
5	冷却系统	冷却液泵、散热器、风扇、节温器、冷却液温度表、气缸体、气缸盖内的水套等	保证发动机在最适宜的温度下工作
6	点火系统	电源(蓄电池和发电机)、点火开关、传感器、点火线圈、电控单元、火花塞等(见图 1.11)	保证按照规定时刻,及时点燃气缸中被压缩的可燃混合气
7	起动系统	起动机及其附件装置(见图 1.12)	使静止的发动机起动并自行运转

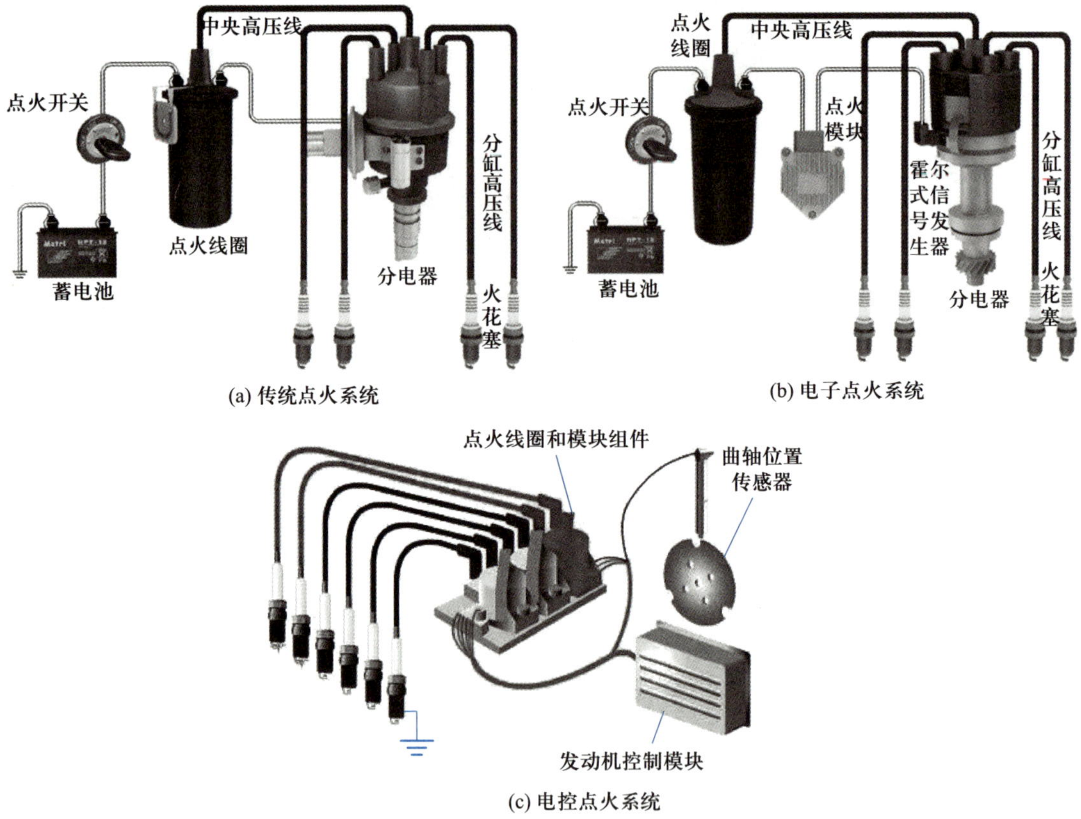

图 1.11
点火系统

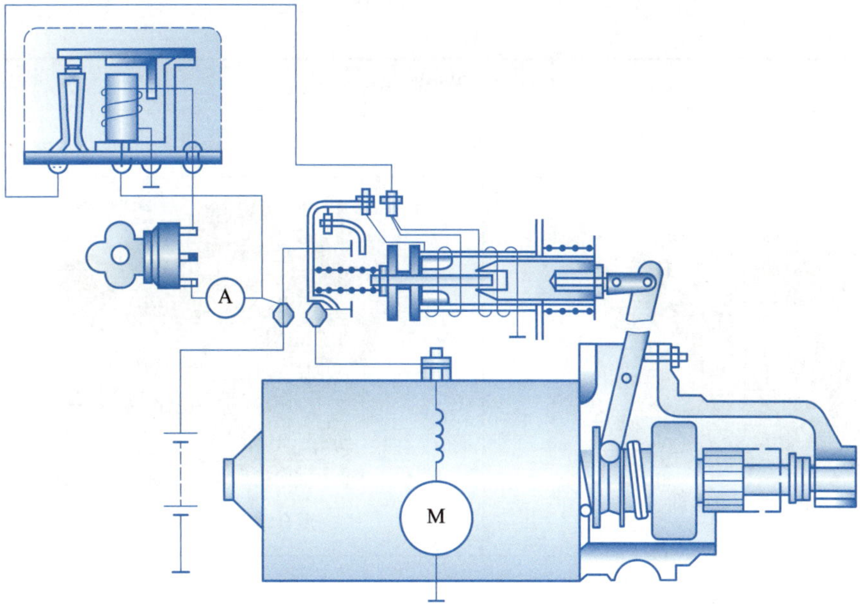

图 1.12
起动系统

1.2.2　汽车发动机的类型及型号

微课
汽车发动机的类型

1. 汽车发动机的类型

汽车发动机的种类很多，依据不同的特征分类，具体分类方式见表 1.2。

表 1.2　汽车发动机的具体分类

<table>
<tr><th>分类依据</th><th colspan="2">类型、图例及说明</th></tr>
<tr><td rowspan="2">动力来源</td><td colspan="2">内燃机</td></tr>
<tr><td>
汽油发动机</td><td>
柴油发动机</td></tr>
</table>

续表

<table>
<tr><th>分类依据</th><th colspan="2">类型、图例及说明</th></tr>
<tr><td rowspan="2">动力来源</td><td colspan="2">电动机</td></tr>
<tr><td>
电动汽车电动机</td><td>
混合动力汽车发动机</td></tr>
<tr><td>冲程数</td><td>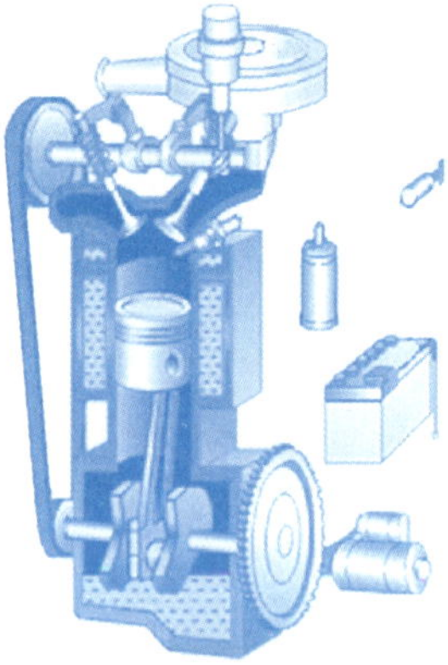
四冲程发动机</td><td>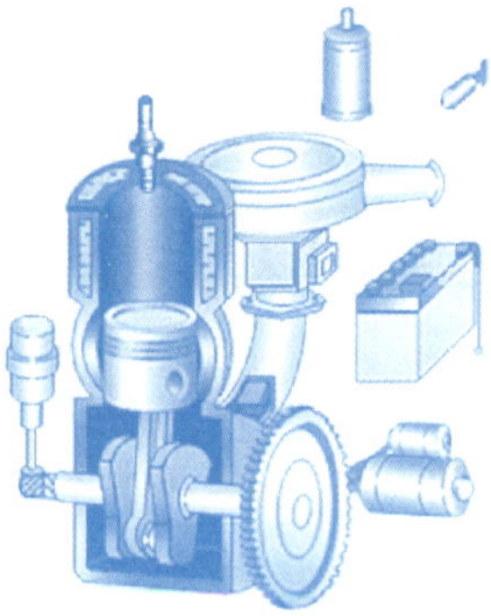
二冲程发动机</td></tr>
<tr><td rowspan="2">气缸数量</td><td colspan="2">单缸发动机</td></tr>
<tr><td>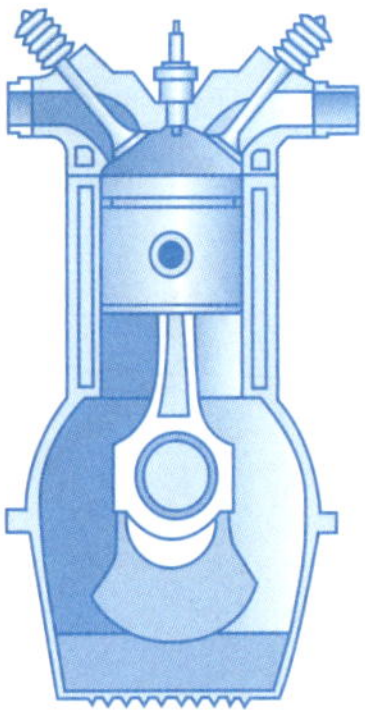
单缸发动机剖视图</td><td>
单缸发动机实物图</td></tr>
</table>

续表

<table>
<tr><th>分类依据</th><th colspan="6">类型、图例及说明</th></tr>
<tr><td rowspan="2">气缸数量</td><td colspan="6">多缸发动机</td></tr>
<tr><td colspan="3">
四缸发动机</td><td colspan="3">
八缸发动机</td></tr>
<tr><td>气缸排列方式</td><td colspan="2">
单列发动机</td><td colspan="2">
双列发动机</td><td colspan="2">
三列发动机</td></tr>
<tr><td>冷却方式</td><td colspan="3">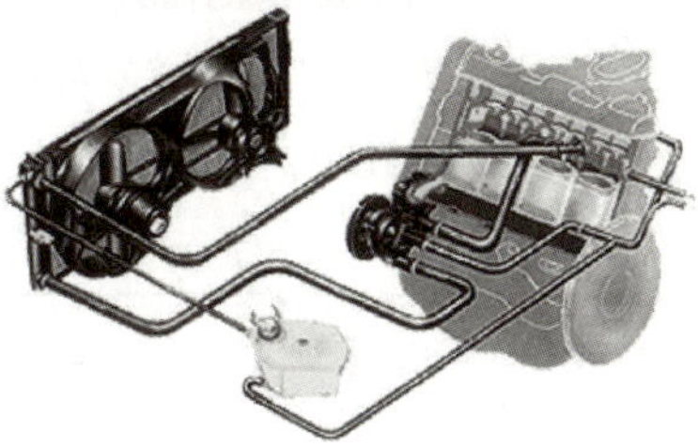
水冷发动机
利用在气缸体和气缸盖冷却水套中进行循环的冷却液作为冷却介质进行冷却</td><td colspan="3">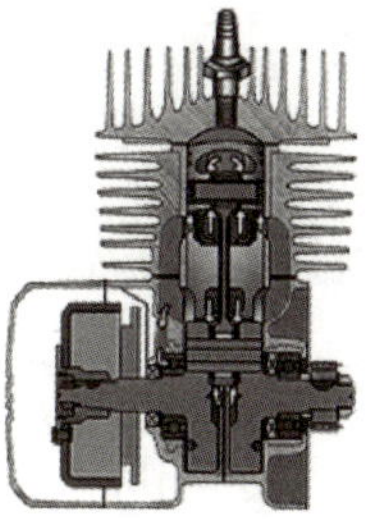
风冷发动机
利用空气作为冷却介质进行冷却</td></tr>
</table>

续表

分类依据	类型、图例及说明	
进气系统是否增压	 自然吸气式（非增压式）发动机 进气是在接近大气状态下进行	 强制进气式（增压）发动机 利用增压器将进气压力增高，进气密度增大，增压可以提高发动机功率
活塞运动方式	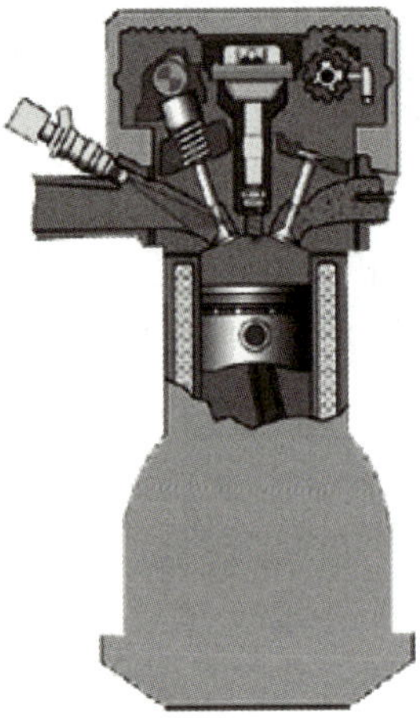 往复活塞式发动机 进气是在接近大气状态下进行	 旋转活塞式发动机 利用增压器将进气压力增高，进气密度增大，增压可以提高发动机功率

2. 内燃机型号的编制规则

为了便于内燃机的生产管理和使用，我国对内燃机名称和型号编制方法重新审定并颁布了国家标准《内燃机产品名称和型号编制规则》（GB/T 725—2008）。标准规定，内燃机名称按所采用的燃料来命名，组成、排列顺序及示例如图 1.13 所示。

内燃机型号编制示例见表 1.3。

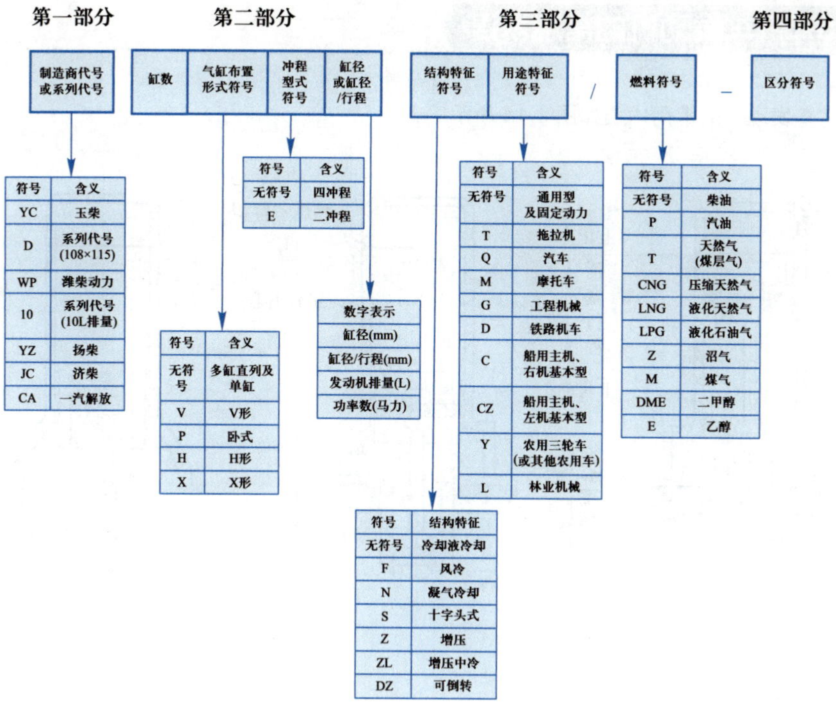

图 1.13
内燃机型号编制规则

表 1.3　内燃机型号编制示例

类型	型号	编号含义
汽油机	1E65F/P	单缸，直列二冲程，缸径 65 mm，风冷，通用型，汽油机
	4100Q/P-4	四缸，直列四冲程，缸径 100 mm，冷却液冷却，车用汽油机，第四种变型产品
	TJ376Q/P-A	三缸，直列四冲程，缸径 76 mm，冷却液冷却，车用汽油机，TJ 表示企业代号，A 为区分符号
	CA488/P	四缸，直列四冲程，缸径 88 mm，冷却液冷却，通用型汽油机，CA 表示一汽解放
柴油机	R195A	单缸，直列四冲程，缸径 95 mm，冷却液冷却，通用型柴油机，R 为系列代号，A 为区分符号
	YZ6102Q	六缸，直列四冲程，缸径 102 mm，冷却液冷却，汽车用柴油机，YZ 为扬柴企业代号
	YC4D130-40	四缸，直列四冲程，108 mm 缸径 ×105 mm 行程，冷却液冷却，130 ps（1 ps＝0.735 kW），欧Ⅳ排放，通用型柴油机，YC 为玉柴企业代号
	WP13NG460E60	直列四冲程，发动机排量 13 L，天然气（LNG/CNG），冷却液冷却，460 ps（1 ps＝0.735 kW），国 6 排放，通用型柴油机，WP 为潍柴动力企业代号

微课
汽车发动机的常用术语

动画
发动机常用术语

1.2.3　汽车发动机的常用术语

汽车发动机的常用术语如图 1.14 所示。

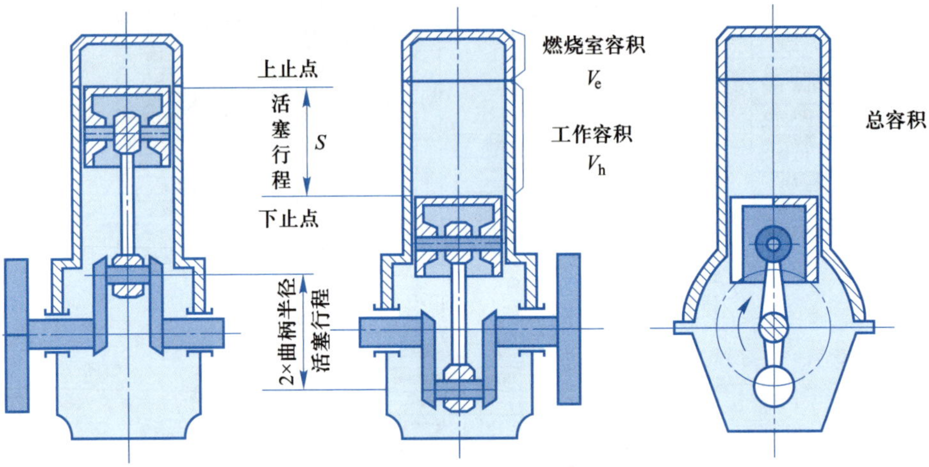

图 1.14
发动机常用术语示意图

1. 上止点(TDC)

活塞顶部距离曲轴旋转中心最远的位置称为上止点。

2. 下止点(BDC)

活塞顶部距离曲轴旋转中心最近的位置称为下止点。

3. 活塞行程 S

上、下止点之间的距离称为活塞行程，用符号 S 表示，单位为 mm(毫米)。

4. 曲柄半径 R

与连杆大头相连接的曲柄销的中心线到曲轴回转中心线的距离称为曲柄半径，用 R 表示，单位为 mm。显然，曲轴每转一周，活塞移动两个行程，可得

$$S=2R$$

5. 气缸工作容积 V_h

气缸工作容积是指活塞从一个止点移动到另一个止点所扫过的容积，用 V_h 表示，单位为 L(升)。显然有

$$V_h=\frac{\pi D^2}{4\times 10^6}S$$

式中：V_h——气缸工作容积，L；

D——气缸直径，mm；

S——活塞行程，mm。

6. 燃烧室容积 V_c

燃烧室容积是指活塞位于上止点时，活塞顶上方的气缸空间容积，用 V_c 表示，单位为 L。

7. 气缸总容积 V_a

气缸总容积是指活塞位于下止点时，活塞顶上方的气缸空间容积，用 V_a 表示，单位为 L。显然有

$$V_a = V_c + V_h$$

8. 发动机排量 V_L

发动机排量是指发动机所有气缸工作容积之和，用 V_L 表示，单位为 L。对于多缸发动机，显然有

$$V_L = V_h \times i$$

式中：i——发动机气缸数。

问答：某四缸发动机，其发动机排量是 1.6 L，请问气缸工作容积是多少？

发动机排量是一个非常重要的特征参数，轿车就是以发动机排量大小来进行分级的。微型轿车：$V_L \leqslant 1.0$ L；普通级轿车：1.0 L $< V_L \leqslant 1.6$ L；中级轿车：1.6 L $< V_L \leqslant 2.5$ L；中高级轿车：2.5 L $< V_L \leqslant 4.0$ L；高级轿车：$V_L > 4.0$ L。

9. 压缩比 ε

压缩比是指气缸总容积与燃烧室容积之比，用 ε 表示。

$$\varepsilon = \frac{V_a}{V_c} = \frac{V_h + V_c}{V_c} = 1 + \frac{V_h}{V_c}$$

问答：发动机压缩比是否越大越好？为什么？

压缩比用来衡量空气或混合气被压缩的程度，它的值影响发动机的热效率。一般汽油机的压缩比为 6 ~ 10，柴油机的压缩比较高，为 16 ~ 22。

10. 工作循环

发动机完成进气、压缩、做功、排气四个行程，称为一个工作循环。

1.2.4　四冲程发动机的工作原理

微课
四冲程发动机的工作原理

四冲程发动机是指曲轴旋转两圈（720°），活塞往复运动四次完成一个工作循环的发动机。由于汽油机和柴油机在使用燃料等方面有所不同，工作过程存在差异，下面分别介绍这两种发动机的工作原理。

1. 四冲程汽油机工作原理

四冲程汽油机的工作循环由进气、压缩、做功和排气四个行程所组成。单缸四冲程汽油机工作循环示意如图 1.15 所示。

（1）进气行程。活塞由曲轴带动从上止点向下止点运动，此时，进气门开启，排气门关闭。在活塞向下移动的过程中，气缸内容积逐渐增大，形成一定的真空度，于是空气和汽油混合形成的可燃混合气通过进气门被吸入气缸，直至活塞到达下止点时，进气门关闭，停止进气。

由于进气系统存在进气阻力，进气终了时气缸内气体压力低于大气压力，为 0.075 ~ 0.09 MPa。由于气缸壁、活塞等高温件及上一循环留下的高温残余废气的加热，气体温度升高到 370 ~ 400 K（K 为热力学温度单位，t（℃）= T（K）− 273.15）。

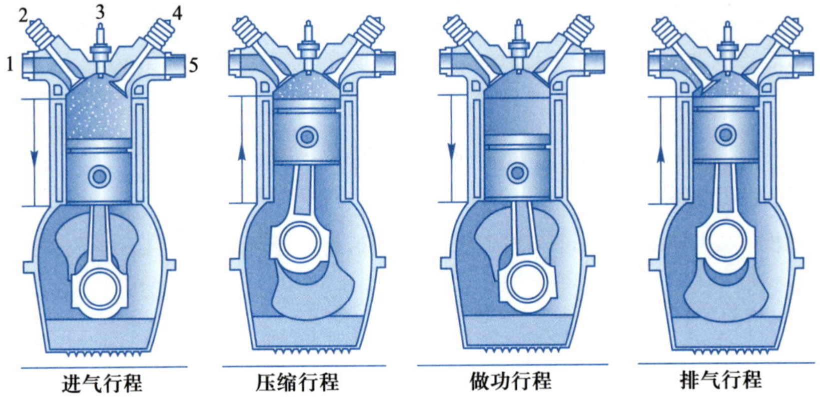

图 1.15
单缸四冲程汽油机工作循环示意图
1—排气道；2—排气门；3—火花塞；4—进气门；5—进气道

(2) 压缩行程。在进气行程结束时立即进入压缩行程，活塞在曲轴的带动下，从下止点向上止点运动，由于进、排气门均关闭，气缸内容积逐渐减小，可燃混合气的压力、温度逐渐升高。

压缩终了时，气缸内的压力为 0.6～1.2 MPa，温度为 600～700 K。

(3) 做功行程。在压缩行程末，火花塞产生电火花点燃可燃混合气，可燃混合气迅速燃烧，使气缸内气体的温度、压力迅速升高而膨胀，从而推动活塞从上止点向下止点运动，通过连杆使曲轴旋转做功，直至活塞到达下止点时做功结束。

在做功行程中，开始阶段气缸内气体压力、温度急剧上升，瞬时压力可达 3～5 MPa，瞬时温度可达 2 200～2 800 K。随着活塞下行，气缸容积增大，气缸内压力、温度逐渐下降，做功终了时，压力为 0.3～0.5 MPa，温度为 1 300～1 600 K。

(4) 排气行程。在做功行程终了时，排气门打开，进气门关闭，曲轴通过连杆推动活塞从下止点向上止点运动，废气在自身剩余压力和活塞推动下被排出气缸，至活塞到达上止点时，排气门关闭。

排气行程终了时，由于燃烧室容积的存在，气缸内还存有少量废气，气体压力也因排气系统存在排气阻力而略高于大气压力。此时，压力为 0.105～0.115 MPa，温度为 900～1 200 K。

2. 四冲程柴油机工作原理

四冲程柴油机和四冲程汽油机一样，每个工作循环也是由进气、压缩、做功和排气四个行程组成。由于所使用燃料的性质不同，在可燃混合气的形成和着火方式上其与汽油机有很大的差别。单缸四冲程柴油机工作循环示意如图 1.16 所示。

(1) 进气行程。柴油机进入气缸的不是可燃混合气，而是纯空气。由于进气阻力比汽油机小，上一行程残留的废气温度也比汽油机低，进气行程终了的压力为 0.075～0.095 MPa，温度为 320～350 K。

(2) 压缩行程。柴油机压缩的是纯空气，由于柴油机的压缩比大，压缩终了的气体温度和压力都比汽油机高，压力可达 3 ~ 5 MPa，温度可达 800 ~ 1 000 K。

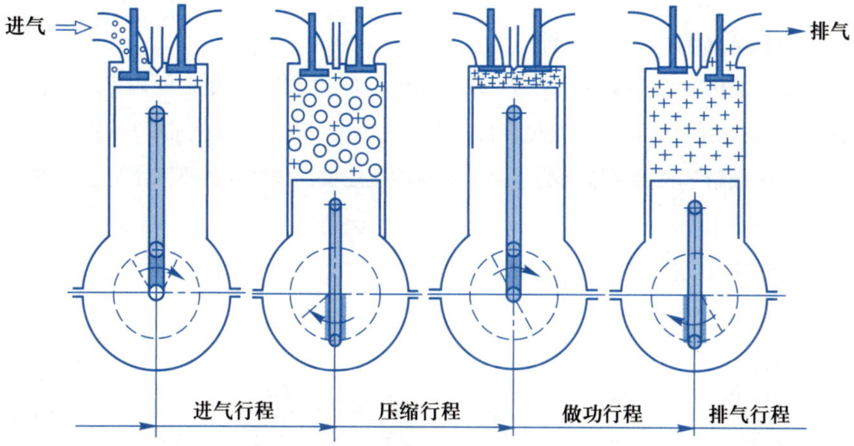

图 1.16
单缸四冲程柴油机工作循环示意图

动画
四冲程柴油机
工作原理

(3) 做功行程。此行程与汽油机有很大差异，压缩行程末，喷油泵将高压柴油经喷油器呈雾状喷入气缸内的高温高压空气中，高压柴油被迅速气化并与空气形成柴油混合气。由于此时气缸内的温度远高于柴油的自燃温度(500 K 左右)，柴油混合气便立即自行着火燃烧，且此后一段时间内边喷油边燃烧，气缸内压力和温度急剧升高，推动活塞下行做功。

做功行程中，瞬时压力可达 5 ~ 10 MPa，瞬时温度可达 1 800 ~ 2 200 K，做功行程终了时压力为 0.2 MPa，温度为 1 200 ~ 1 500 K。

(4) 排气行程。此行程柴油机与汽油机基本相同。排气行程终了时的气缸压力为 0.105 ~ 0.125 MPa，温度为 800 ~ 1 000 K。

3. 四冲程汽油机和柴油机工作原理的比较

由上述四冲程汽油机和柴油机的工作循环可知，两种发动机的工作循环既有共同点，又有差别，归纳如下。

① 两种发动机中，每完成一个工作循环，曲轴转两周(720°)，每完成一个行程，曲轴转半周(180°)，进气行程进气门开启，排气行程排气门开启，其余两行程进、排气门关闭。

② 无论是汽油机还是柴油机，在四个行程中，只有做功行程产生动力，其余三个行程是为做功行程做准备的辅助行程，都要消耗一定的能量。

③ 两种发动机运转的第一循环都必须靠外力使曲轴完成进气和压缩行程，做功行程开始后，做功能量储存在飞轮内，以维持循环继续进行。

④ 汽油机的混合气是在气缸外形成的，进气行程中吸入气缸的是可燃混合气；柴油机的混合气是在气缸内形成的，进气行程中吸入气缸的是纯空气。

⑤ 汽油机压缩终了时，靠火花塞强制点火燃烧；柴油机则靠混合气自燃。

微课
二冲程发动机的工作原理

动画
二冲程汽油机工作原理

1.2.5 二冲程发动机的工作原理

1. 二冲程汽油机工作原理

二冲程汽油机的工作循环是在两个活塞行程即曲轴旋转一周的时间内完成的。在四冲程汽油机中，常把排气过程和进气过程合称为换气过程。在二冲程汽油机中，换气过程是指废气从气缸内被新气扫除并取代的过程。这两种汽油机工作循环的不同之处主要在于换气过程。

二冲程汽油机工作原理如图 1.17 所示。

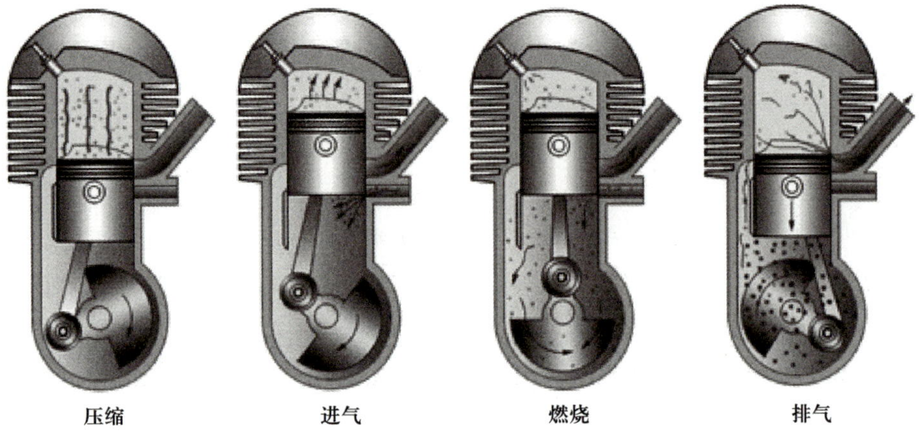

图 1.17
二冲程汽油机工作原理

(1) 第一行程。活塞在曲轴带动下由下止点移至上止点。当活塞还处于下止点时，进气孔被活塞关闭，排气孔和扫气孔开启。这时曲轴箱内的可燃混合气经扫气孔进入气缸，扫除其中的废气。随着活塞向上止点运动，活塞头部首先将扫气孔关闭，扫气终止。但此时排气孔尚未关闭，仍有部分废气和可燃混合气经排气孔继续排出，称为额外排气。当活塞将排气孔也关闭之后，气缸内的可燃混合气开始被压缩。直至活塞到达上止点，压缩过程结束。

(2) 第二行程。活塞由上止点移至下止点。在压缩过程终了时，火花塞产生电火花，将气缸内的可燃混合气点燃，燃烧气体膨胀做功。此时排气孔和扫气孔均被活塞关闭，唯有进气孔仍然开启。空气和汽油经进气孔继续流入曲轴箱，直至活塞裙部将进气孔关闭为止。随着活塞继续向下止点运动，曲轴箱容积不断缩小，其中的混合气被预压缩。此后，活塞头部先将排气孔开启，膨胀后的燃烧气体已成废气，经排气孔排出。至此做功过程结束，开始先期排气。随后活塞又将扫气孔开启，经过预压缩的可燃混合气从曲轴箱经扫气孔进入气缸，扫除其中的废气，开始扫气过程。这一过程将持续到下一个活塞行程中扫气孔被关闭时为止。

二冲程汽油机主要用于摩托车，我国已经连续多年成为世界摩托车产销第一大国，2023 年我国摩托车出口量为 1 141.5 万辆，位居全球第一。

2. 二冲程柴油机工作原理

二冲程柴油机工作原理如图 1.18 所示。

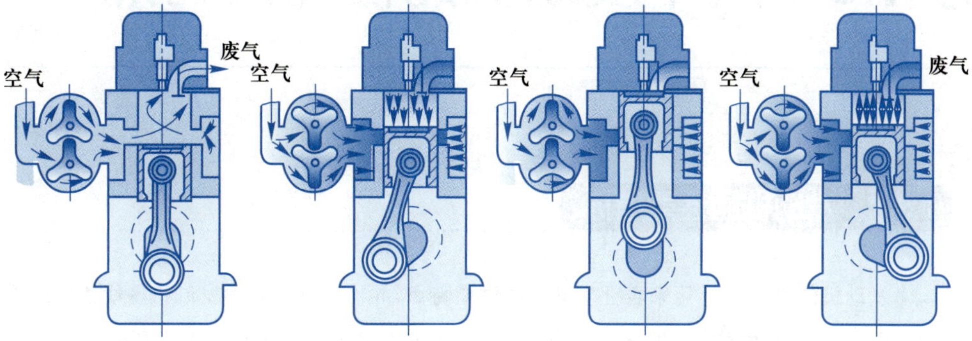

图 1.18
二冲程柴油机工作原理

(1) 第一行程。活塞由下止点移至上止点。当活塞还处于下止点位置时，进气孔和排气门均已开启。扫气泵将纯净的空气增压到 0.12 ~ 0.14 MPa 后，经空气室和进气孔送入气缸，扫除其中的废气。废气经气缸顶部的排气门排出。当活塞上移将进气孔关闭的同时，排气门也关闭，进入气缸内的空气开始被压缩。活塞运动至上止点，压缩过程结束。

(2) 第二行程。活塞由上止点移至下止点。当压缩过程终了时，高压柴油经喷油器喷入气缸，并自行着火燃烧。高温高压的燃烧气体推动活塞做功。当活塞下移 2/3 行程时，排气门开启，废气经排气门排出。活塞继续下移，进气孔开启，来自扫气泵的空气经进气孔进入气缸进行扫气。扫气过程将持续到活塞上移将进气孔关闭为止。

任务 1.3　汽车发动机的性能及特点

1.3.1　发动机的性能指标

微课
发动机的
性能指标

发动机的性能指标用来表征发动机的性能特点，并作为评价各类发动机性能优劣的依据。同时，发动机性能指标的建立还促进了发动机结构的不断改进和创新。因此，发动机结构的变革和多样性发展与发动机性能指标的不断完善密切相关。

发动机的主要性能指标有动力性指标（如有效转矩、有效功率、转速等）、经济性指标（如有效燃油消耗率）和运转性能指标（如排气品质、噪声和起动性能等）。

下面将介绍汽油发动机、柴油发动机、新能源发动机三类发动机的性能及特点。

微课
汽油发动机的
性能及特点

1.3.2　汽油发动机的性能及特点

1. 动力性指标

动力性指标是表征发动机做功能力大小的指标，一般用发动机的有效转矩、有效功率、转速和平均有效压力等来评价。

（1）有效转矩。发动机通过飞轮对外输出的平均转矩称为有效转矩，记作 T_e，单位为 N·m。有效转矩与曲轴角位移的乘积即为发动机对外输出的有效功率。有效转矩与外界施加于发动机曲轴上的阻力矩相平衡。

（2）有效功率。发动机通过飞轮对外输出的功率称为有效功率，记作 P_e，单位为 kW。其计算公式为

$$P_e = T_e \frac{2\pi n}{60} \times 10^{-3} \approx \frac{T_e n}{9\,550}$$

式中：T_e——有效转矩，N·m；

n——转速，r/min。

以及

$$P_e = \frac{P_{me} V_h n i}{30\tau}$$

式中：P_{me}——平均有效压力，kPa；

V_h——气缸工作容积，m^3；

n——转速 r/min；

i——气缸数；

τ——冲程系数，二冲程 $\tau=1$，四冲程 $\tau=2$。

发动机制造厂按国家规定制订的有效功率称为标定功率。处于标定功率时的发动机转速称为标定转速，发动机铭牌上标明的功率就是标定功率。

标定功率是根据发动机用途、使用特点以及连续运转时间来确定的，各个国家有所不同，我国内燃机标定功率分为四级。

发动机还常用升功率 P_c 比较动力性能，它是指发动机在标定工况下每升气缸工作容积所发出的有效功率。升功率越大，发动机的动力性能越好。其计算公式为

$$P_c=\frac{P_e}{V_h i}$$

(3) 转速。发动机曲轴的每分钟回转次数称为发动机转速，用 n 表示，单位为 r/min。

拓展微课
发动机常见转速

发动机转速的高低关系到单位时间内做功次数的多少或发动机有效功率的大小，即发动机的有效功率随转速的不同而改变。因此，在说明发动机有效功率的大小时，必须同时指明其相应的转速。在发动机铭牌上规定的有效功率及其相应的转速分别称为标定功率和标定转速。发动机在标定功率和标定转速下的工作状况称为标定工况。标定功率不是发动机所能输出的最大功率，它是根据发动机用途而制订的有效功率最大使用限度。同一种型号的发动机，当其用途不同时，其标定功率并不相同。

有效转矩也随着发动机工况的变化而变化。因此，汽车发动机以其所能输出的最大转矩及其相应的转速作为评价发动机动力性的重要指标。

(4) 平均有效压力。单位气缸工作容积发出的有效功率称为平均有效压力，记作 P，单位为 MPa。显然，平均有效压力越大，发动机的做功能力越强。平均有效压力的计算公式为

$$P=\frac{30mP_e}{iV_h}n\cdot 10^3$$

式中：m——冲程数；

P_e——有效功率，kW；

n——转速，r/min；

i——气缸数；

V_h——气缸工作容积，m^3。

2. 经济性指标

发动机经济性指标包括有效热效率和有效燃油消耗率等。

(1) 有效热效率。燃料所含的热量转化为发动机有效功的百分数为有效热效率，记作 η_e。其计算公式为

$$\eta_e=\frac{W_e}{Q_1}$$

式中：W_e——发动机有效功，kJ；

Q_1——燃料中所含的热量，kJ。

以及

$$\eta_e = \frac{3.6\times10^3 P_e}{BH_u}$$

$$或\ \eta_e = \frac{3.6\times10^6}{b_e H_u}$$

式中：H_u——燃料低热值，kJ/kg；

B——燃油消耗量，kg/h；

b_e——有效燃油消耗率，kg/(kW·h)。

(2) 有效燃油消耗率。发动机每输出 1 kW·h 的有效功所消耗的燃油量称为有效燃油消耗率，记作 b_e。其计算公式为

$$b_e = \frac{B}{P_e}\ \text{kg/(kW·h)}$$

3. 运转性能指标

发动机的运转性能指标主要指排气品质、噪声、起动性能等。由于这些性能指标不仅与汽车用户利益相关，更关系着人身健康，因此必须严格遵守。

(1) 排气品质。发动机的排气中含有对人体有害的物质，其会对大气造成一定的污染。为此，各国采取了很多对策，并制定相应的法规。我国制定的发动机排放法规是日趋严格的。发动机排出的有害排放物主要有氮氢化合物、碳氢化合物和一氧化碳以及排气颗粒等。

(2) 噪声。噪声会影响人的健康，甚至诱发疾病，因此也必须用法规的形式进行限制。汽车是城市中的主要噪声源之一，发动机又是汽车的主要噪声源，故必须对其噪声予以控制。在《汽车加速行驶车外噪声限值及测量方法》(GB/T 1495—2002) 中，对不同分类的汽车以及同一分类中不同总质量及发动机不同额定功率的汽车，制定了详细的噪声限值。

(3) 起动性能。起动性能好的发动机在一定温度下能可靠而迅速地起动，起动消耗的功率小，起动期磨损小。发动机起动性能的好坏除与发动机结构有关外，还与发动机工作过程相联系，它直接影响汽车机动性、驾驶人的安全和操纵强度。

1.3.3　柴油发动机的性能及特点

微课
柴油发动机的性能及特点

1. 动力性和经济性指标

柴油机的主要性能指标包括动力性和经济性两个方面的指标。它们既是反映柴油机工作循环完善程度的参数，更是评估柴油机性能的主要依据。

柴油机动力性和经济性指标分别从量和质两个方面来评价柴油机的性能。它们又可以分成指示指标和有效指标两类，见表 1.4。

表 1.4　柴油机动力性和经济性指标

	指示指标	有效指标
动力性	p_i– 平均指示压力	p_e– 平均有效压力
	N_i– 指示功率	N_e– 有效功率
经济性	η_i– 指示热效率	η_e– 有效热效率
	g_i– 指示燃油消耗率	g_e– 有效燃油消耗率

指示指标是以实测的示功图所表示的一个工作循环所做的功——指示功（由示功图求出）为基础的一系列指标，它们表征气缸内部工作情况，其数据优劣取决于气缸内部实际工作循环进行的完善程度（是否存在不完全燃烧、燃烧延迟、气体泄漏、气缸壁传热损失等）。有效指标是以在柴油机输出轴上所得到的有效功为基础的，它扣除了柴油机内的一切损失，其数据优劣除取决于工作循环进行的完善程度外，还取决于机械损失的大小，它是评定柴油机工作性能的最终指标。

（1）指示指标。柴油机已测得的示功图如图 1.19 所示。

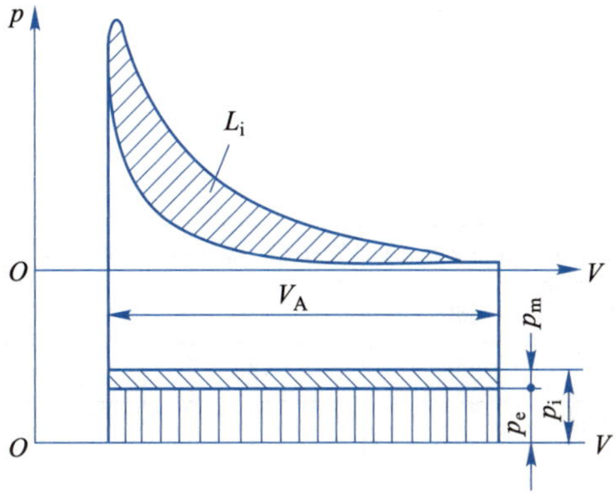

图 1.19
示功图

燃烧膨胀过程曲线与压缩过程曲线所包围的面积即代表指示功 L_i。泵气功（泵气损失）在示功图上测不出，在指示指标中不考虑，放在有效指标中考虑。

平均指示压力 p_i 是一个假想的作用在活塞上的数值不变的压力，它推动活塞一个行程所做的功与一个工作循环的指示功 L_i（单位 N·m 或 J）相等，即

$$L_i = p_i FS$$

所以

$$p_i = \frac{L_i}{V_h}$$

式中：p_i——平均指示压力，Pa；

F——活塞面积，m^2；

S——活塞行程，m；

V_h——气缸工作容积，m^3。

(2) 有效指标。

① 有效功率 N_e。从柴油机曲轴输出端传出的功率称为有效功率，用 N_e 表示。也可以说指示功率 N_i 减去机械损失功率 N_m 所剩的功率为有效功率，即 $N_e = N_i - N_m$。

② 平均有效压力 p_e。在柴油机有效指标中，同样也可以引入与 p_i 类似折合到单位气缸工作容积的指标——平均有效压力 p_e。平均有效压力 p_e 是柴油机在每一工作循环每单位气缸工作容积所做的有效功。它去除了柴油机气缸工作容积的影响，所以它的数值与气缸工作容积的大小无关。p_e 值大，表明其单位气缸工作容积的做功能力大，柴油机气缸工作容积利用程度高。p_e 可由测得的有效功率 N_e 和转速 n 推算出来。

③ 有效燃油消耗率 g_e。有效燃油消耗率是指每千瓦有效功率每小时所消耗的燃油量，单位为 kg/(kW·h)。

2. 排气污染指标

在柴油机的排气中含有量不大但非常有害的排放物，包括一氧化碳(CO)、碳氢化合物(HC)、氮氧化合物(NO_x)和二氧化硫(SO_2)。这些燃烧产物排入大气，将会污染环境且危害人体健康。

随着人们环境保护意识的增强，国家对柴油机排气污染的限制也日益严格。我国已实施的国家标准《重型柴油车污染物排放限值及测量方法(中国第六阶段)》(GB 17691—2018)对柴油机排放限制见表 1.5。

表 1.5　柴油机排放限值

循环	试验	CO(mg/kW·h)	THC(mg/kW·h)	NO_x(mg/kW·h)	PM(mg/kW·h)
标准循环	WHSC 工况(CI)	1 500	130	400	10
	WHTC 工况(CI)	4 000	160	460	10
	WHTC 工况(PI)	4 000	—	460	10
非标准循环	WHTE 工况	2 000	220	600	16

1.3.4　新能源汽车发动机的性能及特点

微课
新能源汽车发动机的性能及特点

1. 天然气汽车发动机的性能及特点

天然气与汽油相比热值较低，辛烷值较高，抗爆性较好，天然气发动机的合理压缩比为 12～15。因此，在充分燃烧的情况下，动力性较汽油发动机好。

天然气汽车发动机的应用也面临一些问题。

首先，天然气因产地的不同组分有差异，由此影响燃料的空燃比和辛烷值等参数，从而影响发动机的动力性、经济性和排放；其次，天然气是气体燃料，除非采用缸内直喷，否则发动机的容积效率会降低 10%，导致天然气发动机的动力性比汽油发动机的稍低，这种现象的出现，会让使用天然气发动机的汽车在高海拔地区行驶时面临更加严峻的考验；再次，天然气能量密度低，汽车的续驶里程较短；最后，天然气的润滑性能较差，发动机机件磨损严重，而且还存在热负荷大、排气温度高等问题。

2. 混合动力汽车发动机的性能及特点

由于混合动力汽车有两个动力源，即燃料动力和电动动力，因此其具备了燃料发动机和电动机的双重特性。混合动力汽车既发挥了发动机持续工作时间长，动力性好的优点，又可以发挥电动机无污染、低噪声的好处，二者“并肩战斗”，取长补短，汽车的热效率可提高 10% 以上，废气排放可改善 30% 以上。

DM-i 混合动力系统是一项非常重磅的技术，其包含的电池、电机、发动机以及电控技术都处于业界领先地位。DM-i 技术是一种插电式混合动力技术，整套系统由一台高效率的发动机、整合了两台电机和减速器的 EHS 电混系统、一组混动专用刀片电池共同组成。

在电池方面，比亚迪唐 DM-i 混合动力汽车（见图 1.20）采用了比亚迪的刀片电池，其造型是一块狭长的薄片，因此得名“刀片”。刀片电池最大的特点是安全，即使被钢针刺穿也不会起火。它本质上是一种磷酸铁锂电池，通过刀片状的大电芯直接组成电池包来实现能量密度的提升。唐 DM-i 的电池包容量为 9.98 kW·h/21.5 kW·h，纯电续驶里程为 52 km/112 km。

搭载 DM-i 混合动力系统的车型具备了优于同级别燃油车的动力性能和节油表现，支持快充技术，同时其售价进一步与燃油车看齐。这一方面在推动着我国汽车行业的技术升级，另一方面也是在为我国能源结构的变革贡献力量。可以预见，未来中国传统燃油车的市场将进一步被压缩，混合动力汽车的占比将稳步提升。

图 1.20
比亚迪唐 DM-i 混合动力汽车

项目 2
曲柄连杆机构的检修

任务 2.1　曲柄连杆机构结构分析

2.1.1　曲柄连杆机构的组成及工作原理

1. 曲柄连杆机构的组成

曲柄连杆机构由机体组、活塞连杆组和曲轴飞轮组三部分组成，如图 2.1 所示。

微课
曲柄连杆机构的组成及工作原理

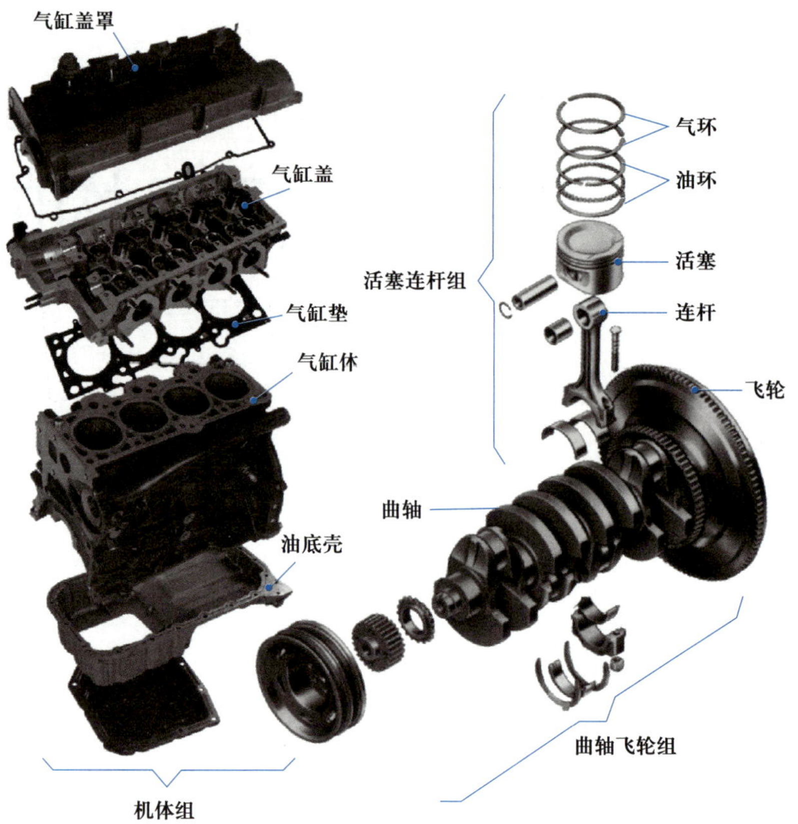

图 2.1
曲柄连杆机构的组成

2. 曲柄连杆机构的功用

曲柄连杆机构用于将燃料燃烧时产生的热能转化为活塞往复运动的机械能，再通过连杆将活塞的往复运动转化为曲轴的旋转运动而对外输出动力。

2.1.2　机体组的构造

1. 机体组的总体构造

机体组是发动机的支架，是曲柄连杆机构、配气机构和发动机各系统主要零部件的装配机体，如图 2.2 所示。

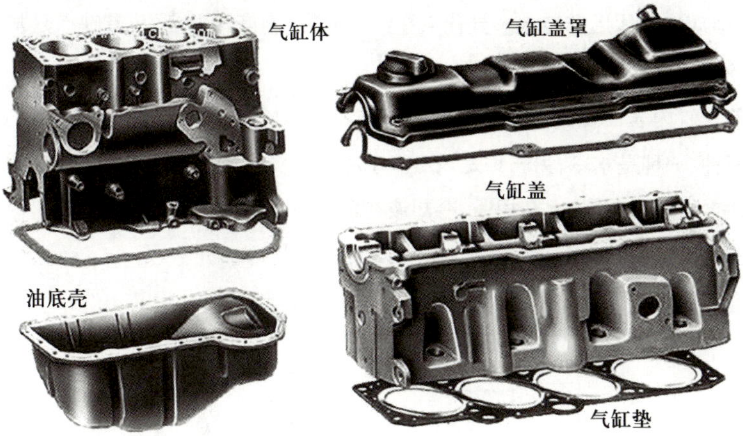

图 2.2
机体组的总体构造

2. 气缸体

水冷发动机的气缸体和上曲轴箱常铸成一体，称为气缸体—曲轴箱，也可称为气缸体。气缸体一般用灰铸铁铸成，气缸体上部的圆柱形空腔称为气缸，下半部为支承曲轴的曲轴箱，其内腔为曲轴运动的空间。在气缸体内部铸有许多加强筋、冷却水套和润滑油道等。图 2.3 所示为气缸体结构。

气缸体应具有足够的强度和刚度，根据气缸体与油底壳安装平面的位置不同，通常把气缸体结构形式分为一般式、龙门式、隧道式三种，如图 2.4 所示。

动画
气缸体的功用

动画
气缸体结构形式

动画
气缸排列方式

图 2.3
气缸体结构

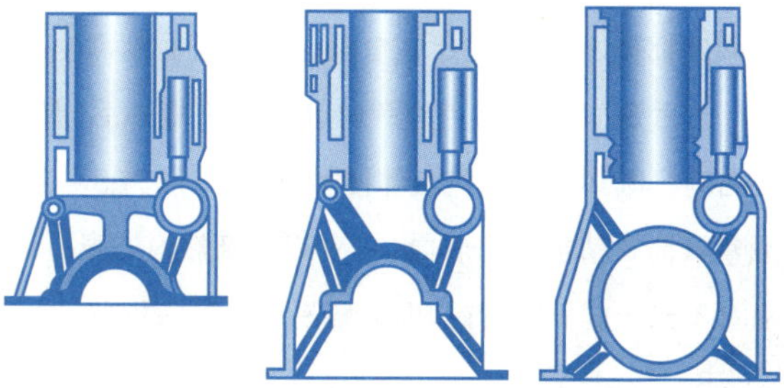

(a) 一般式　(b) 龙门式　(c) 隧道式

图 2.4
气缸体结构形式

① 一般式气缸体。其特点是油底壳安装平面和曲轴旋转中心在同一高度。这种气缸体的优点是机体高度小，质量轻，结构紧凑，便于加工，曲轴拆装方便；其缺点是刚度和强度较差。

② 龙门式气缸体。其特点是油底壳安装平面低于曲轴的旋转中心。它的优点是强度和刚度都好，能承受较大的机械负荷；其缺点是工艺性较差，结构笨重，加工较困难。

问答：多数汽车发动机采用哪种气缸体？

③ 隧道式气缸体。这种形式的气缸体曲轴的主轴承孔为整体式，采用滚动轴承，主轴承孔较大，曲轴从气缸体后部装入。其优点是结构紧凑、刚度和强度好；其缺点是加工精度要求高，工艺性较差，曲轴拆装不方便。

为了使气缸内表面在高温下能够正常工作，必须对气缸和气缸盖进行适当的冷却。冷却方法有两种：一种是水冷，另一种是风冷。水冷发动机的气缸周围和气缸盖中都加工有水套，并且气缸体和气缸盖的水套相通，冷却液在水套内不断循环，带走部分热量，对气缸和气缸盖起冷却作用。

气缸套有干式气缸套和湿式气缸套两种，如图 2.5 所示。

动画
气缸套结构形式

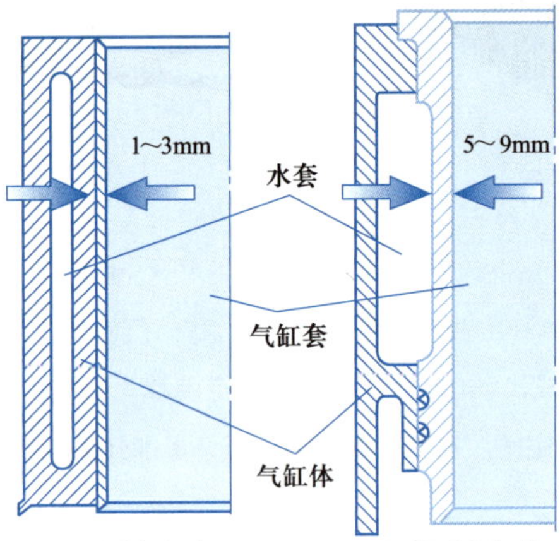

图 2.5
气缸套类型

干式气缸套的特点是气缸套装入气缸体后，其外壁不直接与冷却液接触，而和气缸体的壁面直接接触，其壁厚较薄，一般为 1～3 mm。干式气缸套具有整体式气缸体的优点，强度和刚度都较好，但加工比较复杂，内、外表面都需要进行精加工，拆装不方便，散热不良。

问答：干式气缸套和湿式气缸套有什么区别？

湿式气缸套的特点是气缸套装入气缸体后，其外壁直接与冷却液接触，气缸套仅在上、下各有一圆环地带和气缸体接触，壁厚一般为 5～9 mm。它散热良好、冷却均匀、加工容易，通常只需要精加工内表面，与冷却液接触的外表面不需要加工，拆装方便，但缺点是强度、刚度都不如干式气缸套好，而且容易产生漏液现象。

3. 气缸盖

气缸盖（见图 2.6）安装在气缸体的上面，从上部密封气缸并构成燃烧室。气缸盖上还装有进、排气门座和气门导管孔，用于安装进、排气门，还有进气通道和排气通道等。汽油机的气缸盖上加工有安装火花塞的孔，而柴油机的气缸盖上加工有安装喷油器的孔。顶置凸轮轴式发动机的气缸盖上还加工有凸轮轴轴承孔，用以安装凸轮轴。

图 2.6
气缸盖

气缸盖一般由灰铸铁或合金铸铁铸成。铝合金的导热性好，有利于提高压缩比，所以近年来铝合金气缸盖被越来越多地采用。

气缸盖是燃烧室的组成部分，燃烧室的形状对发动机的工作影响很大。汽油机的燃烧室主要在气缸盖上，而柴油机的燃烧室主要在活塞顶部的凹坑。这里只介绍汽油机的燃烧室。

汽油机燃烧室常见的有三种形式，即半球形、楔形和盆形，如图 2.7 所示。

4. 气缸垫

气缸垫装在气缸盖和气缸体之间，如图 2.8 所示，其作用是保证气缸盖与气缸体接触面的密封，防止漏气、漏液和漏油。

> **科技创新**
>
> 2020 年，比亚迪宋 PLUS 首次搭载了骁云 1.5TI 高功率发动机，该发动机整体采用全铝轻量化材质配合多项降摩擦技术，能有效降低燃油消耗；在燃烧室设计上，该发动机做到了 15.5 的高压缩比，达到了全球量产车的最高压缩比，使热效率能够达到 43.04%，从而带来了很好的动力性能。
>
> 骁云 1.5TI 高功率发动机的成功研发，标志着比亚迪在传统发动机领域的设计、研发实现完全正向自主化开发。

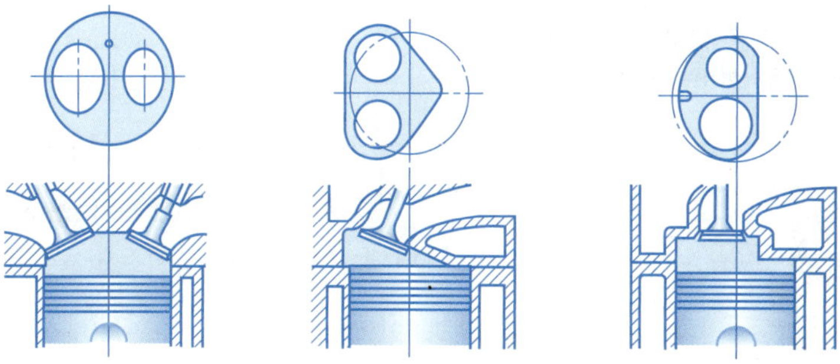

图 2.7
汽油机燃烧室形式

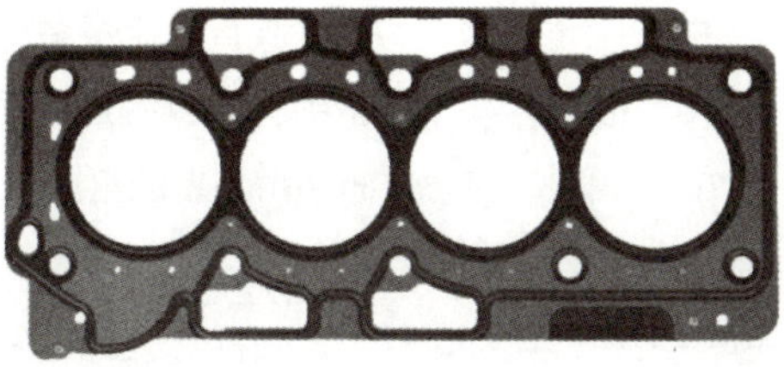

图 2.8
气缸垫

动画
气缸垫功用

气缸垫的材料要有一定的弹性，能补偿结合面的不平度，以确保密封，同时要有良好的耐热性和耐压性，在高温高压下不烧损、不变形。

目前应用较多的是金属—石棉气缸垫。有的发动机还采用在石棉中心用编织的钢丝网或有孔钢板为骨架，两面用石棉及橡胶黏结剂压成的气缸垫。

5. 油底壳

油底壳用于储存机油并封闭曲轴箱，又称为下曲轴箱，一般采用薄钢板冲压而成，如图 2.9 所示。油底壳内装有稳油挡板，以防止汽车颠簸时油面波动过大。油底壳底部还装有放油螺塞，通常放油螺塞上装有永久磁铁，以吸附润滑油中的金属碎屑，减少发动机的磨损。油底壳与上曲轴箱结合面之间装有衬垫。

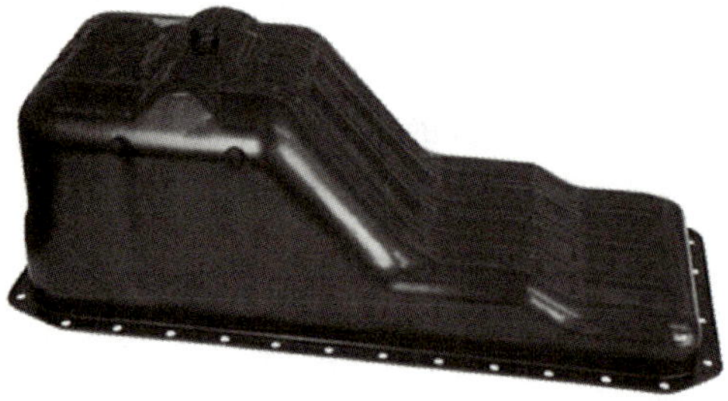

图 2.9
油底壳

2.1.3 活塞连杆组的构造

动画
活塞结构

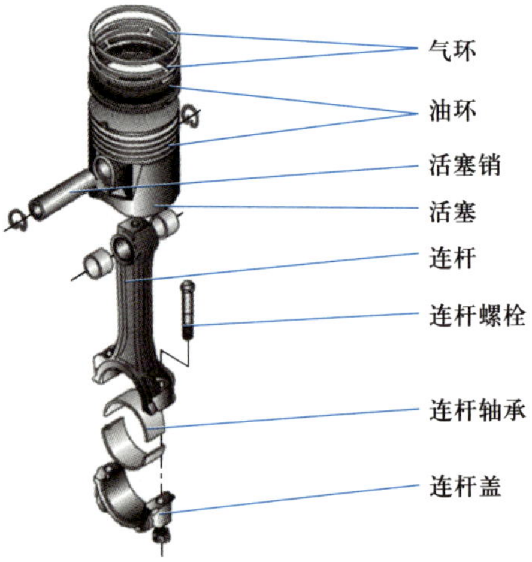

图 2.10
活塞连杆组总体构造

1. 活塞连杆组的总体构造

活塞连杆组由活塞、活塞销、活塞环（气环和油环）、连杆、连杆轴承等组成，如图 2.10 所示。

活塞连杆组承受燃气压力，将热能转变为直线运动的机械能，再通过连杆和曲轴转化为曲轴的旋转机械能。

2. 活塞

活塞的作用是承受气体压力，并通过活塞销将其传给连杆驱动曲轴旋转，活塞顶部也是燃烧室的组成部分。活塞结构如图 2.11 所示。

① 顶部：顶部指第一道活塞环往上的部分，用于构成燃烧室，承受气体压力。活塞根据顶部形状不同可分为平顶活塞、凸顶活塞和凹顶活塞三种类型，如图 2.12 所示。

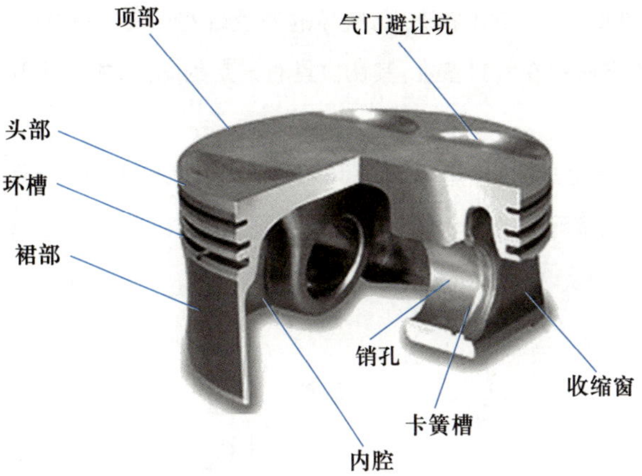

图 2.11
活塞结构

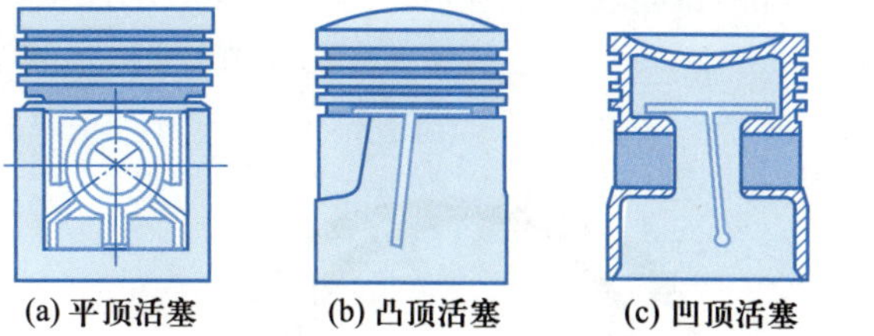

图 2.12
活塞类型

平顶活塞结构简单、制造容易、受热面积小、应力分布较均匀，多用在汽油机上。凸顶活塞顶部凸起呈球状，顶部强度高，起导向作用，有利于改善换气过程。凹顶活塞凹坑的形状、位置有利于可燃混合气的燃烧，可提高压缩比，防止碰撞气门。

② 头部：头部指位于第一道活塞环槽与活塞销孔之间的部分，用于安装活塞环，其制作的较厚。头部一般有 3～4 道环槽，上面 2～3 道安装气环，下面 1 道安装油环。

③ 裙部：裙部指从油环槽下端面至活塞最下端的部分，包括销座孔。其对活塞在气缸内的往复运动起导向作用，并承受侧压力，以防止破坏油膜。

活塞裙部分全裙式和拖板式两种，如图 2.13 所示。全裙式的裙部为一薄壁圆筒，拖板式则将非承压面的裙部全部去掉。

3. 活塞环

活塞环按其功用可分为气环和油环两类。

(a) 全裙式　　(b) 拖板式

动画
活塞环类型

图 2.13
活塞裙部类型

① 气环。气环的作用是保证活塞与气缸壁间的密封，防止高温、高压的燃气漏入曲轴箱，同时将活塞顶部的热量传导到气缸壁，再由冷却液或空气带走。发动机每个活塞上一般装有 2～3 道气环。

动画
活塞环功用

气环为一个带有切口的弹性片状圆环，在自由状态下，气环的外径略大于气缸的直径，气环装入气缸后，产生的弹力会将气环压紧在气缸壁上，其切口具有一定的间隙，如图 2.14 所示。

发动机工作时，活塞、活塞环都会发生热膨胀，并且，活塞环随着活塞在气缸内做往复运动时，有径向胀缩变形现象。为防止活塞环卡死在气缸内或胀死在环槽中，安装时，活塞环应留有端隙、侧隙和背隙，如图 2.15 所示。

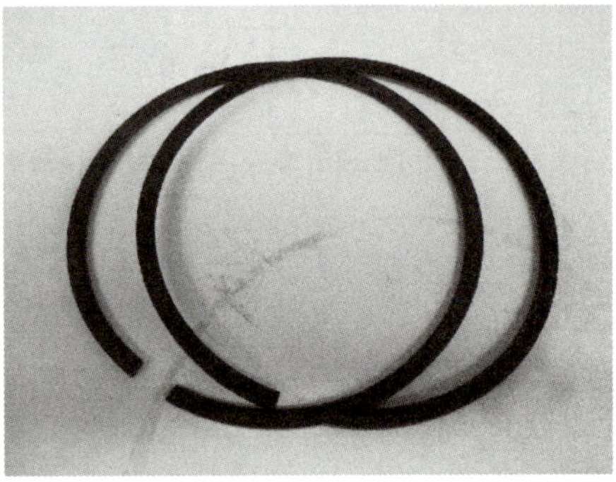

图 2.14
气环

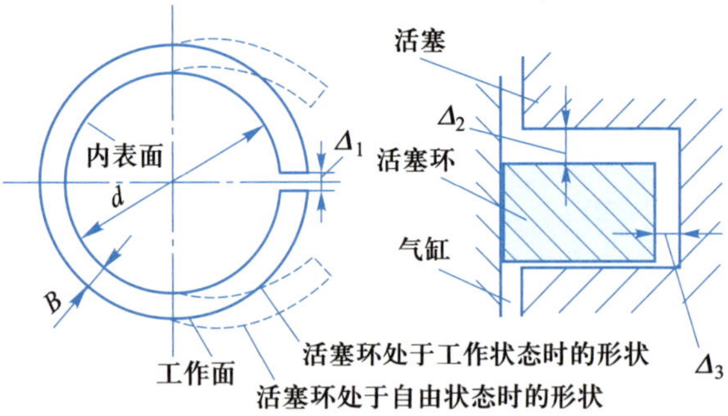

图 2.15
活塞环端隙、侧隙和背隙
d—活塞环内径；B—活塞环宽度；Δ_1—端隙；Δ_2—侧隙；Δ_3—背隙

端隙 Δ_1 又称为开口间隙，是活塞环在冷态下装入气缸后，该环在上止点时环两端头的间隙，一般为 0.25～0.50 mm。

侧隙 Δ_2 又称边隙，是活塞环装入活塞后，其侧面与活塞环槽之间的间隙。第一道环因工作温度高，间隙较大，一般为 0.04～0.10 mm，其他环一般为 0.03～0.07 mm。油环侧隙较气环小。

背隙 Δ_3 是活塞及活塞环装入气缸后，活塞环内圆柱面与活塞环槽底部间的间隙，一般为 0.50～1.00 mm。油环背隙较气环大，以增大存油间隙，利于减压泄油。

由于侧隙和背隙的存在，当发动机工作时，气环便产生了泵油现象，如图 2.16 所示。活塞下行时，气环靠在气环槽上方，气环从气缸壁上刮下来的润滑油充入气环槽下方；活塞上行时，气环又靠在气环槽下方，同时将润滑油挤压到气环槽上方。如此反复，就将气缸壁上的润滑油泵入燃烧室。

问答：气环的泵油现象对发动机工作有何影响？

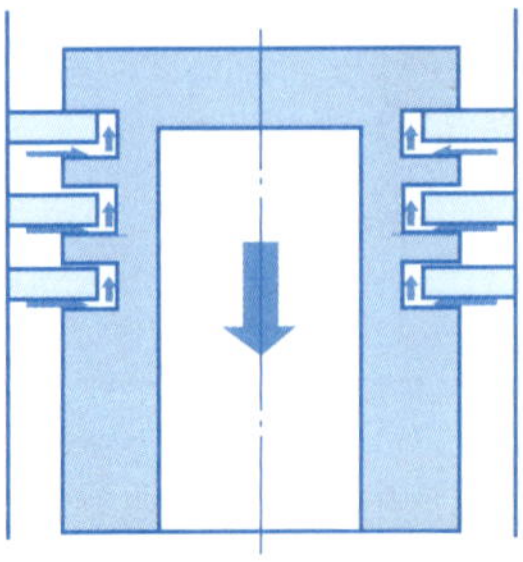

图 2.16
气环泵油现象

泵油现象会使燃烧室内形成积炭，同时增加润滑油消耗，并且可能在环槽中形成积炭，使活塞环卡死，失去密封作用，甚至折断气环。

气环在自由状态下不是圆环形，其外形尺寸比气缸内径大。因此，它随活塞一起装入气缸后，便产生弹力 F_1 而紧贴在气缸壁上，形成第一密封面，使燃气不能通过气环与气缸接触面的间隙。气环在燃气压力作用下，压紧在环槽的下端面上，形成第二密封面，于是燃气绕到气环的背面，并发生膨胀，其压力降低。同时，燃气压力对气环背面的作用力 F_2 使气环更紧地贴在气缸壁上，形成对第一密封面的第二次密封。气环的密封原理如图 2.17 所示。

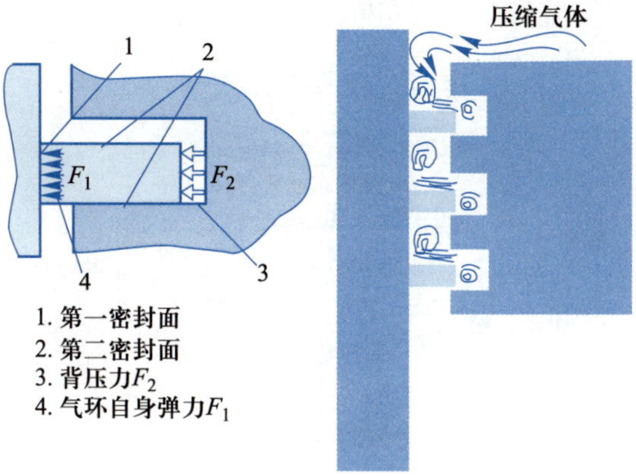

图 2.17
气环的密封原理

燃气从第一道气环的切口漏到第二道气环的上平面时压力已有所降低，又把这道气环压紧在第二环槽的下端面上，于是，燃气又绕到这个环的背面，再次发生膨胀，其压力又进一步降低。如此下去，从最后一道气环漏出来的燃气，其压力和流速已大大减小，因而漏气量也就很少了。

问答：如何确定气环开口朝向？

为减少气体泄漏，将气环装入气缸时，各道气环的开口应相互错开。如有三道气环，则各道气环开口应沿圆周成 120° 夹角；如有四道气环，则第一、二道互错 180°，第二、三道互错 90°，第三、四道互错 180°，形成迷宫式的路线，增大漏气阻力，减少漏气量。

气环常按断面形状来命名，常见断面形状及特点见表 2.1。

表 2.1　气环的断面形状及特点

形状	特点	示意图
矩形环	结构简单、易于生产、应用面广；泵油多，磨合性能和刮油性能较差	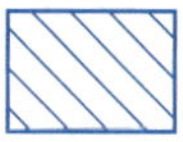
扭曲环	断面不对称，受力不平衡，使活塞环扭曲（内切口朝上、外切口朝下）	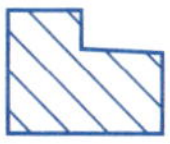
锥面环	减少了气环与气缸壁的接触面，提高了表面接触压力，有利于磨合和密封	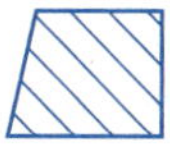
梯形环	环槽侧隙变化，挤出结焦；加工困难，精度要求高	
桶面环	外圆为凸圆弧形，润滑油容易进入，减轻磨损，与气缸适应性好；加工困难	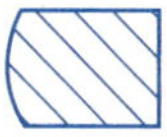

② 油环。油环用来刮除气缸壁上多余的润滑油，并在气缸壁上布上一层均匀的油膜。通常，发动机上有 1～2 道油环。

油环有两种类型，即整体式和组合式，如图 2.18 所示。

问答：汽车上多采用哪种油环？为什么？

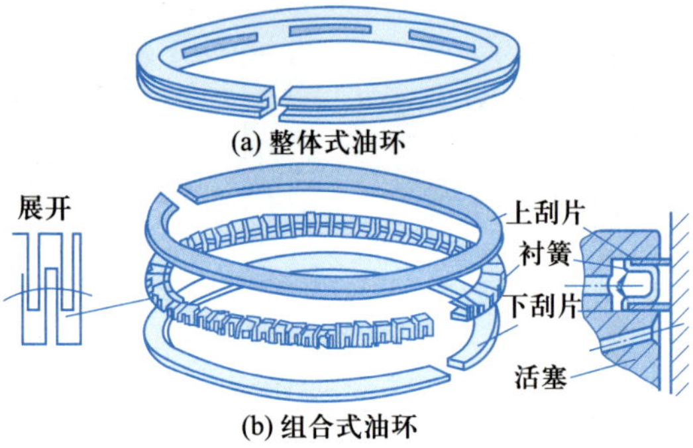

图 2.18
油环类型

整体式油环其外圆面的中间切有一道凹槽，在凹槽底部加工出很多贯通的排油小孔或缝隙。

组合式油环由上、下刮片和产生径向、轴向弹力的衬簧组成。这种环片很薄，对气缸壁的比压大，刮油作用强；质量轻；回油通道大，在高速发动机上得到广泛应用。

无论活塞上行或下行，油环都能将气缸壁上多余的润滑油刮下来，经活塞上的回油孔流回油底壳，如图 2.19 所示。

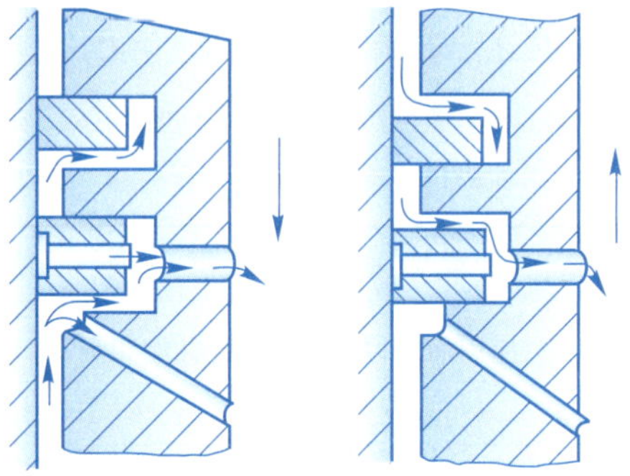

图 2.19
油环刮油作用

4. 活塞销

活塞销的作用是连接活塞和连杆小头，将活塞承受的气体作用力传给连杆。

① 活塞销的构造。为了减轻质量，活塞销一般做成空心圆柱，空心形状可以是圆柱形、组合形或两段截锥形，如图 2.20 所示。

② 活塞销的连接方式。活塞销的连接方式有两种，即全浮式和半浮式，如图 2.21 所示。

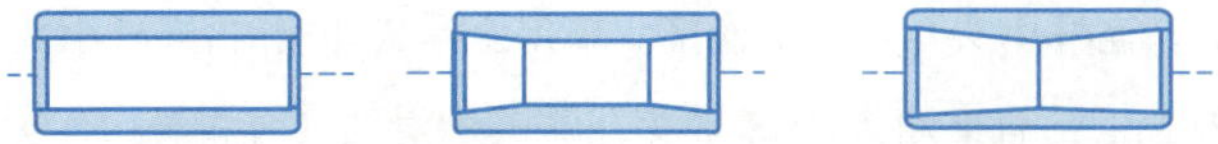

(a) 圆柱形 (b) 两段截锥与一段圆柱组合 (c) 两段截锥形

图 2.20
活塞销

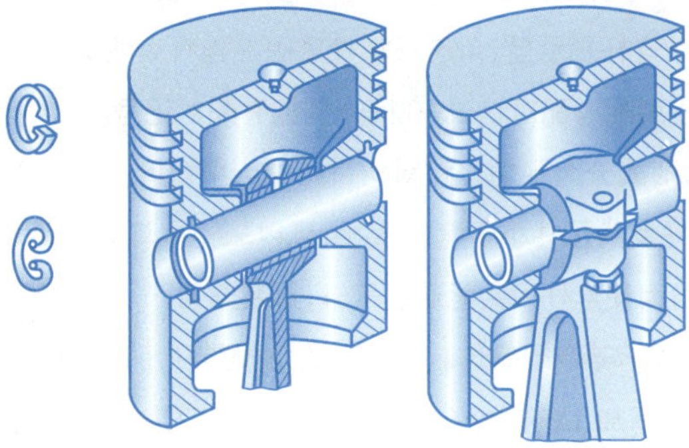

(a) 全浮式 (b) 半浮式

动画
活塞销结构

图 2.21
活塞销连接方式

全浮式连接是指在发动机工作时，活塞销与销座、活塞销与连杆小头之间都是间隙配合，可以相互转动。这种连接方式增大了实际接触面积，减轻了磨损且使磨损均匀，被广泛采用。为防止工作时活塞销从孔中滑出，必须用卡环将其固定在销座孔内。

半浮式连接是指活塞销与销座孔或活塞销与连杆小头两处，一处固定，一处浮动。其中大多数采用活塞销与连杆小头固定的方式，可以将活塞销装配在连杆小头孔内，也可将活塞销中部与连杆小头用紧固螺栓连接。这种连接方式不需要卡环，也不需要连杆衬套。

5. 连杆

连杆由连杆小头、连杆杆身、连杆大头三部分组成，如图 2.22 所示。

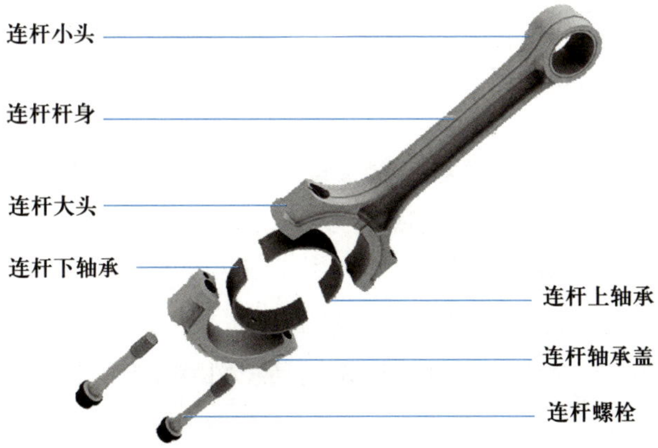

图 2.22
连杆组成

问答：连杆杆身为什么做成"工"字形断面？

① 连杆小头。连杆小头与活塞销连接。采用全浮式连接时，连杆小头孔中有减磨的青铜衬套，小头和衬套上钻有集油槽，用来收集飞溅的润滑油进行润滑。有些发动机连杆小头采用压力润滑，则在连杆杆身内钻有纵向油道。

② 连杆杆身。连杆杆身制成"工"字形断面，以求在强度和刚度足够的前提下减轻质量。

③ 连杆大头。连杆大头与曲轴的连杆轴颈连接。为便于安装，连杆大头一般做成剖分式，被分开的部分称作连杆轴承盖，用连杆螺栓紧固在连杆大头上。连杆轴承盖与连杆大头是组合加工的，为防止装配时配对错误，在同一侧刻有配对记号。

连杆大头的切口形式分为平切口和斜切口两种。平切口连杆大头的剖分面垂直于连杆轴线，一般汽油机连杆大头尺寸小于气缸直径，可以采用平切口。柴油机连杆受力较大，尺寸往往超过气缸直径，为使连杆大头能通过气缸，拆装方便，一般采用斜切口。

连杆大头与连杆轴承盖必须定位。平切口的定位是利用连杆螺栓上精加工的圆柱凸台或光圆柱部分，与经过精加工的螺栓孔来保证的。斜切口连杆大头的剖分面与连杆轴线有30°～60°的夹角，在工作中受到惯性力的拉伸，在切口方向有一个较大的横向分力，必须采用可靠的定位措施。常用方法有止口定位、套筒定位和锯齿形定位三种，如图 2.23 所示。

问答：连杆大头和连杆轴承盖怎样定位？

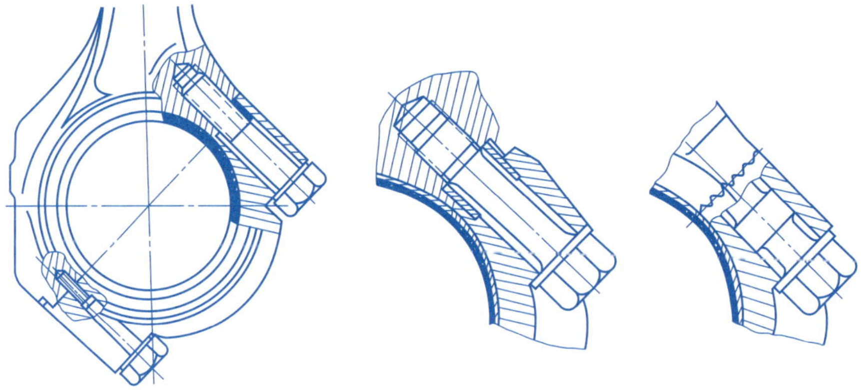

(a) 止口定位　(b) 套筒定位　(c) 锯齿形定位

图 2.23
斜切口连杆大头与连杆轴承盖定位方式

④ 连杆螺栓。连杆螺栓经常要承受交变载荷的作用，一般采用韧性较高的优质合金钢或优质碳素钢锻造成型。安装时，连杆螺栓必须以原厂规定的拧紧力矩，分 2～3 次均匀地拧紧，拧紧后接着再转动 180°。

⑤ 连杆轴承。连杆轴承也称连杆轴瓦（俗称小瓦），装在连杆大头内，保护连杆轴颈和连杆大头孔。由于其工作时承受较大的交变载荷，且润滑困难，要求它具有足够的强度、良好的减磨性和耐腐蚀性。

连杆轴承由钢背和减磨层等组成，为两半分开形式，如图 2.24 所示。钢背由厚 1～3 mm 的低碳钢制成，是轴承的基体；减磨层由浇铸在钢背内圆上厚度为 0.3～0.7 mm 的薄层减磨合金制成，减磨合金具有保持油膜、减少摩擦阻力和易于磨合的作用。

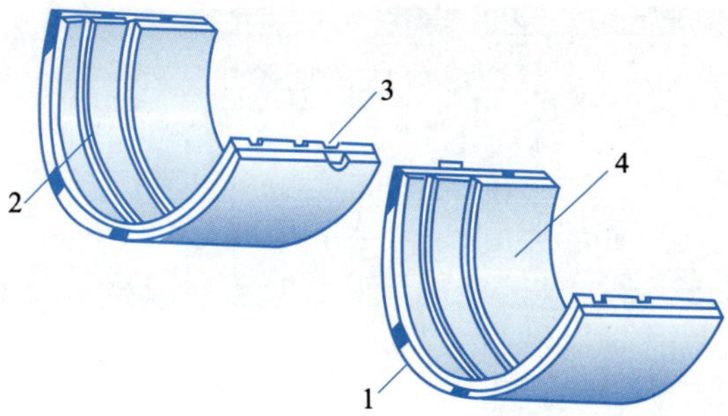

图 2.24
连杆轴承
1—钢背;2—油槽;3—定位凸键;4—减磨层

V 形发动机由于左右两缸的连杆装在同一个连杆轴颈上,故其连杆布置随安装位置不同而不同,有并列式、主副式、叉形式三种形式,如图 2.25 所示。

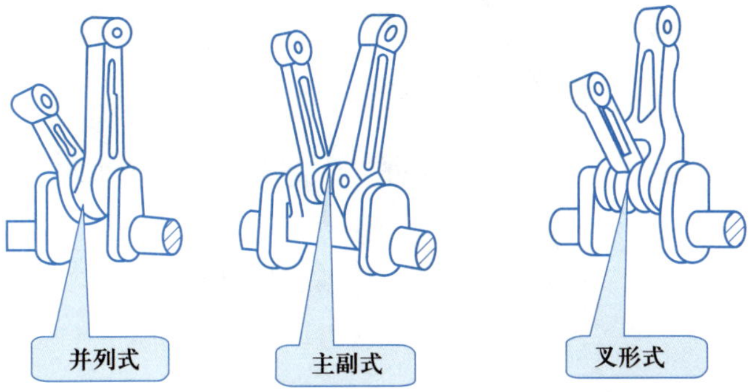

图 2.25
V 形发动机连杆布置

并列式:两个相同的连杆一前一后并列地安装在同一个连杆轴颈上,这种连杆可以通用,结构与单列式发动机的连杆相同,只是连杆大头宽度一般要稍小一些。但因左右气缸要在轴向错开一段距离,致使发动机的长度增加,曲轴的长度增加,刚度降低。

主副式:主副式连杆,安装在同一连杆轴颈上两列气缸的连杆组不同,一列气缸的连杆组连接于另一列气缸连杆组的连杆大头上,前者称为副连杆,后者称为主连杆。主连杆与连杆轴颈相连,副连杆通过副连杆销借主连杆的大头与连杆轴颈相连。

叉形式:左右两列气缸的对应两个连杆中,一个连杆的连杆大头做成叉形,跨于另一个连杆的厚度较小的片形连杆大头两端。这种布置的优点是两列气缸中的活塞连杆组的运动规律相同,左右对应的两列气缸轴心线不需要在曲轴轴向上错位;缺点是叉形连杆的连杆大头结构和制造工艺较复杂,连杆大头的刚度也不高。

重点、难点提示：扭曲环工作原理及安装

活塞扭曲环装入气缸后，外侧拉伸应力合力与内侧压缩应力合力之间有一力臂，产生扭转力偶矩，使环外圆周扭曲成上小下大锥形，使环边缘与环槽上、下端面接触，防止活塞环窜动和泵油。扭曲环安装应外切口向下，内切口向上。

2.1.4 曲轴飞轮组的构造

曲轴飞轮组由曲轴、飞轮、扭转减振器、曲轴主轴承、曲轴传动带轮、正时链轮（或齿轮）等组成，如图 2.26 所示。

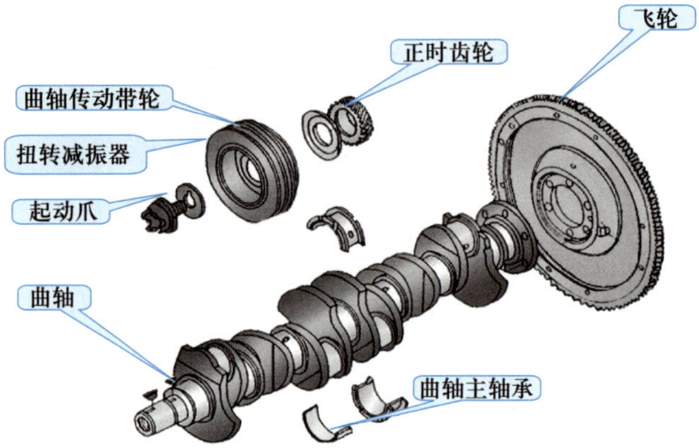

图 2.26
曲轴飞轮组的组成

1. 曲轴

曲轴的作用是把活塞连杆组传来的气体压力转变为转矩并对外输出，同时驱动发动机的配气机构和其他辅助装置。

曲轴的基本结构包括前端轴、连杆轴颈、曲轴主轴颈、曲柄、平衡重、后端轴等，如图 2.27 所示。

问答：怎样确定曲轴上曲拐的数量？

前端轴指曲轴第一道主轴颈之前的部分，用于安装正时齿轮（或正时齿形带轮或链轮）、曲轴传动带轮等。为防止润滑油外漏，在曲轴前端装有油封装置；为减小扭转振动，曲轴前

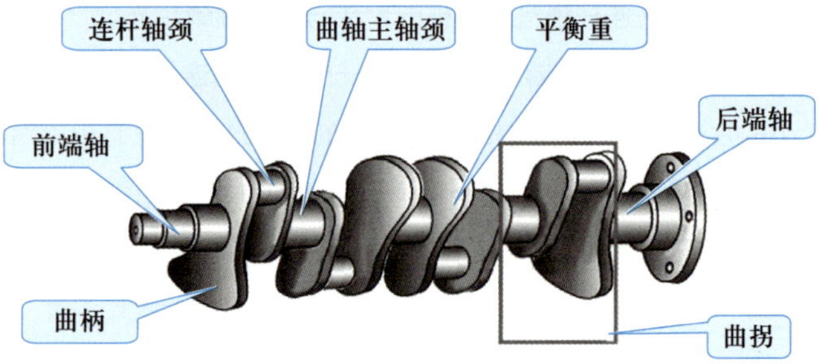

图 2.27
曲轴的结构

端还装有扭转减振器。

动画
曲轴工作循环

主轴颈是曲轴的支承部分。按曲轴主轴颈的数目，可以把曲轴分为全支承曲轴和非全支承曲轴两种，如图 2.28 所示。在每个连杆轴颈两边都有一个主轴颈的曲轴，称为全支承曲轴，否则为非全支承曲轴。显然，全支承曲轴的主轴颈数比连杆轴颈数多一个，这种支承方式曲轴刚度好，但长度较长。直列发动机全支承曲轴的主轴颈数比气缸数多一个，V 形发动机全支承曲轴的主轴颈数是气缸数的一半加 1。

连杆轴颈是曲轴和连杆相连的部分，连杆大头安装在曲轴的连杆轴颈上。

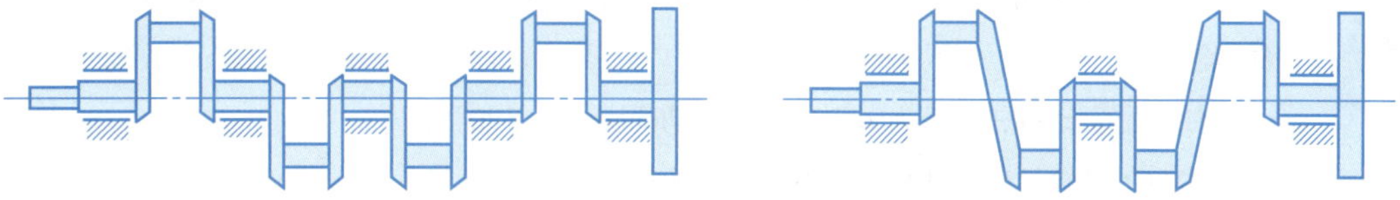

(a) 全支承曲轴　　(b) 非全支承曲轴

图 2.28
曲轴支承形式

曲柄是连接曲轴主轴颈和连杆轴颈的部分。在曲轴的主轴颈、曲柄、连杆轴颈上钻有贯通的油道，以使主轴颈内的润滑油经此油道流至连杆轴颈进行润滑。

拓展微课
工作循环与曲轴转角

平衡重用来平衡连杆大头、连杆轴颈和曲柄等产生的离心力及其力矩，有时还平衡部分往复惯性力，使发动机运转平稳。

曲轴后端轴是最后一道主轴颈之后的部分，有安装飞轮用的凸缘。为防止润滑油从后端轴泄漏，后端轴也安装有油封装置。

曲轴作为转动件，必须与其固定件之间有一定的轴向间隙。在发动机工作时，曲轴经常受到离合器施加于飞轮的轴向力以及在上、下坡行驶或突然加、减速时出现的轴向力作用而有轴向窜动的趋势。曲轴的轴向窜动将破坏曲柄连杆机构各零件的正确相对位置，因此曲轴必须有轴向定位措施。而在曲轴受热膨胀时，又应允许它能自由伸长，故曲轴上只能有一处设置轴向定位装置，该装置可设在曲轴的前端、中间或后端。

问答：曲轴的轴向定位措施有哪些？

曲轴的轴向定位是通过止推装置实现的。止推装置有止推片、翻边轴瓦、止推环等多种形式，如图 2.29 所示。

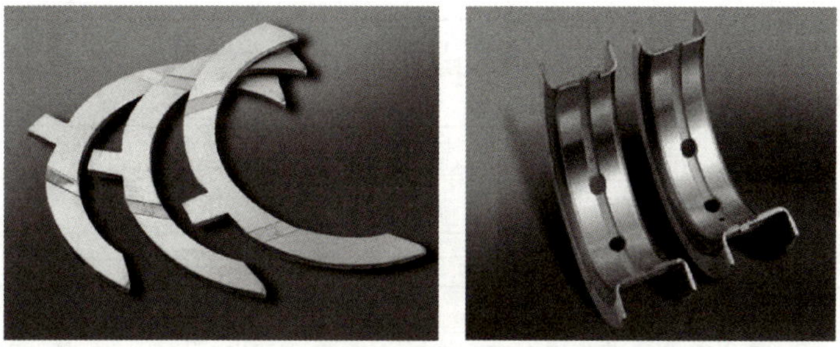

(a) 止推片　　(b) 翻边轴瓦

图 2.29
止推装置

2. 曲拐的布置

一个连杆轴颈和它两端的曲柄及相邻两个主轴颈构成一个曲拐。

曲轴的曲拐数取决于发动机气缸的数目和排列方式。直列式发动机，曲拐数等于气缸数；V 形发动机，曲拐数等于气缸数的一半。

动画
曲轴位置
传感器

曲拐的布置(即曲拐的相对位置)除了与气缸数、气缸排列方式有关外，还与发动机工作顺序有关。在安排发动机工作顺序时，应注意使连续做功的两气缸相距尽可能远些，以减轻主轴承的载荷，同时避免进气干涉而影响充气量；做功间隔力求均匀，在发动机完成一个工作循环的曲轴转角内，每个气缸应做功一次，以保证发动机运转平稳；曲拐布置应尽可能对称、均匀。

如多缸发动机气缸数为 i，则发动机做功间隔角为 720° /i。

常见的多缸发动机曲拐的布置和工作顺序如下。

① 直列四缸四冲程发动机曲拐布置。直列四缸四冲程发动机曲拐布置如图 2.30 所示，其曲拐对称布置在同一平面内，做功间隔角为 720° /4 = 180°，各缸工作顺序有 1—3—4—2 和 1—2—4—3 两种。直列四缸四冲程发动机工作顺序见表 2.2。

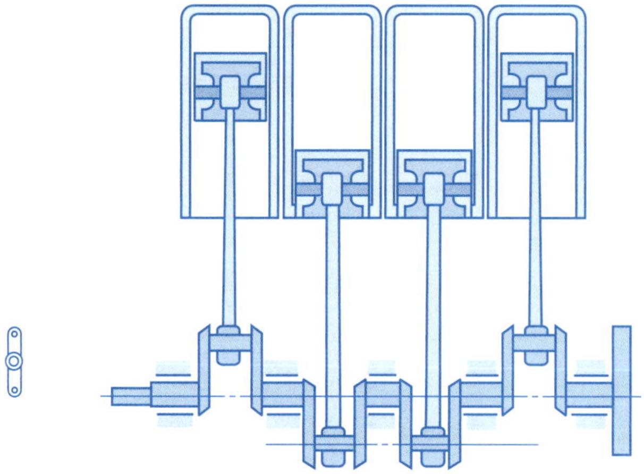

图 2.30
直列四缸四冲程发动机曲拐布置

表 2.2　直列四缸四冲程发动机工作顺序

曲轴转角(°)	1 缸	2 缸	3 缸	4 缸
0～180	做功	排气	压缩	进气
180～360	排气	进气	做功	压缩
360～540	进气	压缩	排气	做功
540～720	压缩	做功	进气	排气

② 直列六缸四冲程发动机曲拐布置。直列六缸四冲程发动机曲拐布置如图 2.31 所示，其曲拐均匀布置在互成 120°的三个平面内，做功间隔角为 720° /6 = 120°，各缸工作顺序有 1—5—3—6—2—4 和 1—4—2—6—3—5 两种，以第一种应用较为普遍。直列六缸四冲程

发动机工作顺序见表 2.3。

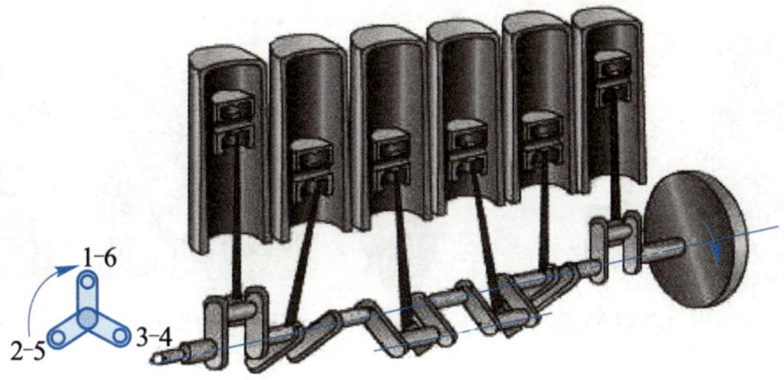

图 2.31
直列六缸四冲程发动机曲拐布置

表 2.3 直列六缸四冲程发动机工作顺序

<table>
<tr><th colspan="2">曲轴转角(°)</th><th>1 缸</th><th>2 缸</th><th>3 缸</th><th>4 缸</th><th>5 缸</th><th>6 缸</th></tr>
<tr><td rowspan="3">0～180</td><td>60</td><td rowspan="3">做功</td><td>排气</td><td></td><td></td><td>压缩</td><td rowspan="3">进气</td></tr>
<tr><td>120</td><td rowspan="3">进气</td><td rowspan="3">压缩</td><td rowspan="3">排气</td><td rowspan="3">做功</td></tr>
<tr><td>180</td></tr>
<tr><td rowspan="3">180～360</td><td>240</td><td rowspan="3">排气</td><td rowspan="3">压缩</td></tr>
<tr><td>300</td><td rowspan="3">压缩</td><td rowspan="2">做功</td><td rowspan="2">进气</td><td rowspan="3">排气</td></tr>
<tr><td>360</td></tr>
<tr><td rowspan="3">360～540</td><td>420</td><td rowspan="3">进气</td><td rowspan="3">排气</td><td rowspan="3">压缩</td><td rowspan="3">做功</td></tr>
<tr><td>480</td><td rowspan="3">做功</td></tr>
<tr><td>540</td><td rowspan="3">进气</td></tr>
<tr><td rowspan="3">540～720</td><td>600</td><td rowspan="3">压缩</td><td rowspan="3">进气</td><td rowspan="3">做功</td><td rowspan="3">排气</td></tr>
<tr><td>660</td><td rowspan="2"></td></tr>
<tr><td>720</td><td></td></tr>
</table>

问答：如何确定发动机的做功间隔角？

3. 扭转减振器

连杆作用在曲轴上的力呈周期性变化，使曲拐(质量轻)相对于飞轮(质量重)有扭转摆动，即曲拐转速相对于飞轮转速忽高忽低，这就是曲轴的扭转振动。扭转振动会造成功率损失、曲轴扭转变形甚至扭断、正时齿轮产生冲击噪声等。

扭转减振器能吸收曲轴扭转振动的能量，使曲轴转动平稳，工作可靠。常用的扭转减振器有橡胶式(车用)、摩擦片式和硅油式，如图 2.32 所示。

动画
曲轴扭转减振器结构

4. 飞轮

飞轮的作用是通过储存和释放能量来提高发动机运转的均匀性，改善发动机克服短时超载的能力，同时将发动机的动力传递给离合器。

飞轮是一个转动惯量很大的圆盘，多用灰铸铁制造，外缘上压有一个齿圈，可与起动机的起动齿轮啮合，供起动发动机用，如图 2.33 所示。有些飞轮上通常刻有第一缸点火正时

动画
飞轮结构

记号，以便校准点火时间。

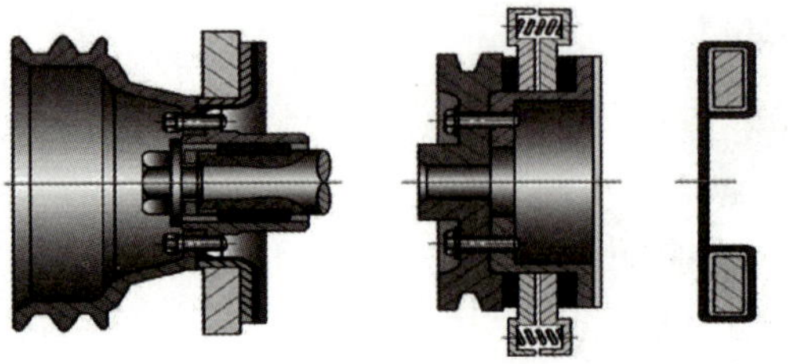

(a) 橡胶式　(b) 摩擦片式　(c) 硅油式

图 2.32
扭转减振器类型

(a) 整体　(b) 起动齿轮　(c) 上止点标记

图 2.33
飞轮

2.1.5　曲柄连杆机构的受力分析

微课
曲柄连杆机构的受力分析

在高温、高压、高速及化学腐蚀条件下，曲柄连杆机构中各构件的受力情况非常复杂，其中有活塞顶部受到的气体压力 F_g、往复运动构件受到的惯性力 F_j、旋转运动构件受到的离心力 F_k、相对运动构件接触表面受到的摩擦力，以及由温差引起的热应力，如图 2.34 所示。这些力作用在曲柄连杆机构的各相关零部件上，使之受到压缩、拉伸、弯曲、扭转、摩擦等不同性质的力的作用；各种力的周期性变化导致零部件磨损不均匀。活塞工作时所受侧压力如图 2.35 所示。为了保证曲柄连杆机构各零部件工作可靠、减少磨损，在结构上必须采取相应的措施。

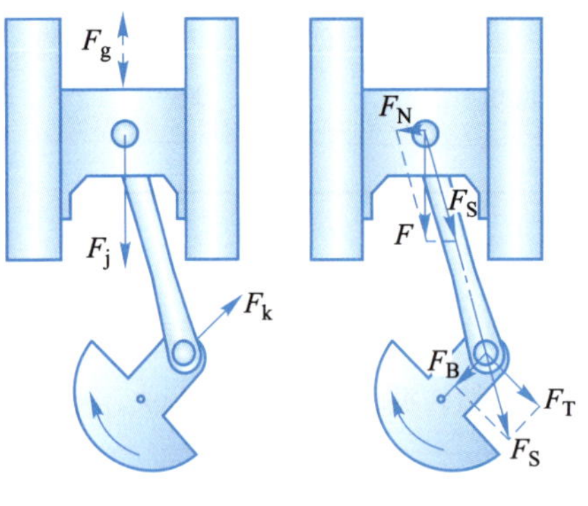

图 2.34
曲柄连杆机构中的作用力示意图

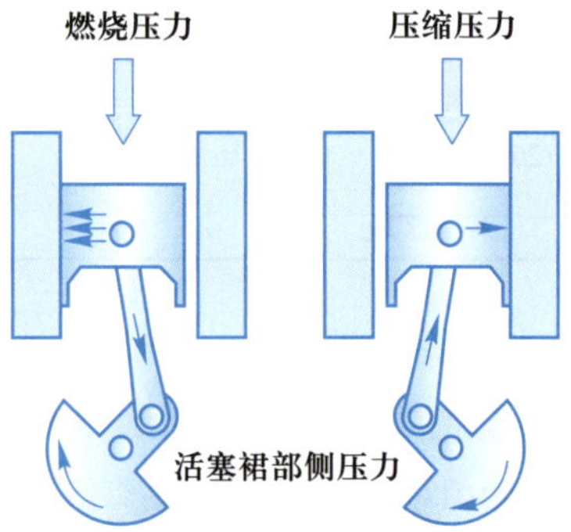

(a) 作功行程　(b) 压缩行程

图 2.35
活塞工作时所受侧压力示意图

微课
燃烧室燃烧原理

2.1.6　燃烧室燃烧原理

根据发动机燃料类型的不同，燃烧室分为汽油机燃烧室和柴油机燃烧室。

1. 汽油机燃烧室

汽油机的燃烧室由活塞顶及气缸盖上相应的凹部空间组成。燃烧室的形状对发动机的工作影响很大。发动机工作过程中对燃烧室有两点要求：一是结构尽可能紧凑，冷却面积要小，以减少热量损失及缩短火焰行程；二是使混合气在压缩行程结束时具有一定的涡流运动，以提高混合气燃烧的速度，保证混合气及时和充分的燃烧。汽油机常用的燃烧室的形式除了半球形燃烧室、楔形燃烧室、盆型燃烧室外，还有多球（即 ω）形燃烧室和蓬形燃烧室。

（1）半球形燃烧室。半球形燃烧室，如图 2.36a 所示。其结构紧凑，火花塞布置在燃烧室中央，火焰行程短，故燃烧速率高，散热少，热效率高。这种燃烧室结构上也允许气门双行排列，进气口直径较大，故充气效率较高，虽然使配气机构变得较复杂，但有利于排气净化，在轿车发动机上被广泛地应用。

（2）楔形燃烧室。楔形燃烧室，如图 2.36b 所示。其结构简单、紧凑，散热面积小，热损失也小，能保证混合气在压缩行程中形成良好的涡流运动，有利于提高混合气的混合质量，同时进气阻力小，提高了充气效率。楔形燃烧室气门排成一列，使配气机构简单，但火花塞置于楔形燃烧室高处，火焰行程长。

（3）盆形燃烧室。盆形燃烧室，如图 2.36c 所示。其气缸盖工艺性好，制造成本低，但因气门直径易受限制，进、排气效果要比半球形燃烧室差。

科技创新

2018 年潍柴和中国重汽进行深度融合，成功打造了 T 系列专属发动机。潍柴 T 系列发动机特别引入了曲轴偏置设计，可以把整个曲轴的摩擦功降低 50% 左右，而曲轴本身占到了整个发动机摩擦耗功接近 50%，这一技术对整个发动机整体热效率的提升立竿见影。

曲轴偏置打破了原先气缸内活塞直上直下的设计思路，工程师通过改变曲轴所在的位置，间接改变了活塞的行动轨迹和运动行程，进而改变了上下止点的位置，让内燃机获得更多的可能性。

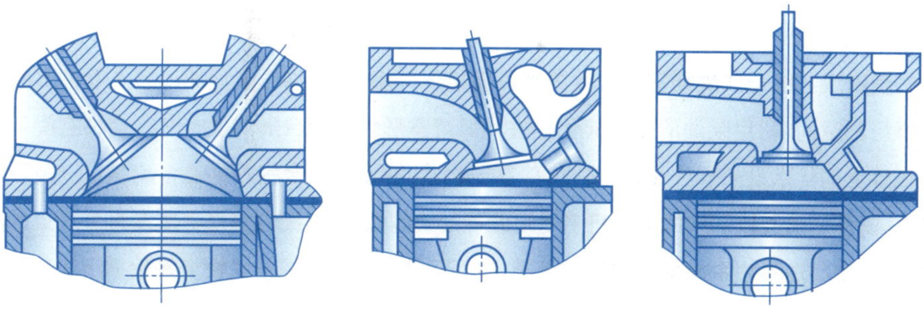

(a) 半球形燃烧室　　(b) 楔型燃烧室　　(c) 盆型燃烧室

拓展微课
汽油机燃烧过程

图 2.36
典型汽油机燃烧室（1）

（4）多球形燃烧室。多球形燃烧室，如图 2.37a 所示。其结构紧凑，面容比小，火焰行程短，进、排气门采用不同尺寸和位置，易形成进气涡流。但是，由于表面积增加其热效率比半球形燃烧室差。

（5）蓬形燃烧室。蓬形燃烧室，如图 2.37b 所示。其结构紧凑，挤气效果强，火花塞布置在燃烧室的中央，火焰传播速度快，热效率高。

工作手册

EA888 发动机燃烧室的构造包括气缸盖内的燃烧室沟槽和活塞顶内导流槽。

燃烧室沟槽带有较大的压气区，需要使用较小的进气阀。增大的压气区，可确保气缸内燃油和空气更好地混合。为了与此相匹配，在活塞顶设计有气门袋和导流槽。

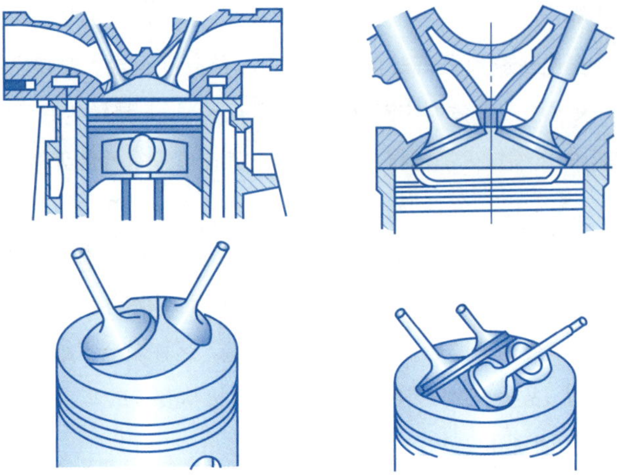

(a) 多球形燃烧室　　(b) 蓬形燃烧室

图 2.37
典型汽油机燃烧室(2)

2. 柴油机燃烧室

从结构上看,柴油机燃烧室分为统一式(直接喷射式)和分隔式两类。分隔式燃烧室又分为涡流室式和预燃室式两种。

(1) 统一式燃烧室。统一式(直接喷射式)燃烧室由活塞顶部浅凹坑、气缸盖底部平面和气缸壁组成。统一式燃烧室喷油器的喷嘴直接伸入燃烧室,高压柴油通过多孔喷油器喷散在燃烧室空间,利用柴油的高度雾化特性和燃烧室形状相配合形成混合气。这种空间混合式燃烧室的优点是热损失少,经济性好,易于起动;缺点是混合气不易混合均匀,工作粗暴。目前,安装燃油共轨系统的柴油机多采用此种形式的燃烧室,配合锥形活塞及直立放置的喷油器,可使燃油喷柱中间向四周形成涡流,有利于油气混合。统一式燃烧室根据活塞顶凹坑的形状分为 ω 形、球形和 U 形燃烧室,如图 2.38 所示。

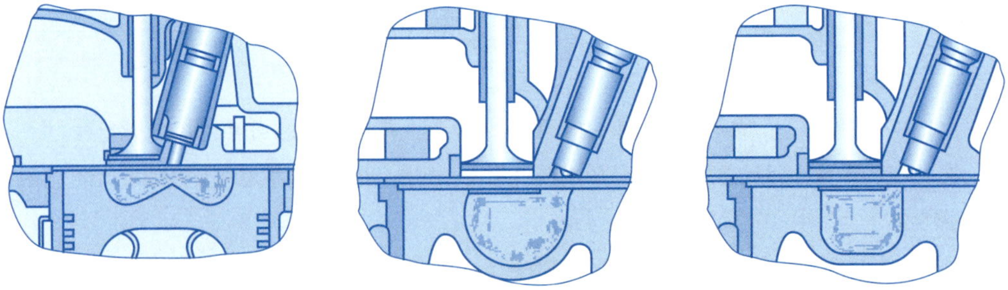

(a) ω形燃烧室　　(b) 球形燃烧室　　(c) U形燃烧室

图 2.38
统一式燃烧室

(2) 分隔式燃烧室。分隔式燃烧室由两部分组成，一部分位于活塞顶与气缸盖底面之间，称为主燃烧室；另一部分在气缸盖中，称为副燃烧室。两部分之间有一个或几个通道相连。通道的断面形状为圆形、豆形或弯月形，通道的方向与活塞顶部成一定角度。分隔式燃烧室一般采用轴针式喷油器，安装在副燃烧室顶部。分隔式燃烧室分为涡流室式燃烧室和预燃室式燃烧室。

① 涡流室式燃烧室。涡流室式燃烧室如图 2.39a 所示，一般采用平顶活塞，在压缩行程期间，涡流室内形成旋涡气流，多数燃油在涡流室内被点燃，其余燃油由通道进入主燃烧室进一步扩散燃烧。

② 预燃室式燃烧室。预燃室式燃烧室如图 2.39b 所示，其结构与涡流室式相类似。但与之相比，其预燃室及通道面积更小，使主燃烧室和副燃烧室的压力差较大，可获得更高的流速，形成强烈的燃烧涡流，同时配合较多的连接通道，混合气在主燃烧室的分布更加均匀。

分隔式燃烧室具有空气利用充分，燃烧过程柔和，噪声小，喷油器故障少，对燃料和喷雾质量要求不高，性能稳定等优点，但它散热面积大，热损失大，经济性差，冷起动性能较差，目前已较少采用。

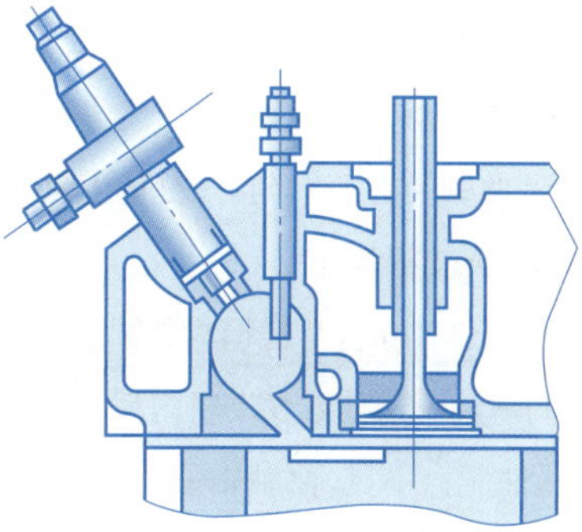
(a) 涡流室式燃烧室

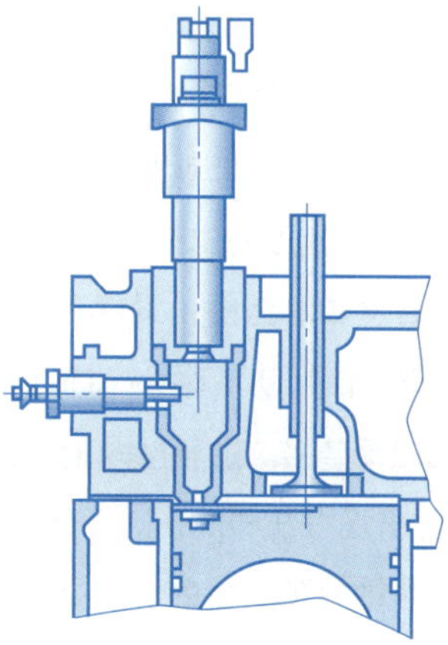
(b) 预燃室式燃烧室

图 2.39 分隔式燃烧室

任务 2.2 曲柄连杆机构的性能检测

2.2.1 曲柄连杆机构故障分析

1. 曲轴飞轮组常见故障分析

(1) 曲轴裂纹。曲轴的裂纹一般由冲击载荷引起。裂纹多发生在曲柄臂与曲轴轴颈之间的过渡圆角处或油孔处。裂纹严重时,可能导致曲轴的折断。

曲轴裂纹发生在非受力部位或裂纹不会延伸时,可予以焊修。曲轴裂纹发生在曲柄臂与曲轴轴颈等受力部位,应更换新件。

(2) 曲轴变形。曲轴变形主要是指曲轴弯曲和扭曲。曲轴产生变形,多数是由于使用或修理不当造成的,严重的变形一般是由机械事故引起的。曲轴弯曲变形后,会加剧活塞连杆组和气缸以及曲轴和轴承的磨损,甚至引起曲轴的折断。曲轴扭曲变形,将影响发动机的配气正时和点火正时,还会加剧活塞连杆组和气缸的磨损。

导致曲轴产生变形的主要原因是:主轴承间隙过大、曲轴振动过大;少数气缸不工作或工作不均衡;各主轴承盖的松紧度不一致,导致曲轴受力不均匀;气缸体主轴承座孔同轴度偏差;利用行车惯性起动发动机;曲轴长时间横放无支撑等。

(3) 曲轴轴颈磨损。曲轴轴颈的磨损往往是不均匀的,常磨损成椭圆形或锥形。曲轴轴颈表面还可能出现擦伤和烧伤。擦伤是由于润滑油不清洁或发动机内残存有金属屑等坚硬杂物造成的;曲轴轴颈表面的烧伤是由于润滑油压力不足,曲轴轴颈与轴承发生剧烈摩擦,温度急剧上升,使曲轴轴颈表面烧伤,严重时会导致轴承金属熔化,黏附在曲轴轴颈上,使曲轴卡死甚至断裂。

(4) 曲轴轴承损伤。

① 磨损。曲轴轴承在工作中负荷大,与曲轴轴颈产生高速摩擦,特别在发动机低温运转或起动时,由于润滑油膜难以建立,易产生干摩擦,致使曲轴轴承产生磨损,使其配合间隙增大。

② 疲劳剥落。曲轴轴承长期在交变冲击载荷作用下工作,曲轴轴承合金有时会产生疲劳裂纹,严重时会造成合金剥落,即轴承的疲劳剥落。

③ 刮伤和烧熔。由于机件磨损形成的金属碎屑等杂质混在润滑油中,这些杂质进入曲轴轴承间隙,使曲轴轴承合金表面刮伤。当曲轴轴承润滑不足时,可能会导致轴承合金熔化,引起抱轴事故。

(5) 飞轮损伤

① 飞轮齿圈的磨损和轮齿折断。在起动发动机时,起动机与飞轮齿圈产生碰撞或两齿

轮啮合不良，易造成飞轮齿圈的磨损和轮齿折断，这种损伤经常集中在与压缩行程终点前相对应的一段齿圈上。

② 飞轮工作面的磨损。飞轮工作面即离合器摩擦片接合面，工作时，由于离合器在分离和接合时与飞轮平面存在转速差，产生相对滑动摩擦，使飞轮工作面出现正常磨损。由于操作不当，有时飞轮平面还会因高速摩擦所产生的高温而产生烧灼印痕，甚至在飞轮表面形成裂纹使动力传递能力下降。飞轮的常见损伤如图 2.40 所示。

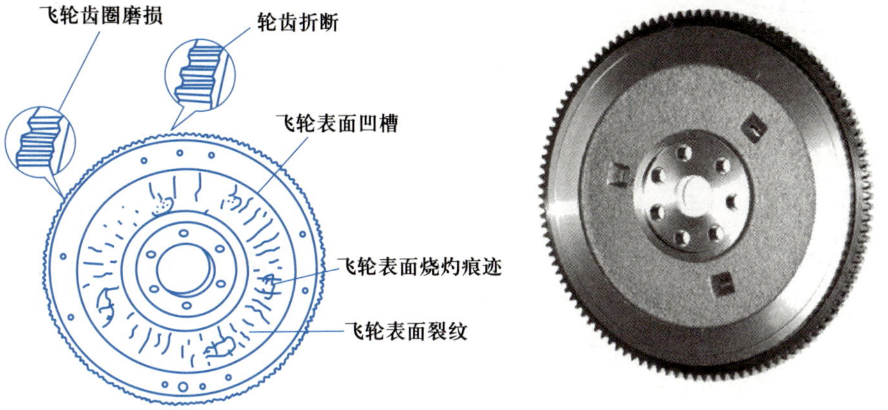

图 2.40
飞轮的常见损伤

③ 飞轮螺栓孔的损伤。由于飞轮承受转矩较大，并伴随冲击载荷，导致飞轮螺栓孔产生损伤变形，飞轮螺栓未拧紧到规定力矩或飞轮与曲轴凸缘配合松旷，将加剧这种损伤。货车的飞轮螺纹孔损伤较多。

2. 连杆常见故障分析

(1) 连杆裂纹。连杆在工作中受到交变冲击载荷作用，有时会出现裂纹，严重时会导致连杆断裂。连杆裂纹一般采用磁力探伤检查。磁力探伤的基本原理是在磁力线通过被检测的零件时，如果零件存在表面裂纹或内部裂纹，会因磁阻大而中断、偏散形成磁极，如图 2.41 所示。此时在零件表面撒上的铁粉就会被磁化而吸附在裂纹处，从而显现出裂纹的位置及形状。零件经过磁力探伤后，必须进行退磁处理。连杆出现任何形式的裂纹，均应更换。

(2) 连杆大头内孔磨损。连杆大头内孔磨损将产生失圆和锥形，当其圆度误差和圆柱度误差超过 0.025 mm，而内孔圆周尺寸未变时，可通过对连杆轴承进行镗削来保证与连杆轴颈的装配精度。轴承内孔与对应连杆轴颈的径向间隙一般应为 0.01 ~ 0.116 mm。

(3) 连杆螺栓损伤。连杆螺栓在工作中，由于受到很大的交变冲击载荷作用，会发生拉长、裂纹和螺纹连接滑牙等损坏，严重时会导致断裂，造成敲坏气缸体的严重事故。修理中应认真检查连杆螺栓，有条件时可进行磁力探伤，不符合要求时，应及时更换。

AJR 发动机使用的连杆螺栓是预应力螺栓，螺纹为 M8 × 1，如图 2.42 所示，此类螺栓在修理中不得重复使用，必须更换。

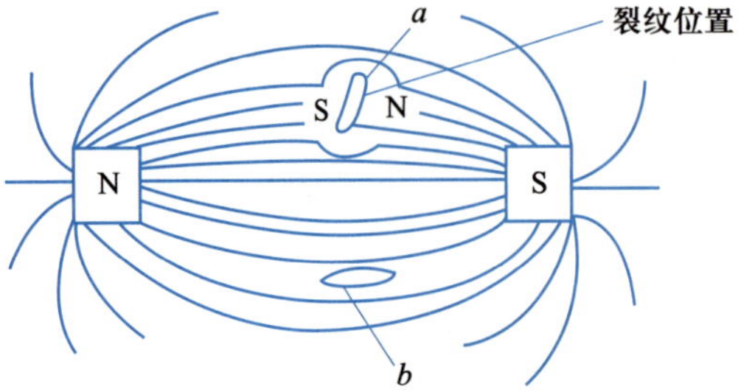

图 2.41
磁场在缺陷边缘的分布和磁极的形成

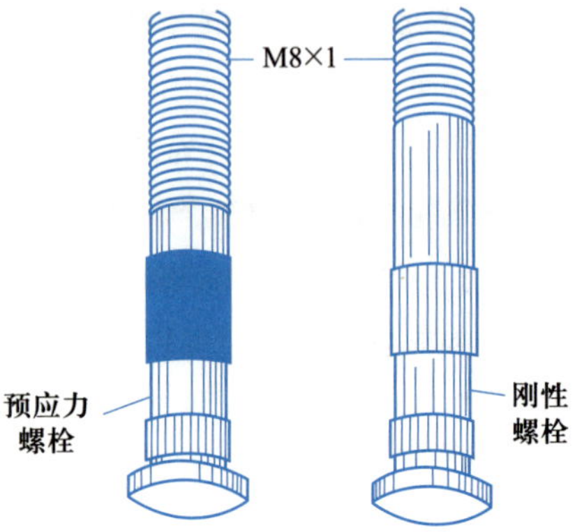

图 2.42
AJR 发动机连杆螺栓

(4) 连杆变形。连杆变形主要是弯曲变形和扭曲变形,其原因是:连杆在工作中承受气体压力、离心力和惯性力的作用,以及发动机不正常工作时(如超负荷、爆燃、用汽车惯性起动发动机等),都可能会引起弯曲、扭曲以及双重弯曲。另外,镗缸定位不准,也会留下连杆变形的隐患。连杆变形的主要危害是导致发动机活塞偏缸、偏磨,引起气缸敲缸、拉缸等故障。

(5) 连杆变形的校正。连杆的变形一般利用连杆校正器进行校正。当弯曲、扭曲并存时,通常是先校正扭曲后再校正弯曲。

① 连杆扭曲变形的校正:将连杆大端轴承盖装好,套在检验器的轴上,然后用扳钳进行校正,直到合格为止,如图 2.43 所示。

② 连杆弯曲变形的校正:如图 2.44 所示,将弯曲的连杆置于压具上,使弯曲的部位朝上,施加压力,使连杆向已弯方向的反方向发生变形,并使连杆变形量达到已弯曲部位变形量的数倍以上,停止一定时间,等金属组织稳定后,再去掉外载荷。检查校正情况,确定是否需要再校正。

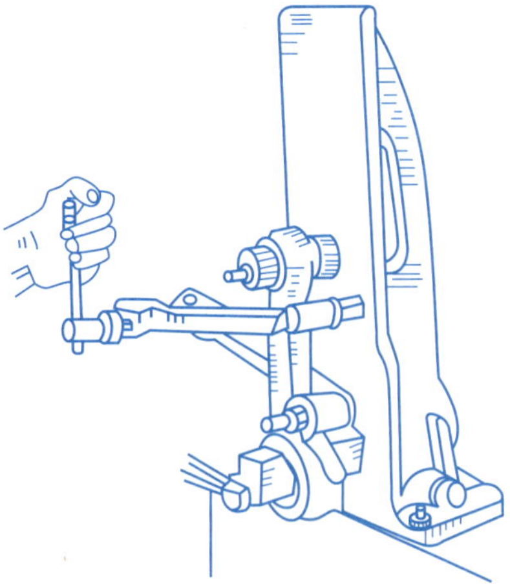

图 2.43
校正连杆扭曲

图 2.44
校正连杆弯曲

连杆的校正通常是在常温下进行冷压校正，卸除压力后，连杆有恢复原状的趋势。因此，在校正弯曲、扭曲变形较大的连杆后，最好进行时效处理：将连杆加热至 300 ℃左右，并保温一段时间。校正弯曲、扭曲变形较小的连杆时，只需在校正负荷下保持一定时间即可。

连杆经弯曲、扭曲校正后，两端座孔轴线的距离变化应不大于 0.15 mm，否则，会影响气缸的压缩比。可用普通量具对连杆进行测量。检验时用游标卡尺测量上、下两轴承孔内侧距离 L_1，用内径百分表测出上、下两轴承孔直径 D 和 d，两孔轴线中心距为 L，便可算出：$L=(D+d)/2+L_1$(mm)。

3. 活塞常见故障分析

(1) 活塞环槽磨损。活塞环槽是活塞的最大磨损部位，其中第一道环槽的磨损最严重。活塞在高速往复运动中，由于气体压力的作用，活塞环对环槽的冲击很大，加上高温的影响，使环槽的下平面磨损较大，上平面磨损较小，磨损后呈内小外大的梯形，如图 2.45 所示。

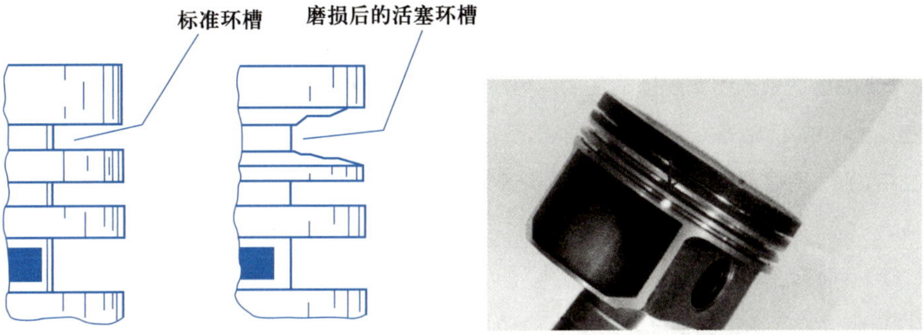

(a)　　(b)

图 2.45
活塞环槽的磨损

环槽磨损严重，会导致气缸漏气和润滑油窜入气缸。因此，环槽磨损超过极限，应更换活塞。

活塞环槽磨损的检查：将一新活塞环放入环槽，如图 2.46 所示，用塞尺测量活塞环的侧隙，若侧隙过大，说明环槽磨损严重，应予以更换。

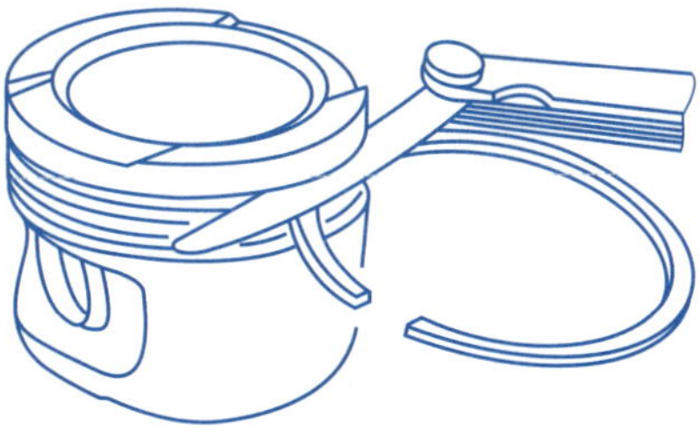

图 2.46
活塞环槽磨损的检查

(2) 活塞裙部磨损。活塞裙部的磨损一般较小，当活塞裙部与气缸壁间隙过大时，发动机易出现敲缸，并有严重的窜润滑油现象。

(3) 活塞销座孔磨损。活塞在工作时，由于气体压力和交变冲击载荷的作用，使活塞销与销孔座之间发生磨损，其最大磨损发生在座孔上下，垂直于活塞销座孔，与活塞轴线平行的方向。磨损会导致活塞销与座孔配合松旷，出现类似于敲缸的声音。

(4) 活塞拉伤(见图 2.47)。活塞拉伤一般都有明显的痕迹，主要原因有：活塞裙部与气缸壁间隙小，不能形成足够的油膜；机械杂质进入气缸表面；活塞销卡簧在活塞销轴向冲击力的作用下冲击环槽，使气缸和活塞损坏；有些机型的活塞容易出现拉缸，主要是由于活塞选用的材料、设计及制造工艺不当等原因。活塞轻度拉伤，在不影响配合间隙的情况下，允许用细砂布打磨后继续使用，严重拉伤的活塞必须更换。

(5) 活塞烧顶(见图 4.28)。活塞烧顶的主要原因是发动机在超负荷或爆燃条件下长时间工作，若某一机型容易出现烧顶时，一般它还与活塞的材料和设计有关。

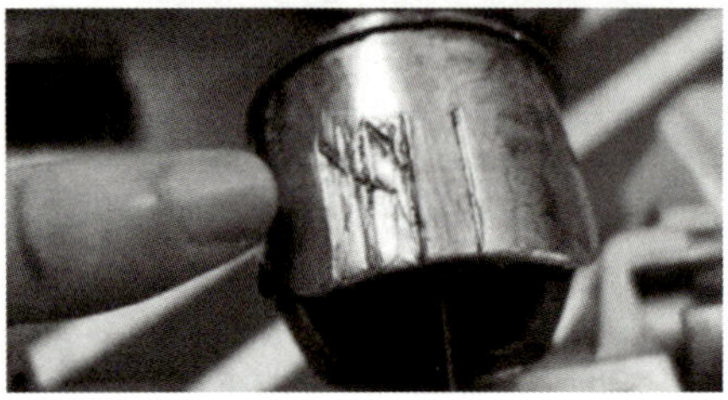

图 2.47
活塞拉伤

图 2.48
活塞烧顶

(6) 活塞脱顶。活塞脱顶的主要原因有：活塞环间隙过小，高温下活塞环卡死，活塞与气缸壁发生黏结，而活塞裙部受连杆拖动，造成头部与裙部分离；发动机过热，活塞头部卡死在气缸中，而活塞裙部受连杆拖动，造成头部与裙部分离；设计或制造中留下的缺陷造成活塞脱顶。

(7) 活塞销的损伤。

① 全浮式活塞销的损伤。全浮式活塞销主要损伤部位是其与活塞和连杆的连接配合处，磨损后会失圆、轴向磨损成台阶形。活塞销磨损过大，会导致发动机不正常的敲击声。全浮式活塞销的弯曲变形一般较小。

② 半浮式活塞销的损伤。半浮式活塞销大多设计成与连杆小头无相对转动，此处不会发生磨损。活塞销的磨损部位在与座孔配合的表面且磨损不均匀，其平行于气缸轴线的上下方是受力最大的部位，通常也是磨损最大的部位。这种连接形式的活塞销在磨损的同时，一般会伴随弯曲变形。活塞销与活塞销座的损伤还会导致活塞销座破裂。图 2.49 所示的就是一个销座破裂的活塞。

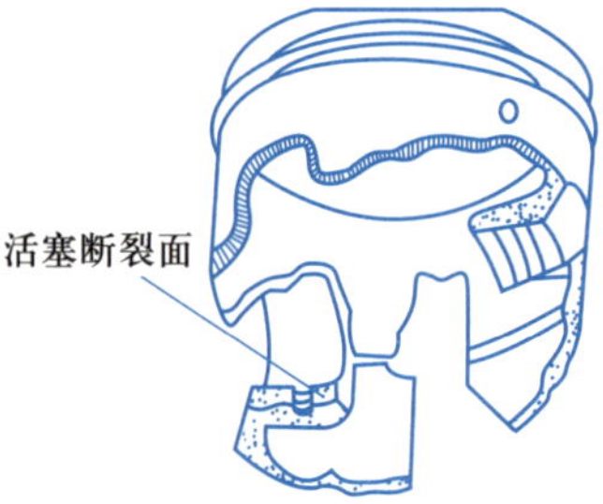

(a)

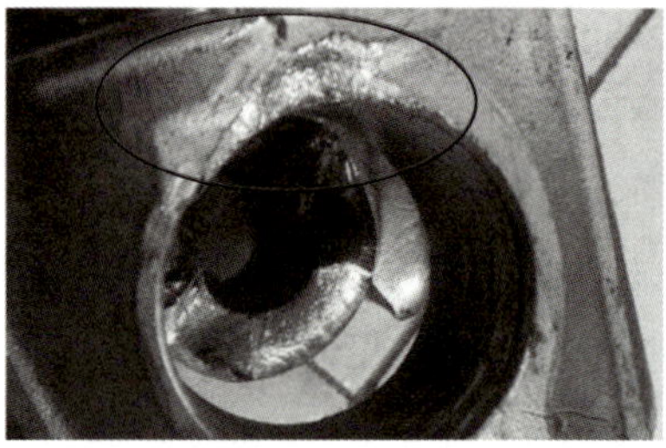

(b)

图 2.49
活塞销座破裂的活塞

4. 气缸体常见故障分析

(1) 气缸体裂纹。

① 气缸体裂纹产生的原因。

a. 车辆在严寒季节停车后，没有及时放净发动机水道和散热器内的冷却液而冻裂。

b. 在发动机过热时，突然添加冷水，使气缸体所受热应力突变而产生裂纹。

c. 气缸体铸造时残余应力的影响以及在生产时气缸壁厚薄不均，强度不足。

d. 气缸体承受动载荷的冲击，超负荷工作形成的交变应力过载。

e. 气缸体主油道堵头一般用锥形螺纹，其装配不当使气缸体形成裂纹。

存在裂纹的气缸体在工作中容易出现漏液、漏油以及水道、油道和气缸相通等故障，影响发动机的正常工作。

② 气缸体裂纹的检测。气缸体产生明显裂纹可直接观察检查。细微裂纹和内部裂纹用水压试验的方法进行检测，如图 2.50 所示。通常要求水压为 350 ~ 450 kPa 并保持 5 min，如发现气缸体、气缸盖有水渗出时，即表明该处有裂纹。

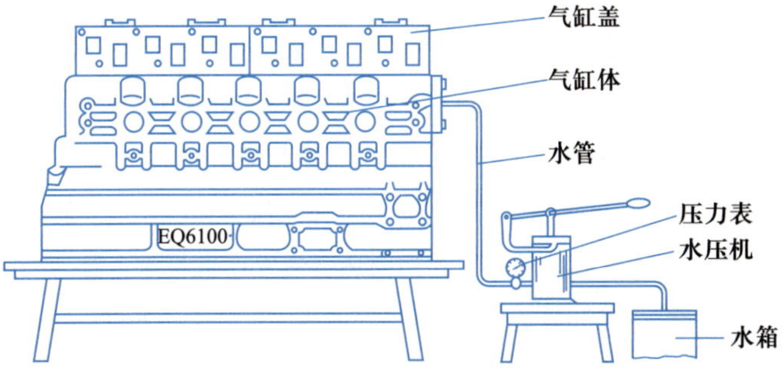

图 2.50
水压试验检测气缸体裂纹

③ 气缸体裂纹的修复。气缸体的裂纹凡出现漏液、漏油、漏气时，一般应予以更换。对尚未影响到燃烧室、水道等关键部位的裂纹，可以在裂纹末端钻一小孔，将集中在裂纹末端的应力分散，避免裂纹向纵深发展；采用堵漏剂加注在水道里用来堵住水道细小裂纹的方法也是可行的。

(2) 气缸体腐蚀。

① 气缸体腐蚀的原因。气缸体腐蚀的主要原因是使用了不符合要求的冷却液。被腐蚀的部位一般从冷却液孔向四周呈辐射状延伸，最终导致发动机漏液、相邻气缸发生窜气、压力较高的润滑油进入水道、冷却液进入曲轴箱等故障发生，使发动机无法正常工作。

② 气缸体腐蚀的修复。修理时，一般看腐蚀的深浅及部位，对于气缸、水道等关键部位，应换用新件。对于腐蚀较浅、非关键部位或无配件时，可选择钻孔铆填金属等方法修复，在气缸尺寸变化的许可范围内，也可采取铣、磨等修复方法修复。

(3) 气缸体螺纹孔损坏。

① 气缸体螺纹孔损坏的原因。

a. 装配时螺栓没有拧正。

b. 使用了螺纹已损坏的螺栓。

c. 螺栓的拧紧力矩过大。

d. 非贯通螺纹孔内有污物，致使螺栓拧入时顶坏螺纹。

② 气缸体螺纹孔损坏对发动机工作的影响。

a. 气缸体上平面螺纹孔的损坏，会导致发动机出现漏液、漏气、漏油，高温、高压气体经常冲坏、烧蚀气缸垫等故障；

b. 气缸体后平面螺纹孔的损坏，会导致飞轮壳在安装时产生变形或使用中断裂，影响传动系统的正常工作，甚至发生事故。

c. 油道螺纹孔的损坏将无法保证发动机的有效润滑，无法持续工作。

d. 主轴承盖螺纹孔的损坏，将导致气缸体的报废。

③ 气缸体螺纹孔的检查。气缸体螺纹孔一般用直接观察法检查。当螺纹孔螺纹损坏多于 2 牙时，需修复。

(4) 气缸体产生翘曲变形。气缸体上平面、下平面及后平面产生翘曲变形的原因包括：发动机经常出现过热，气缸体受热不均匀；装配时，气缸盖螺栓拧紧力不均匀，拧紧顺序不符合规定；螺纹孔中污物未清理干净；高温下拆卸气缸盖以及气缸衬垫不平。气缸体是发动机各零件的装配基体，承受各种不同的拧紧力矩，各工作零部件的冲击载荷等。气缸体平面翘曲在引起发动机漏油、漏液、漏气的同时，还导致曲轴主轴承座孔轴线偏移，气缸轴线与曲轴主轴承座孔轴线垂直度被破坏。后平面的翘曲还会使发动机与离合器、变速器等传动装置连接的技术状况被破坏，导致飞轮壳经常损坏，变速器出现异响等故障。

5. 气缸常见故障分析

(1) 气缸磨损的规律和原因。

① 气缸轴向磨损的规律。

a. 气缸轴向截面的磨损规律：沿气缸轴向截面的磨损，在活塞环有效行程范围内，呈上大下小的锥形，在第一道活塞环上止点处磨损最大；活塞环接触不到的气缸上方部位几乎没有磨损，形成明显的台肩，称为“缸肩”；活塞下止点油环以下的部位，气缸的磨损也很小，如图 2.51 所示。

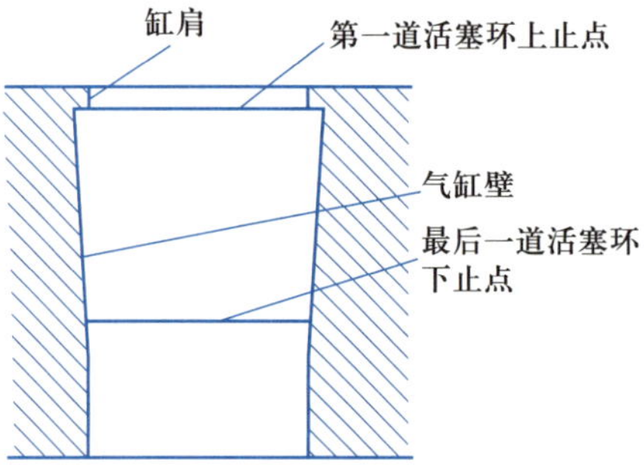

(a)

(b)

图 2.51
气缸的轴向磨损

b. 气缸径向截面的磨损规律：在平行于气缸圆周方向的横截面上，气缸的磨损也是不均匀的，磨损呈不规则的椭圆形，如图 2–52 所示。

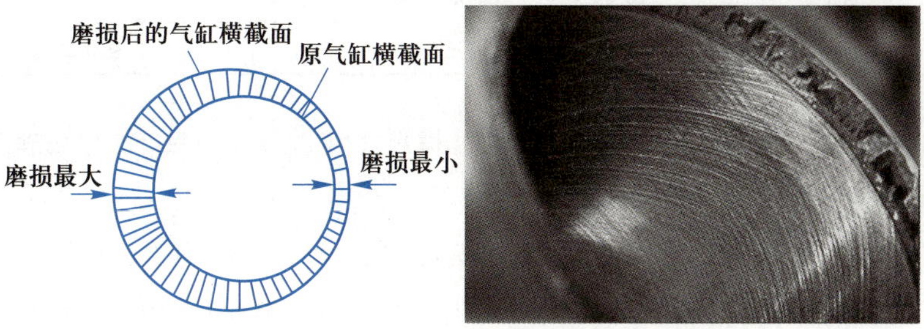

(a)　(b)

图 2.52
气缸的径向磨损

c. 在同一台发动机上，不同气缸的磨损情况不尽相同，一般水冷式发动机的第一缸和最后一缸的磨损较为严重。

② 气缸磨损的原因。

a. 气缸表面轴向磨损呈锥形的原因主要是发动机工作时，气缸上部压力大，温度高，润滑油膜易被破坏，磨损较气缸下部大。另外，气缸表面还存在腐蚀磨损和磨料磨损，腐蚀磨损主要是由燃烧过程中产生的二氧化硫等物质引起的；磨料磨损主要是由空气中的灰尘、润滑油中的机械杂质和发动机自身的磨屑等硬质颗粒造成的。

b. 气缸表面径向磨损呈不规则的椭圆形，与发动机的工作条件、结构、冷却系统技术状况、修理装配质量等因素有关。

c. 发动机长期在较低的温度下工作，磨损尤为剧烈。

(2) 气缸磨损的检测。测量气缸磨损程度的目的是确定发动机是否需要进行大修，以及确定修理尺寸的级别。气缸的磨损程度是确定发动机是否需要大修的主要依据。通常用量缸表对气缸的磨损进行测量，测量方法如下：

a. 清洁气缸壁上的油污和积炭后，根据气缸直径选择合适的测量接杆固定在量缸表的下端，使整个测杆长度与被测气缸的尺寸相适应。

b. 校正量缸表的尺寸：将千分尺调到气缸的标准尺寸，再将量缸表通过千分尺校正到气缸的标准尺寸(使测杆有 2 mm 左右压缩量)，旋转表盘使表针对准零位。

c. 测量气缸上、中、下三个位置的纵向和横向上的气缸直径。测量时应摆动量缸表，指针指示的最小值即为被测值，如图 2.53 所示，并将测得的值逐一记录下来。

d. 根据测量结果计算出气缸的圆度误差和圆柱度误差。接近或超过表 2.4 中的上限时应进行镗缸修理。

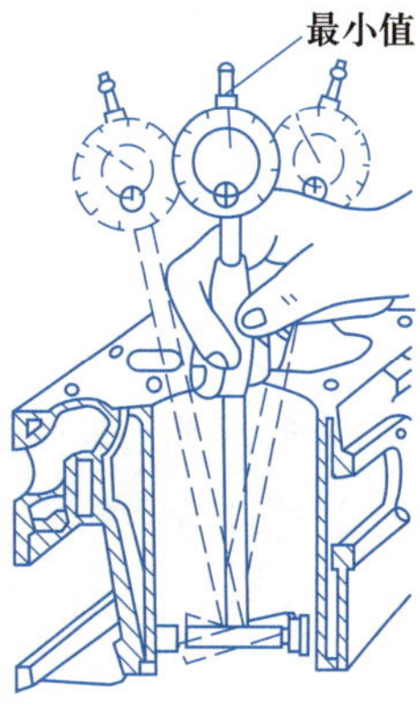

图 2.53
测量气缸磨损

表 2.4 圆度误差、圆柱度误差许用值

机型	圆度误差(mm)	圆柱度误差(mm)
汽油机	≤0.05	≤0.20
柴油机	≤0.062 5	≤0.25

气缸直径除标准尺寸外,通常还有 6 级修理尺寸(有些发动机只有 2 级修理尺寸),每 0.25 mm 为一级,递增至 1.50 mm。

气缸修理尺寸的确定:磨损最大气缸的最大直径 + 加工余量,其数值再与修理尺寸对照,如计算出的修理尺寸与某一级数相近,可按该级修理。在保证加工精度和表面粗糙度的前提下,加工余量尽可能小些,直径方向的加工余量一般取 0.10 ~ 0.20 mm。

(3) 气缸磨损的修复。当气缸磨损超过使用极限,可进行镗磨修理或镶套修理。镗磨气缸是指用专用的镗缸机对气缸实施镗削加工后,再使用珩磨机对镗削后的气缸进行珩磨。随着气缸使用时间的延长,气缸的镗磨次数应逐步减少。

① 气缸的镗削。为确保恢复气缸原有的圆度、圆柱度以及气缸轴线与曲轴主轴承座孔轴线的垂直度,镗削气缸需要熟练的技术工人在专用镗床上进行。镗削加工后,气缸的表面会留下刀痕,达不到气缸工作表面应有的粗糙度,必须再对气缸表面进行珩磨,以达到规定的表面粗糙度。因此,镗缸后在达到圆度、圆柱度要求的同时,还应留有 0.03 ~ 0.05 mm 的磨削余量,即镗削后气缸的尺寸应小于已确定的气缸修理尺寸 0.03 ~ 0.05 mm。

② 气缸的磨削。气缸磨削的目的是去除镗削刀痕,降低表面粗糙度,提高气缸表面的加工质量,达到气缸加工的最终尺寸要求,延长发动机使用寿命。磨缸同样也需要专用设备和熟练的技术工人,现在一般是在专业修理厂中进行。

磨削后,气缸的圆度误差应符合表 2.4 所列的许用值,各缸直径差不大于 0.005 mm,表面粗糙度应不大于 0.80 μm,活塞与气缸配合应符合规定。

6. 气缸盖常见故障分析

(1) 气缸盖翘曲变形。气缸盖的平面度误差主要指气缸盖平面的翘曲变形。

① 气缸盖翘曲变形的主要原因。引起气缸盖翘曲变形的主要原因是:气缸盖工作时受热不均匀;装配时气缸盖螺栓拧紧力矩不均匀,螺纹孔有堵塞现象,螺栓未贯穿螺纹孔,出现虚假拧紧;拧紧顺序不符合规定;高温下拆卸气缸盖以及气缸衬垫不平等。气缸盖翘曲变形使得气缸盖和气缸体、气缸盖和进排气歧管的接合面不能平顺接合。气缸盖下平面的翘曲会导致气缸密封不严,漏液、漏气、漏油甚至冲坏气缸垫,使发动机无法正常工作。侧平面的翘曲则会导致气缸与进排气歧管之间不能形成良好的密封,从而引起漏气,影响发动机的正常工作。顶置凸轮轴发动机的气缸盖翘曲变形还会严重影响凸轮轴轴承孔的同轴度,加剧凸轮轴及其轴承孔的磨损。

② 气缸盖翘曲变形的检测。气缸盖翘曲变形采用直尺和厚薄规进行检测,如图 2.54 所示。

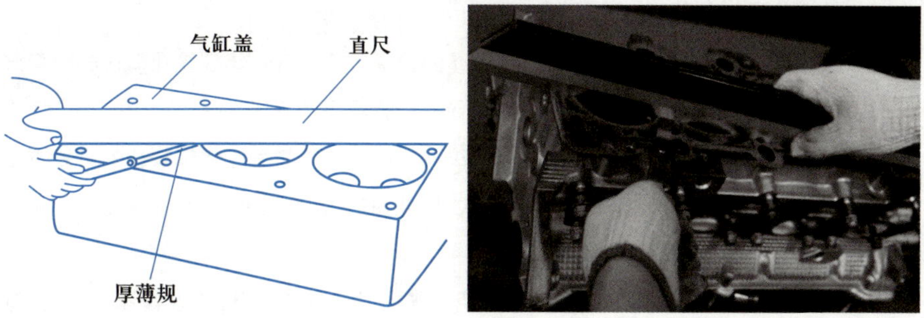

图 2.54
气缸盖翘曲变形的检测

③ 气缸盖翘曲变形的修理。气缸盖平面度误差超过规定值时，应予以修理或更换。

气缸盖下平面平面度误差超过规定值时，可采用铣削或磨削加工予以修整。加工时，应先校准定位基准。采用铣削或磨削加工气缸盖平面，铣削量或磨削量一般不允许超过 0.5 mm，否则将对发动机压缩比有较大影响。铣削或磨削加工后，各燃烧室的容积误差应控制在允许范围内。对于汽油机，一般要求容积的减少不得少于标准容积的 5%，同一台发动机各缸燃烧室容积相差不应大于平均值的 4%。

(2) 气缸盖裂纹。

① 气缸盖出现裂纹的主要原因。气缸盖出现裂纹的原因与气缸体出现裂纹的前三点原因相同，气缸盖裂纹将导致漏气、漏液、漏油以及油、液贯通等故障。

② 气缸盖裂纹的检测。气缸盖与气缸体应同时用水压法检测裂纹。通常要求水压为 350 ~ 450 kPa，保持 5 min。如发现气缸体、气缸盖有水渗出并逐渐增多时，即表明该处有裂纹。

③ 气缸盖裂纹的修复。气缸盖裂纹的修复方法与气缸体裂纹的修复方法相同。

(3) 气缸盖腐蚀与击伤。

① 气缸盖腐蚀的修复。气缸盖腐蚀的主要原因是使用了不符合要求的冷却液，被腐蚀的部位一般从冷却液孔向四周呈辐射状延伸，最终导致发动机漏液，相邻气缸发生窜气，使发动机无法正常工作。遇到此种情况，一般要根据腐蚀的部位、腐蚀的深浅，是否在气缸附近等关键部位确定是否更换。腐蚀不严重的非关键部位或无配件更换时，也可采用钻孔铆填金属等方法修复。

② 气缸盖击伤修理。造成气缸盖击伤的主要原因是异物落入气缸，当发动机工作时，坚硬的异物在燃烧室中高速撞击，造成活塞上平面及气缸盖损伤，严重时可以使气缸盖出现裂纹，活塞破碎，致使发动机严重受损，此时应更换气缸盖。

(4) 气缸盖螺纹孔损坏。

① 气缸盖螺纹孔损坏的主要原因。气缸盖螺纹孔损坏的主要原因与气缸体螺纹孔损坏相同。顶置气门气缸盖是进排气歧管、气缸盖罩、冷却液管、配气机构零件的装配基体，它还与气缸、活塞和活塞环形成密闭的空间，承受高温、高压气体的压力。气缸盖螺纹的损坏将影响有关零件的装配，使各零件承受的拧紧力矩不均，出现漏油、漏液、漏气等现象，影响发

动机的正常工作。

② 气缸盖螺纹孔损坏的检查。气缸盖螺纹的检查方法与气缸体螺纹孔损伤的检查方法相同，螺纹孔最常见的损伤是滑扣。火花塞螺纹孔的损坏不能多于 1 牙。

③ 气缸盖螺纹孔损坏的修复。气缸盖螺纹孔的修复方法与气缸体螺纹孔的修复方法相同。但是，火花塞螺纹孔不宜采用加套的方式，因此，在使用和修理中要注意避免损坏火花塞螺纹孔。

(5) 气缸垫检修。气缸垫的常见故障是烧蚀击穿，烧蚀击穿部位一般在液孔、油孔与燃烧室孔之间，会导致气、油、液之间相互渗透，致使发动机不能正常工作。损坏的气缸垫只能更换，不能修复。近年来，一些发动机开始采用专用密封胶，取代了传统的气缸垫。

2.2.2 曲轴的检测

微课
曲轴的检测

1. 检查气缸体主轴承座、曲轴和曲轴主轴承的外观

曲轴清洗后，首先应检查有无裂纹。

检查方法有磁力探伤、超声波探伤、着色探伤(渗透法)等，也可用浸油敲击法检查。用浸油敲击法检查时，可将曲轴置于煤油中浸泡一会儿，取出后擦净表面并撒上白色粉末，然后用手锤分段敲击每个曲柄臂，裂缝内的煤油受振动会从裂纹中渗出，使裂纹处的白色粉末上显出油迹。如有明显油迹出现，则表明该处有裂纹。

① 气缸体主轴承座应无磨损痕迹，如果有磨损痕迹，需要修理，严重时应更换气缸体。

② 曲轴主轴颈和连杆轴颈应无麻点或划痕，如果曲轴主轴颈或连杆轴颈上有麻点或划痕，需要修理，严重时应更换曲轴，如图 2.55a 所示。

③ 曲轴主轴承上应无麻点或划痕，如果曲轴主轴承上有麻点或划痕，应更换曲轴主轴承，如图 2.55b 所示。

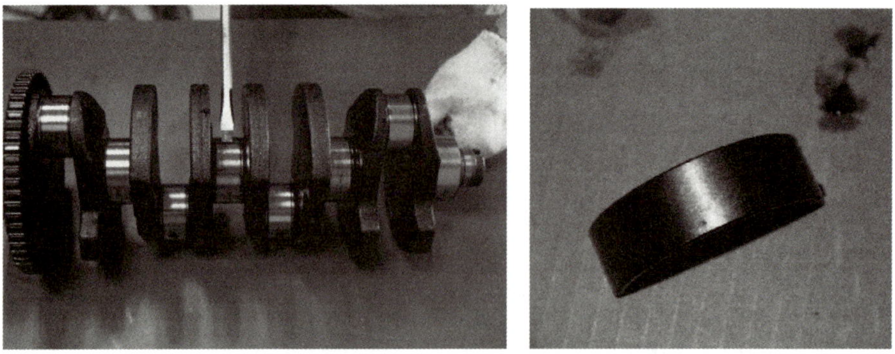

(a) 检查曲轴主轴颈和连杆轴颈　　(b) 检查曲轴主轴承外表面

图 2.55
检查曲轴主轴颈和连杆轴颈及曲轴主轴承外表面

2. 曲轴径向跳动值检测

用百分表和 V 形块测量径向跳动值。将曲轴放置在 V 形块上，用百分表测量曲轴主轴颈中间，转动曲轴一圈，百分表指针所显示的最大摆差，即径向圆跳动，测量方法如图 2.56 所示。

图 2.56
测量曲轴径向圆跳动

最大径向圆跳动为 0.03 mm。如果曲轴径向圆跳动大于最大值，需要更换曲轴。

3. 曲轴主轴径直径、锥度和变形程度检测（见图 2.57）

微课
追求极致，
才有精度

用螺旋测微器测量各曲轴主轴颈的直径。标准直径为 47.988 ~ 48.000 mm。如果直径不符合规定，则检查曲轴油膜间隙。

检查各主曲轴轴颈的锥度和变形程度。最大锥度和变形程度为 0.004 mm。如果锥度和变形程度大于最大值，则更换曲轴。

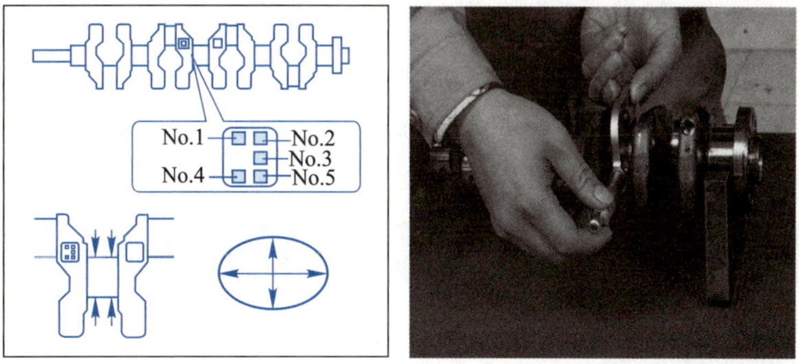

图 2.57
检测曲轴主轴颈直径、锥度和变形程度

4. 曲轴曲柄销直径、锥度和变形程度检测（见图 2.58）

用螺旋测微器测量各曲轴曲柄销的直径。标准直径为 43.992 ~ 44.000 mm。如果直径不符合规定，则检查连杆油膜间隙。

检查各曲轴曲柄销的锥度和变形程度。最大锥度和变形程度为 0.004 mm。如果锥度和变形程度大于最大值，则更换曲轴。

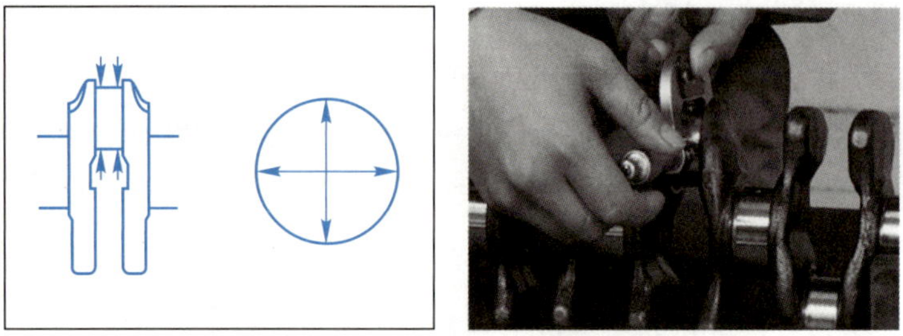

图 2.58
检测曲柄销直径、锥度和变形程度

5. 曲轴轴向间隙检测

① 安装主轴承盖。

② 用螺钉旋具来回撬动曲轴，同时用百分表测量轴向间隙，如图 2.59 所示。

图 2.59
测量曲轴轴向间隙

标准轴向间隙为 0.04～0.14 mm，最大轴向间隙为 0.18 mm。如果轴向间隙大于最大值，则成套更换止推垫圈。

提示：止推垫圈厚度为 2.43～2.48 mm

2.2.3 飞轮的检测

1. 飞轮平面度误差检测

微课
飞轮的检测

① 清洁飞轮齿圈表面及量具。

② 检查飞轮工作表面是否有明显的划伤沟槽。当飞轮端面磨损成波浪形或沟槽深度超过 0.5 mm 时，应采用车削或磨削的方法修平。

③ 使用直尺和厚薄规检查飞轮的平面度误差，应不大于 0.10 mm，否则应采用车削或磨削的方法修平。检测方法如图 2.60 所示。

2. 飞轮端面全跳动量检测

将飞轮安装到曲轴上，用百分表及表座检查飞轮工作面对曲轴轴线的端面全跳动量，如图 2.61 所示。该值应不大于 0.20 mm，否则应予以调整或更换飞轮。

图 2.60
飞轮平面度误差检测

图 2.61
飞轮端面全跳动量检测

3. 飞轮齿圈与飞轮的装配检测

检查飞轮齿圈的齿面磨损、轮齿断裂情况。当齿面严重磨损或轮齿损坏时，应更新飞轮齿圈。新齿圈采用热装配法，即先将齿圈加热至 623 ~ 673 K，再进行热压装配；齿圈与飞轮配合过盈为 0.30 ~ 0.60 mm。齿圈与飞轮的装配检测如图 2.62 所示。

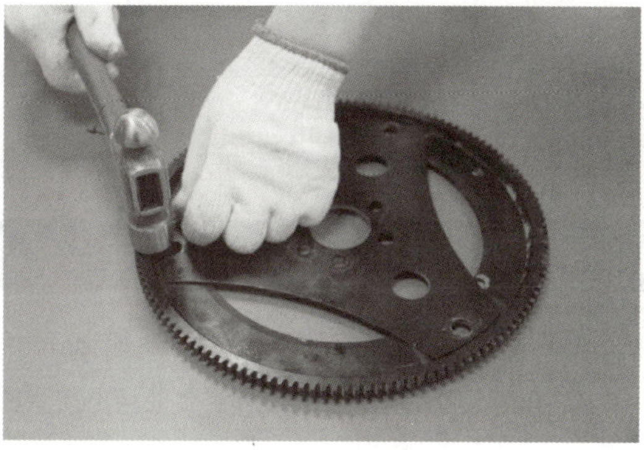

图 2.62
飞轮齿圈与飞轮的装配检测

更换齿圈后，对飞轮进行静平衡试验，不平衡量不得超过 10 g·cm。

2.2.4 活塞环性能检测

微课
活塞环性能检测

1. 活塞环开口间隙检测

① 将活塞环垂直于气缸壁从上往下推入下部气缸开口，离气缸边缘约 15 mm，使用不带环的活塞推入，如图 2.63 所示。

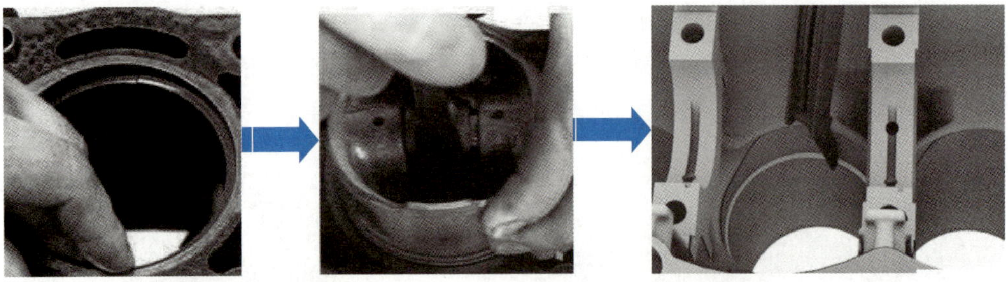

图 2.63
将活塞环推入气缸

② 使用厚薄规测量活塞环开口间隙，如图 2.64 所示。

EA888 发动机新活塞环标准开口间隙：第一道气环为 0.30～0.40 mm，磨损极限 0.80 mm；第二道气环为 0.40～0.50 mm，磨损极限 0.80 mm；组合油环为 0.20～0.40 mm。

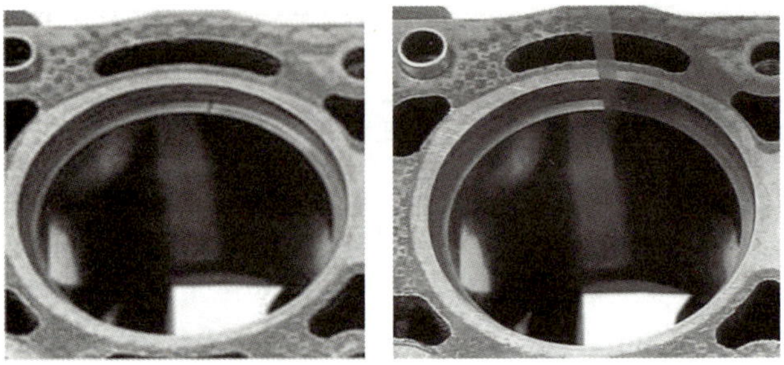

图 2.64
测量活塞环开口间隙

2. 活塞环侧隙检测

用厚薄规检查活塞环与环槽的侧隙，如图 2.65 所示。

注意：测量时偏离开口处，变动 120° 重新测量，测 3 次取平均值。

EA888 发动机新活塞环标准侧隙：第一道气环为 0.06～0.09 mm，磨损极限 0.20 mm；第二道气环为 0.03～0.06 mm，磨损极限 0.15 mm；组合油环不用测量。

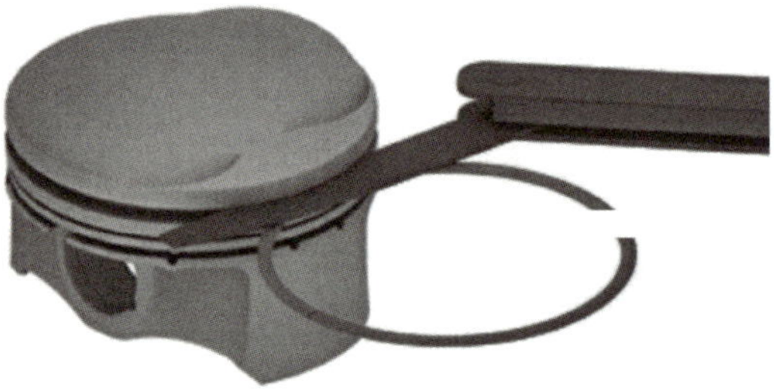

图 2.65
活塞环侧隙检测

3. 活塞环背隙检测

将活塞环推到环槽底部，用钢尺沿活塞轴线方向垂直抵靠在被测活塞环两侧的环岸上，观察钢尺端面，应与活塞环外端面无接触，如图 2.66 所示。

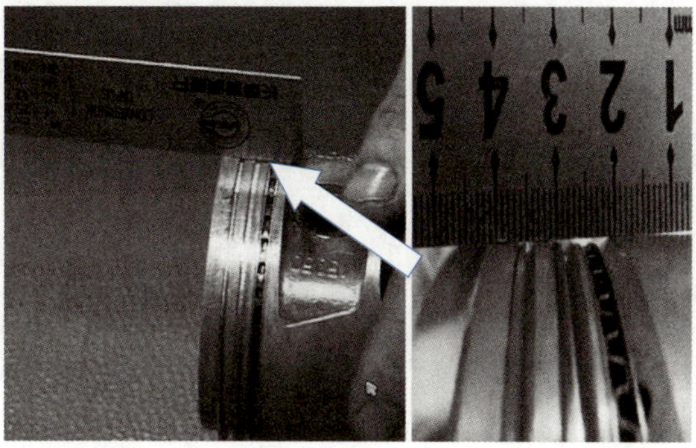

图 2.66
活塞环背隙检测

2.2.5　连杆性能检测

1. 连杆弯曲和扭曲检测

微课
连杆组的性能检测

① 将连杆盖螺母以 29 N·m 的力矩拧紧，将活塞销压入连杆小头，使活塞销的一个端面与连杆小头的一个端面平齐。连杆弯曲和扭曲的检测如图 2.67 所示。

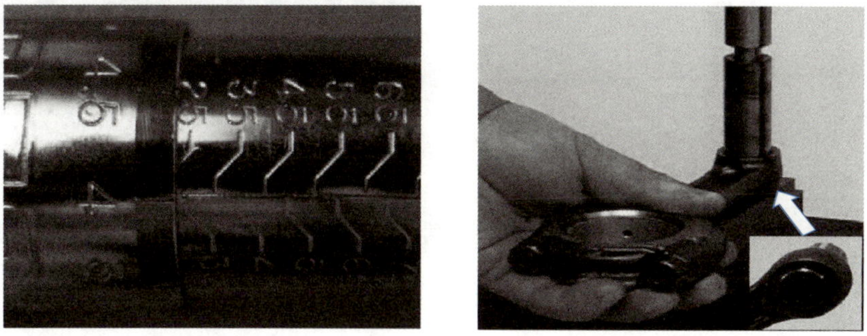

图 2.67
连杆弯曲和扭曲的检测

② 将连杆大头固定在连杆检验器上，使连杆与检验器工作台平行，如图 2.68 所示。

③ 装好百分表，将调整支架位置调好，使上表检测头正好位于活塞销轴向上面，侧表检测头正好位于轴向侧面；将两表归零。

注意：两表的短指针应该在 1～2 之间，如图 2.69 所示。

④ 分别推动两表检测头，检查百分表（见图 2.70）指针是否转动自如，再将两表归零。

⑤ 推拉百分表工作台上的滑板，观察两表指针摆动情况，其中上表显示的是连杆的扭

曲度，正常值小于 0.05 mm；侧表显示的是连杆的弯曲度，正常值小于 0.05 mm，如图 2.71 所示。

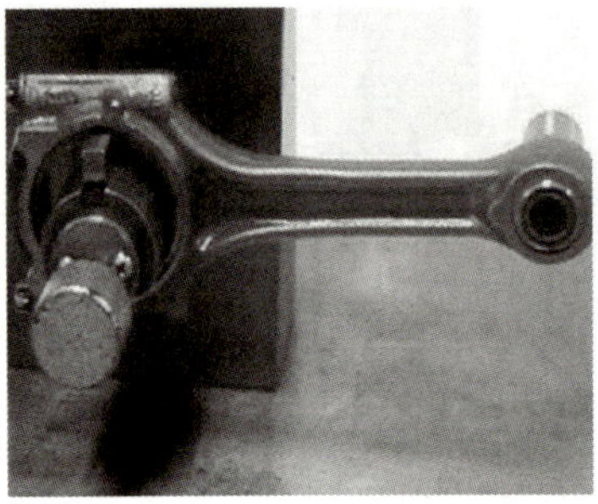

图 2.68
固定连杆

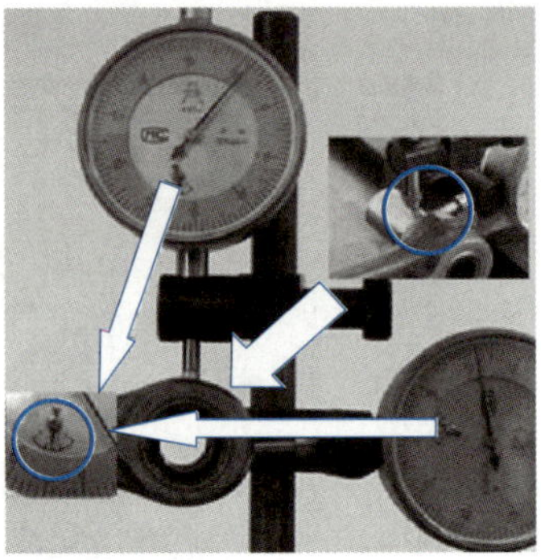

图 2.69
两表归零

图 2.70
百分表

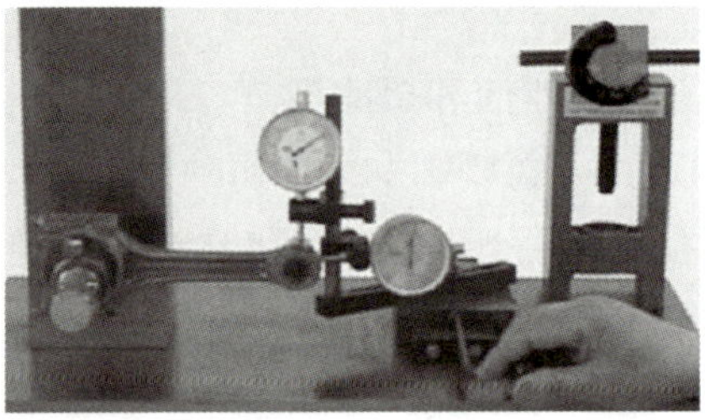

图 2.71
连杆检测

2. 活塞连杆组质量检测

用电子秤分别对 4 个活塞连杆组进行质量检测，记录数据，最大值与最小值的质量差不得超过 25 g，如图 2.72 所示。

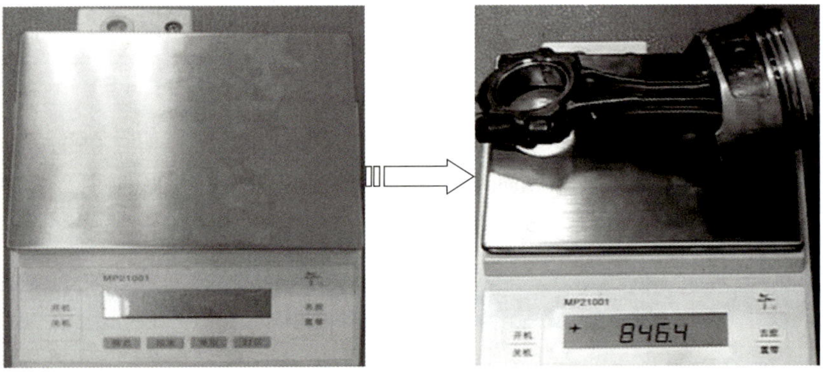

图 2.72
活塞连杆组质量检测

3. 连杆轴向间隙检测

安装好各缸活塞连杆组后，应检测连杆轴向间隙，方法如下：如图 2.73 所示，使用塞尺测量各缸的轴向间隙；连杆轴向间隙标准值为 0.15～0.25 mm，最大间隙为 0.30 mm。如果连杆轴向间隙大于 0.30 mm，应更换 4 个缸的活塞连杆组或曲轴。

图 2.73
连杆轴向间隙检测

任务 2.3　曲柄连杆机构的拆装与检验

微课
曲轴飞轮组的拆卸

实操视频
曲轴拆卸

2.3.1　曲轴飞轮组的拆装与检验

1. 曲轴飞轮组的拆卸

下面以丰田卡罗拉 1ZR–FE 发动机为例，介绍曲轴飞轮组的拆卸步骤。

准备工作如下。

准备工作提示

① 防护装备：

工作服；工作帽；手套；劳保鞋

② 实训装备：

发动机拆装台架

③ 工具：

拆装工具一套，含套筒、橡胶锤、扭力扳手、磁棒、活塞环拆装钳、刀口尺、塞尺、游标卡尺、外径千分尺

④ 辅助材料：

翼子板布和前格栅布、三件套、抹布、润滑油、汽油等

① 对采用手动变速器的发动机应拆卸飞轮分总成（见图 2.74）。

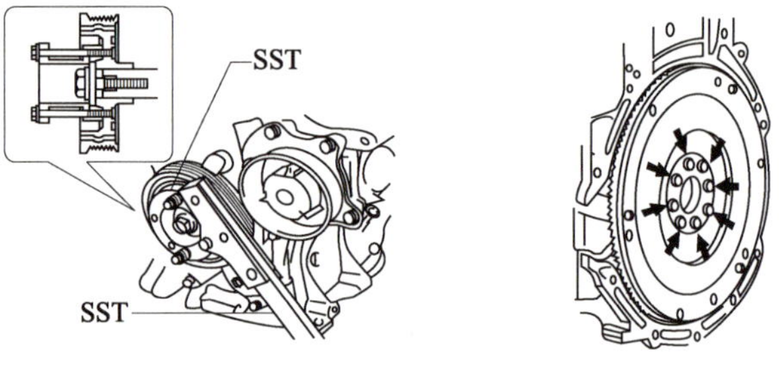

(a) 固定曲轴（手动变速器）　(b) 拆卸飞轮

图 2.74
拆卸飞轮分总成

注意：安装 SST 时要检查其安装位置，以防止 SST 安装螺栓接触正时链条盖分总成。

② 对采用自动变速器的发动机应拆卸传动板和齿圈分总成（见图 2.75）。

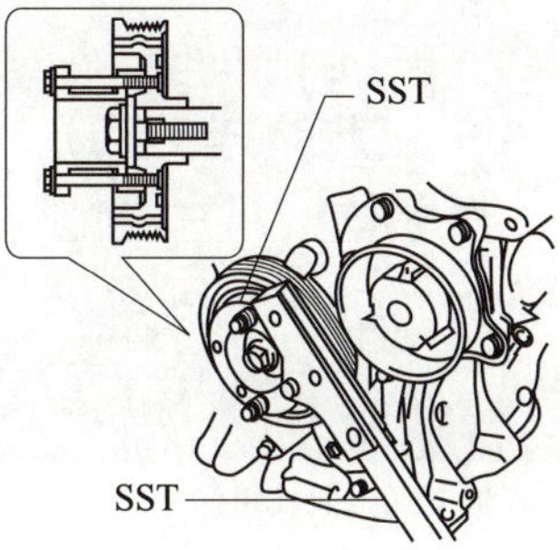

(a) 固定曲轴（自动变速器）

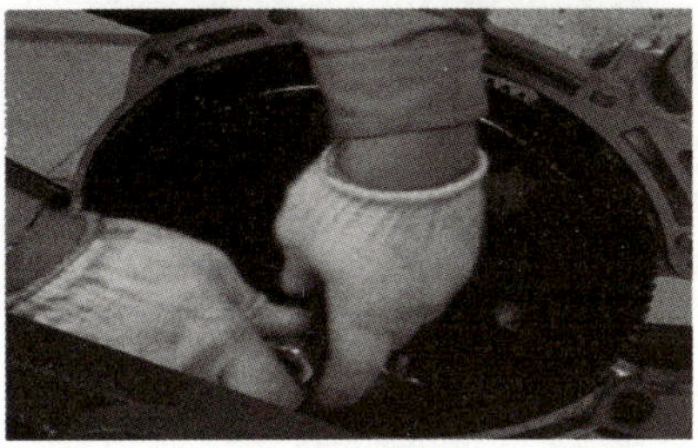

(b) 拆卸前隔垫

(c) 拆卸后隔垫

图 2.75
拆卸传动板和齿圈分总成

注意：安装 SST 时要检查其安装位置，以防止 SST 安装螺栓接触正时链条盖分总成。

③ 拆卸发动机后油封（见图 2.76）。

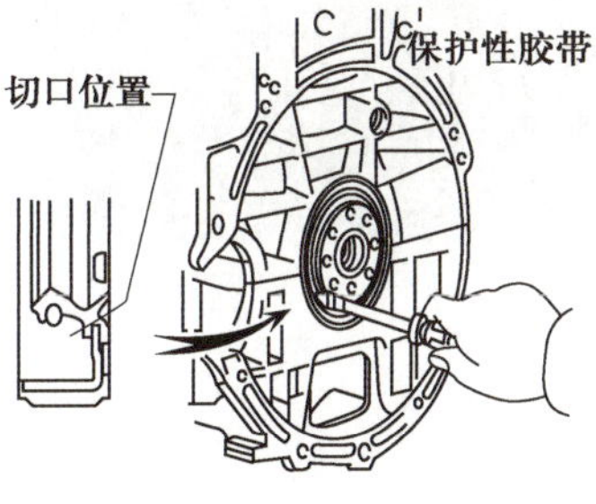

图 2.76
拆卸发动机后油封

注意：拆下后检查曲轴是否损坏。如果损坏，则用 400 号粗砂纸磨平曲轴表面。

④ 拆卸加强曲轴箱总成（见图 2.77）。

(a) 拆下加强曲轴箱螺栓

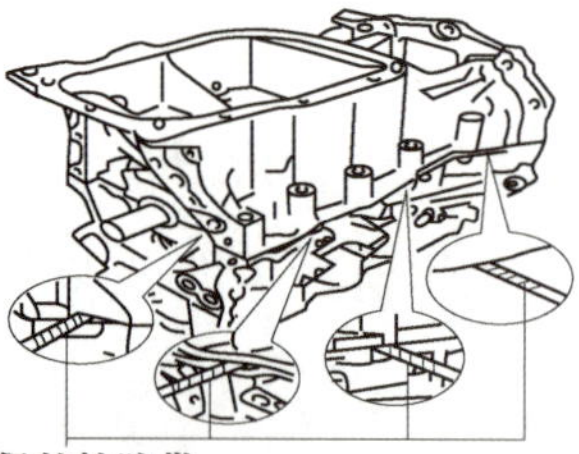

(b) 添加保护性胶带

(c) 拆下加强曲轴箱

图 2.77
拆卸加强曲轴箱总成

注意：不要损坏曲轴箱和气缸体的接触面。

⑤ 拆下曲轴 10 个主轴承盖螺栓（见图 2.78）。

均匀地拧松并拆下曲轴 10 个主轴承盖螺栓。

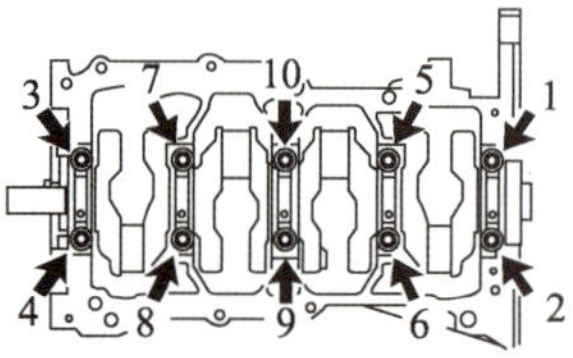

图 2.78
拆下曲轴主轴承螺栓

⑥ 用 2 个已拆下的主轴承盖螺栓拆下 5 个主轴承盖和 5 个下轴承（见图 2.78）。

依次将螺栓插入轴承盖。如图 2.79 所示，轻轻地向上拉并向气缸体的前、后侧施加力，将轴承盖拉出。注意不要损坏轴承盖和气缸体的接触面。

⑦ 取出曲轴（见图 2.80）。

取出曲轴，并从气缸体上拆下曲轴上止推垫圈。

⑧ 从气缸体、主轴承盖上拆下主轴承（见图 2.81）。

取出主轴承，并按正确顺序摆放。

图 2.79
用已拆下的主轴承盖螺栓拆下主轴承盖和下轴承

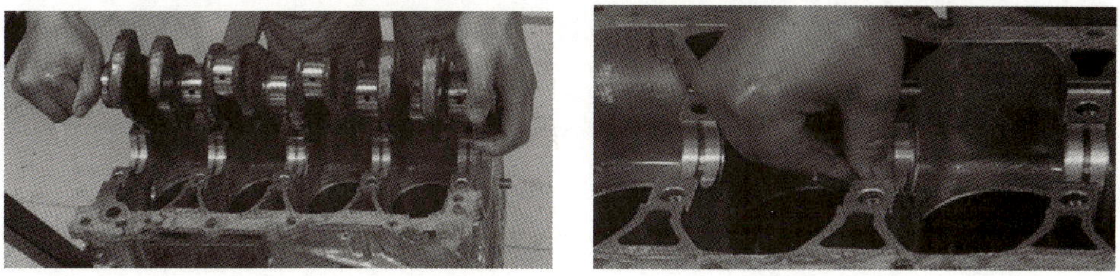

图 2.80
取出曲轴

动画
曲轴轴承结构

图 2.81
拆下主轴承

⑨ 清洁气缸体。

2. 曲轴飞轮组的装配

微课
曲轴飞轮组的装配与调试

(1) 装配注意事项。

① 装配前必须对零部件进行清洗、检验，使所有待装零部件均达到技术标准要求。

② 紧固螺栓应按规定顺序和力矩分次拧紧，仅可使用一次的连杆螺栓和气缸盖螺栓应更换新件。

③ 配合件的摩擦表面在装配前应涂抹润滑油或润滑脂，以防相互划伤。

④ 装配过程中应尽可能使用专用工具，过盈配合件应使用工具安装。需要对零部件表面施加压力或用锤敲击时，必须加垫软金属垫或软铳头。

⑤ 注意核对有关零部件的装配标记，不得装错方向和位置。

⑥ 使用过的密封衬垫均应更换新件。

(2) 装配与调整方法

曲柄连杆机构的装配一般按拆卸时的相反顺序进行。

① 曲轴的安装。将气缸体洗净倒置在工作台上，将 5 道有油槽的主轴承涂上润滑油后按顺序放在气缸体轴承座上。把擦净的已装有机油泵传动链轮和转速传感器脉冲轮的曲轴平放在轴承上（安装链轮时，先将链轮加热到 220 ℃，然后用专用工具将链轮压到曲轴上），装上已装有轴承的各道主轴承盖，在轴承盖落座后，从中间向两侧分几次均匀拧紧主轴承盖螺栓，最后在扭紧力矩达到 65 N·m 后，再将螺栓拧过 90°。注意 1、2、3、5 道轴承无油槽，第 4 道轴承有油槽，轴向止推垫片装在第 3 道轴承盖的两侧。轴承全部装好后，用手扳动曲轴臂，曲轴应转动自如。

轴向撬动曲轴，检查其轴向间隙；主轴承盖紧固完毕后，检查曲轴径向间隙，检查方法如前所述。轴承过紧或间隙不符合要求应查明原因，予以排除。

安装曲轴前、后端油封、油封垫、油封法兰（油封架）等。安装曲轴前油封，先在油封的密封唇上涂上少量润滑油，将导向套筒定位在曲轴轴颈上。将油封导入导向衬套内，用同步带轮中间螺栓将油封压入。

② 飞轮的安装。在曲轴后端装上飞轮，飞轮上有点火正时标记 –0–，换用新飞轮要检查有无点火正时标记，若没有要打上，以便校正点火正时。飞轮与曲轴固定螺栓拧紧力矩为 60 N·m，再将螺栓拧紧 90°。

飞轮装好后要检查飞轮平面度误差，一般在飞轮半径处检查，其值不得大于 0.15 mm。

在曲轴后端内孔安装滚针轴承，用芯棒将轴承压入。轴承必须将打印朝外的一面装在外面，滚针轴承安装深度应为轴承外端面低于曲轴后端凸缘外端面 1.5 mm。

③ 活塞连杆组件的安装。

a. 如前所述，组装活塞连杆组件，注意活塞应装入相对应的气缸，活塞顶部的箭头必须朝向发动机前方。

b. 使用活塞环钳安装活塞环，活塞环开口应错开 120°，活塞环上“TOP”标记必须朝向发动机前方。

c. 如前所述，将活塞连杆组装入气缸。

d. 检查连杆轴承的轴向、径向间隙。

3. 曲轴飞轮组的检验

① 曲轴后端凸缘圆跳动超差的检修。曲轴后端凸缘是用来安装飞轮的，为了保证离合器、变速器的正常工作，曲轴修复后，其后端凸缘的径向圆跳动、外端面圆跳动应符合技术要求，如图 2.82 所示。检测时一般以曲轴前端的正时齿轮轴颈和后端的油封轴颈的公共轴线为基准，将曲轴支撑在平板的 V 形架上，并使曲轴轴向定位，使百分表触头分别垂直地触在曲轴后端凸缘的外圆及外端面上。在曲轴回转一周过程中，百分表 1 的最大读数差值即为曲轴后端凸缘的径向圆跳动值；百分表 2 的最大读数差值即为曲轴后端凸缘外端面圆跳动值。在检测外端面圆跳动时，若未指定测量半径，可将百分表的触头触在所测端面最大回转半径处测量。

曲轴后端凸缘外端面对主轴颈轴线的圆跳动，应不大于 0.06 mm；外圆的径向圆跳动应不大于 0.04 mm。超过技术规范要求时，可以以正时齿轮轴颈和后油封轴颈为基准，在磨削曲轴时予以消除。无法修复时，应予以更换。

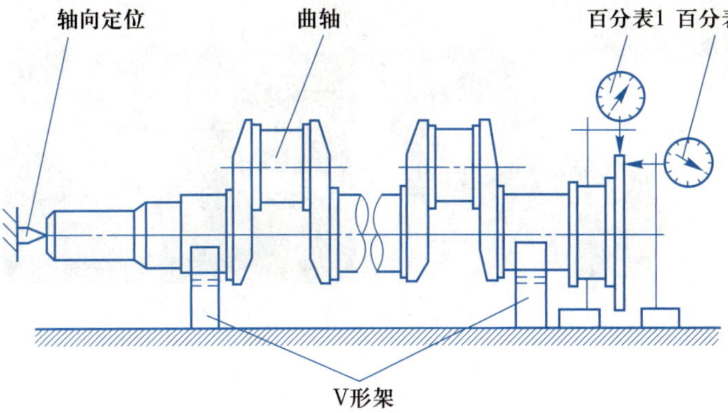

(a)

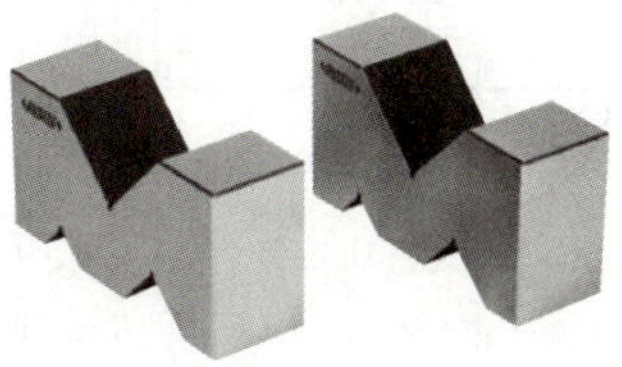
(b)

图 2.82
曲轴后端凸缘的径向和外端面圆跳动检测

② 曲轴后端凸缘螺栓孔的检修。曲轴后端凸缘上的螺栓孔，若磨损后的圆度误差超过 0.035 mm，可扩孔修理，改用加大尺寸的固定螺栓来固定飞轮。

曲轴后端凸缘上安装变速器第一轴前轴承的轴承孔，对主轴颈轴线的径向跳动大于 0.06 mm，可扩孔，然后采用镶套法修理。

此外，正时齿轮键槽若有磨损、缸损时，应予以焊补，再将键槽铣削至原尺寸。

③ 曲轴轴颈磨损的检测。曲轴轴颈的磨损通常都用外径千分尺来测量。每个轴颈测量两个截面，每个截面测量 3 ~ 4 个点的直径，如图 2.83 所示。将每次测量的直径记录下来，最后计算出曲轴各轴的圆度误差和圆柱度误差。

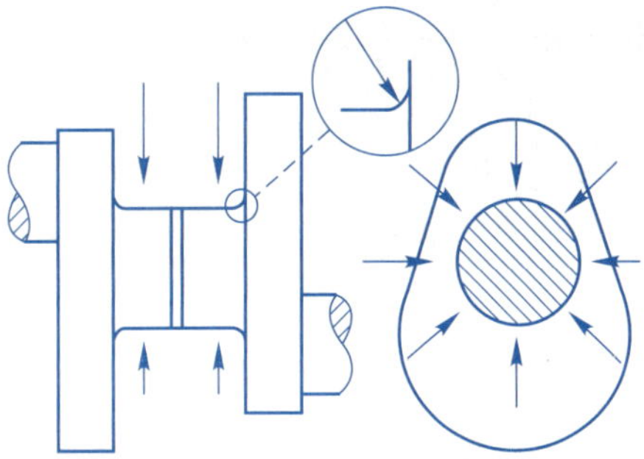
(a)

(b)

图 2.83
测量曲轴轴颈的直径

④ 曲轴主轴承损伤检验。检验前，将曲轴主轴承、主轴承座和主轴承盖清洗干净。主轴承若存在明显的环状沟槽或麻点，应予以报废。当合金表面有少量很浅的环状沟痕或少量麻点剥落，对轴承承载能力影响不大时，可用内径百分表进一步检查轴承的尺寸及几何形状。将主轴承装入主轴承座和主轴承盖，并按规定力矩拧紧主轴承盖螺栓，分别测量出主轴承内孔的最大、最小直径值，如图 2.84 所示。

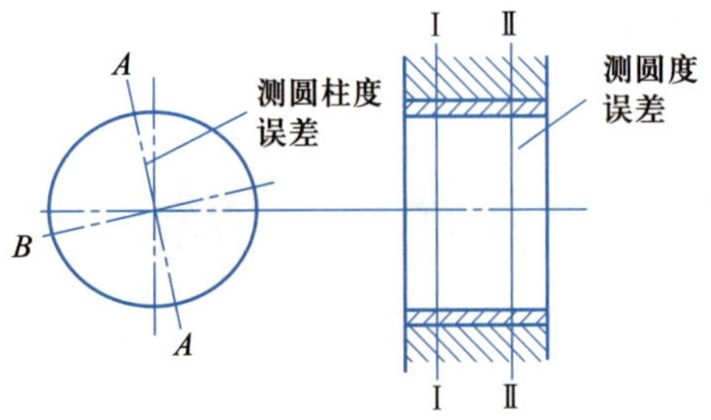

(a)

(b)

(c)

图 2.84
曲轴主轴承的检验

测量点应避开轴承分合面各油槽，然后计算出轴承内孔的圆度、圆柱度及其与主轴颈的配合间隙。曲轴主轴承内孔的圆度误差应不大于 0.025 mm，圆柱度误差应不大于 0.025 mm，曲轴主轴承与主轴颈的配合间隙应不大于 0.15 mm。

⑤ 曲轴轴向和径向间隙的检查。检查曲轴轴向间隙时，可将百分表触杆顶在飞轮或曲轴的其他端面上，如图 2.85 所示，用撬棒前后撬动曲轴，百分表指针的最大摆差即为曲轴轴向间隙；也可用塞尺插入止推垫片与曲轴的承推面之间，测量曲轴的轴向间隙。

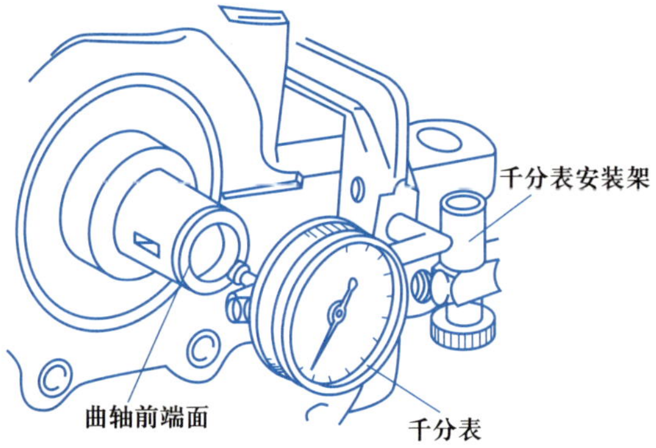

图 2.85
检查曲轴轴向间隙

曲轴径向间隙的检查方法与连杆径向间隙的检查方法相同。连杆径向间隙的检查方法：拆下连杆轴承盖，清洁连杆轴承和轴颈。将塑料间隙测量片沿轴向置于轴颈和轴承上。装上连杆轴承盖，并以 30 N·m 的拧紧力矩紧固螺栓，不要转动曲轴。拆下连杆轴承盖，测量压扁后塑料间隙测量片的厚度，与规定值比较。

⑥ 飞轮修复后的检验。飞轮修复后，工作表面应平整、无裂纹，其平面度误差应小于 0.10 mm，飞轮的厚度一般不得比标准尺寸小超过 12 mm。飞轮与曲轴装合后，飞轮平面对曲轴轴线的端面全跳动应小于 0.20 mm，其测量方法如图 2.86 所示。飞轮与曲轴装合后，应在平衡机上进行平衡试验，所允许的动不平衡量应符合原厂规定。

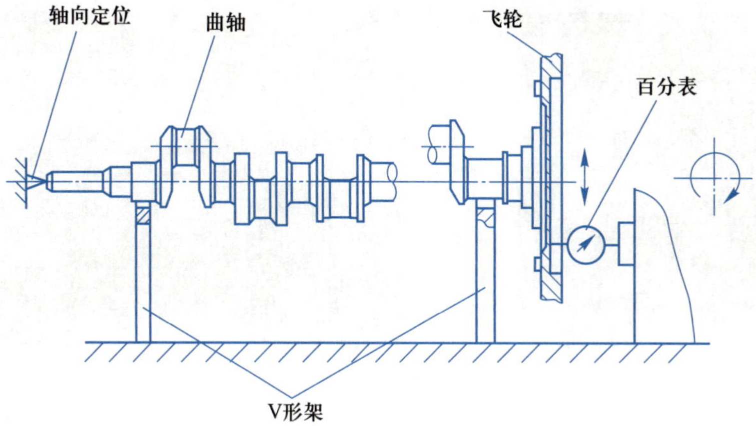

图 2.86
飞轮平面对曲轴轴线端面全跳动的测量

2.3.2　活塞连杆组的拆装与检验

1. 连杆组的拆卸

准备工作如下。

准备工作提示

① 防护装备：

工作服；工作帽；手套；劳保鞋

② 实训设备：

发动机拆装台架

③ 工具：

拆装工具一套，含套筒、橡胶锤、油封切割器、扭力扳手、磁棒、活塞环拆装器、尖嘴钳、刀口尺、塞尺、游标卡尺、外径千分尺、量缸表

④ 辅助材料：

翼子板布和前格栅布、三件套、抹布、润滑油、汽油等

微课
连杆组的拆卸

实操视频
活塞连杆组
的拆卸

① 将气缸体翻转到 45°位置，如图 2.87 所示。

② 将曲轴传动带轮安装到曲轴上，转动曲轴，使第 1、4 缸活塞处于下止点位置，如图 2.88 所示。

③ 用扭力扳手将 1 缸连杆螺栓分两次拧松，如图 2.89 所示。

④ 用扭力扳手的摇把将 1 缸连杆螺栓彻底拧松，取下连杆螺栓。如图 2.90 所示。

⑤ 用橡胶锤轻轻敲击连杆螺栓，使轴承盖松动，如图 2.91 所示。观察轴承盖与连杆大头的装配记号。

⑥ 取下轴承盖，放到零件车上，如图 2.92 所示。

图 2.87
翻转气缸体到适当角度

图 2.88
将 1、4 缸活塞调到下止点

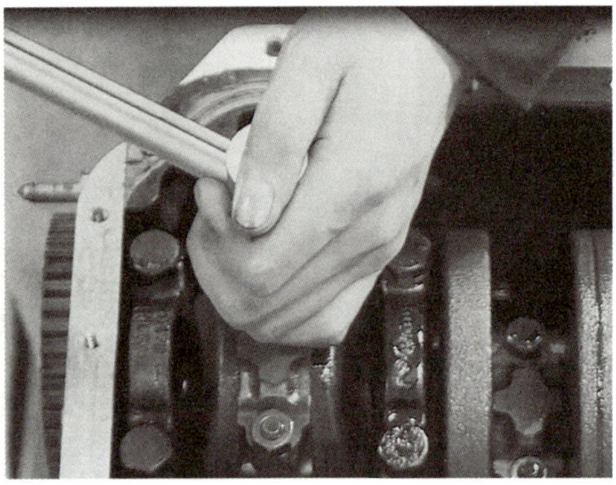

图 2.89
用扭力扳手拧松连杆螺栓

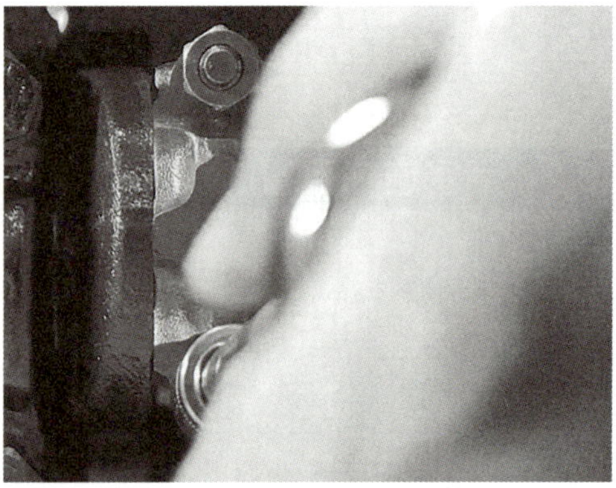

图 2.90
用摇把拧松连杆螺栓

图 2.91
松动轴承盖

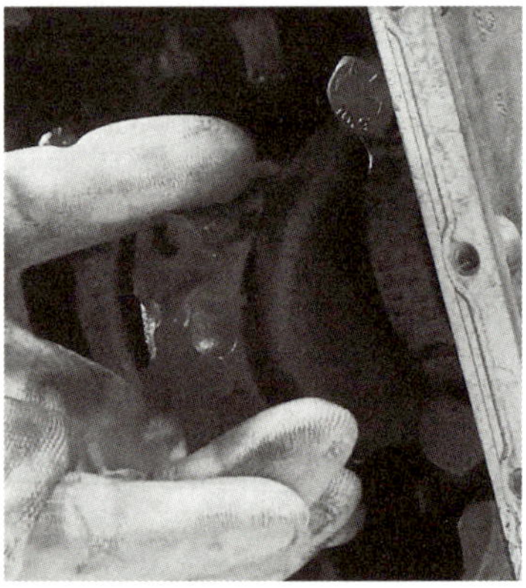

图 2.92
取下轴承盖

⑦ 用手从上部接住活塞连杆组，并从底部用锤柄将其推出，如图 2.93 所示。

⑧ 观察确认活塞顶的朝前标记，如图 2.94 所示。

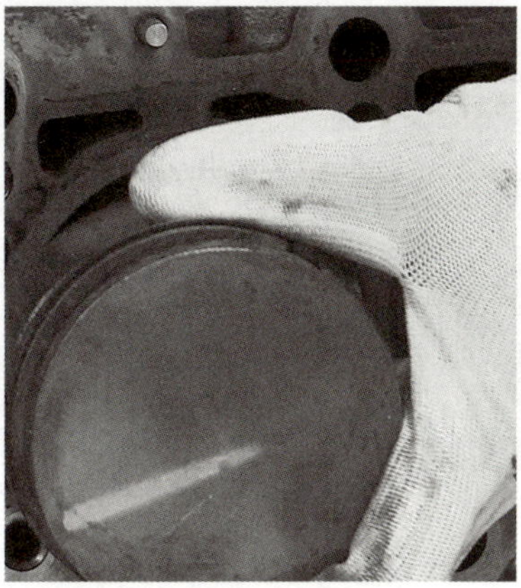

图 2.93
取出活塞连杆组

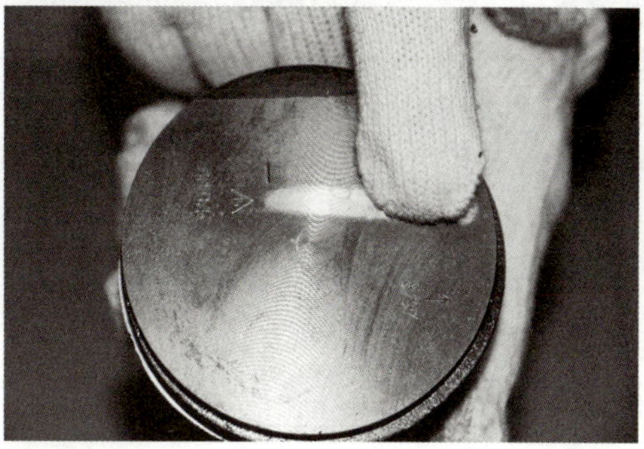

图 2.94
观察活塞顶朝前标记

⑨ 将连杆轴承盖装配到连杆大头上，并将螺母放上，以免出现混乱，如图 2.95 所示。

注意：连杆轴承盖与连杆体侧面有配对标记，应配对放好，各缸连杆也应按顺序放好。

⑩ 将活塞连杆组全部取出之后，按 1—2—3—4 缸的顺序摆放到零件车指定位置，如图 2.96 所示。

图 2.95
装配连杆轴承盖

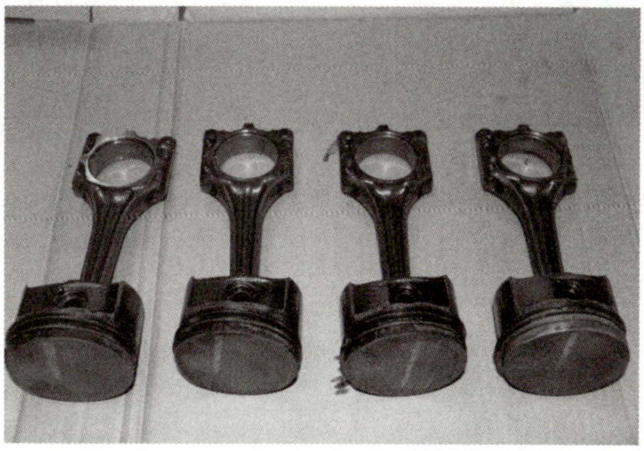

图 2.96
按顺序摆放活塞连杆组

2. 活塞及活塞环的拆卸

(1) 拆卸第一道气环。

用活塞环拆装钳将气环的开口撑开一定角度，拆卸第一道气环，如图 2.97 所示。

注意：为防止活塞及活塞环损伤，应多练习活塞环拆装钳的使用。

微课
活塞及活塞环的拆卸

(2) 拆卸第二道气环。

用活塞环拆装钳拆卸第二道气环，如图 2.98 所示。

实操视频
活塞环的拆卸

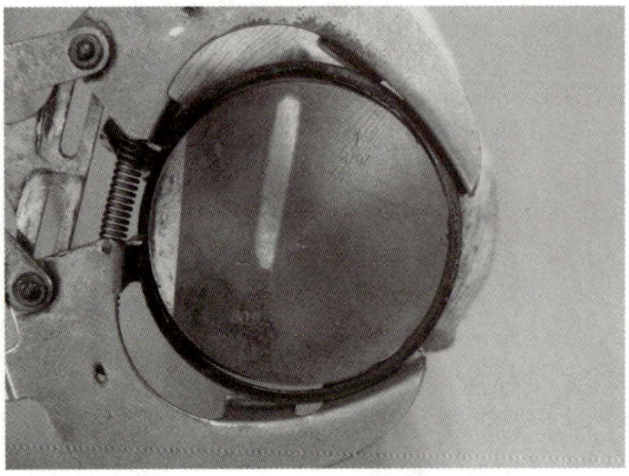

图 2.97
拆卸第一道气环

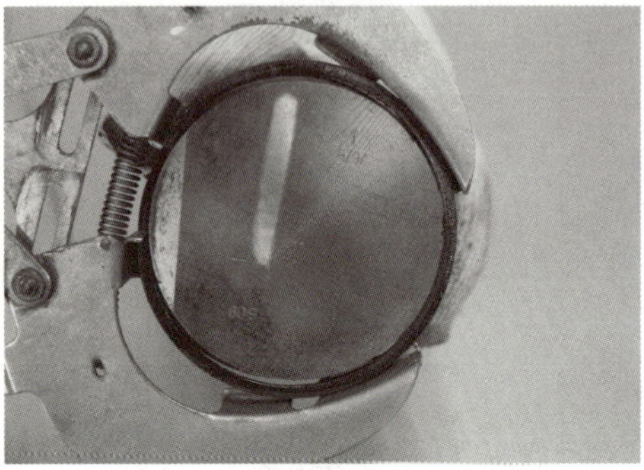

图 2.98
拆卸第二道气环

实操视频
活塞环的安装

(3) 拆卸组合油环

拆卸组合油环，如图 2.99 所示。

① 拆卸组合油环的上刮片。

② 拆卸组合油环的下刮片。

③ 拆卸组合油环的衬簧。

动画
油环的主要功用

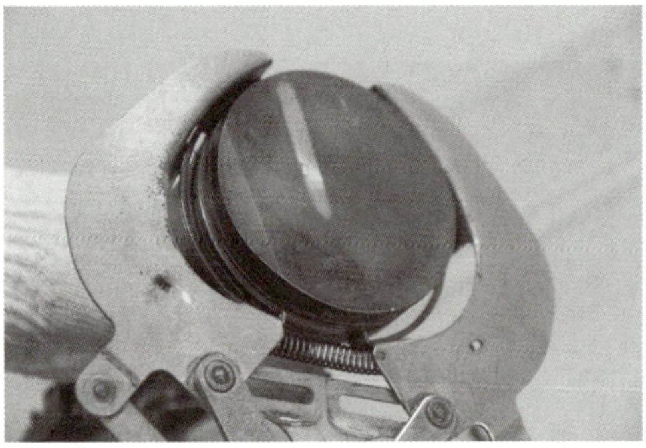

图 2.99
拆卸组合油环

(4) 拆卸活塞销

① 用尖嘴钳拆卸两侧活塞销卡环，如图 2.100 所示。

② 在油压机上进行活塞销的拆卸，如图 2.101 所示。如无油压机，也可以将活塞连杆组浸入 60 ℃的热水或机油中加热，然后用专用工具进行拆卸。

3. 活塞连杆组的安装

微课
连杆组的装配与调试

(1) 活塞和连杆组的组装。

活塞连杆组各零部件经修复、选配、检测合格后，应装配成组合件。装配前应进行彻底清洗，特别是当连杆有油道时，要清洗干净连杆油道中的污垢。

① 将活塞置于水中加热至 70～80 ℃取出，擦拭干净。

② 在座孔、连杆小头衬套孔和活塞销上涂上薄薄一层润滑油，用大拇指把活塞销推入座

孔，如图 2.102 所示，并迅速使其通过连杆小头衬套孔，直至另一侧销座孔的锁环槽边。

③ 安装活塞销两边的锁环，有磨损台阶的锁环应予以更换。

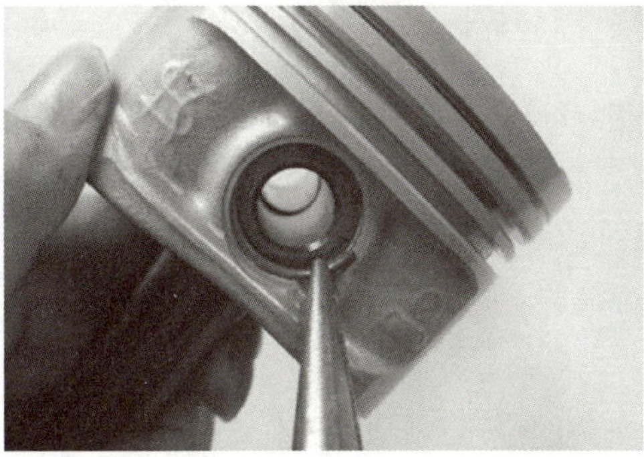

图 2.100
拆卸活塞销卡环

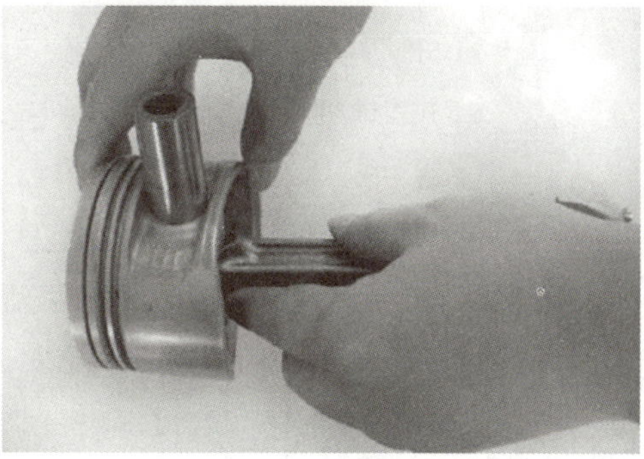

图 2.101
拆卸活塞销

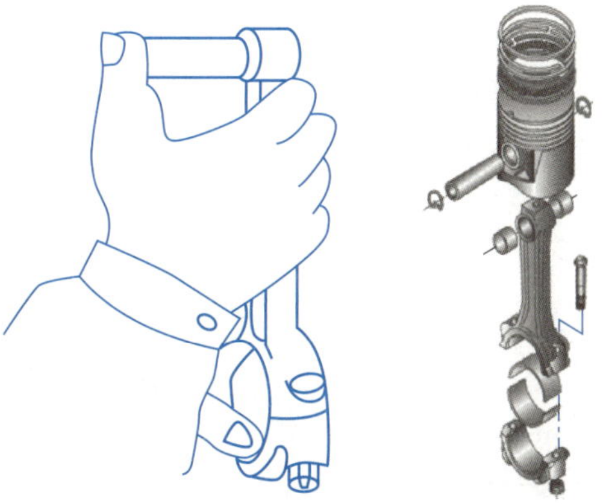

图 2.102
将活塞销装入座孔

（2）安装活塞连杆组。

在活塞环、活塞裙部、连杆小头两侧、活塞销及连杆轴承上涂上适量润滑油。根据活塞及连杆上的标记（将活塞顶上的箭头指向发动机前端），将活塞连杆组自气缸体上方装入各气缸之中，用活塞环卡箍约束活塞环，用手锤木柄将活塞推入气缸内，使连杆大头落于曲轴连杆轴颈上。盖上轴承盖，用规定力矩拧紧连杆螺栓。EA888 发动机连杆螺栓分两次交替拧紧，先以 45 N·m 的力矩拧紧，再将螺栓拧过 90°。

4. 活塞及活塞环的安装

首先将事先选配好的活塞与活塞环再次清洗，活塞环安装时，应注意各道环的不同安装位置和安装方向。

用专用工具将活塞环安装到相应的各缸活塞环槽上，活塞环顶上有“TOP”标记或供应商标记“。”的一面应朝上。为避免可燃混合气从活塞环的开口间隙中漏出，装配时应将环的

微课
活塞及活塞环的装配与调试

开口互相错开。对于三道气环的发动机，三道气环的开口相互错开 120°，组合式油环装配时，先装衬簧，后装刮片，上下刮片开口应错开 180°。衬簧的开口端固定在离组合式油环开口端 180° 的位置。

5. 活塞及活塞环的选配

在发动机大修或更换气缸体（或气缸套）时，应根据气缸的标准尺寸或修理尺寸同时更换活塞，并注意下列要求：

(1) 活塞的修理尺寸要求。各气缸应选用同一修理级别的活塞。

(2) 活塞的质量要求。同一组活塞中，各活塞的质量应基本一致，中低速发动机活塞之间的质量误差应不大于 8 g，高速发动机应不大于 5 g。

(3) 活塞的材质要求。同一台发动机上，应选用同一厂家同组的活塞，以保证活塞材料、性能、质量、尺寸一致。同组活塞直径差应不大于 0.025 mm。

(4) 活塞裙部圆度误差和圆柱度误差要求。活塞裙部圆度和圆柱度应符合规定。汽油机活塞裙部锥形的圆柱度误差因设计而异，一般为 0.005～0.030 mm；活塞径向截面形状多为椭圆形，其圆度误差因车型或结构而异。

(5) 活塞环的选配。活塞环在安装时应留有一定的端隙、侧隙和背隙，如图 2.103 所示，以防活塞环受热后胀死在环槽内或卡死在气缸内，造成损坏。

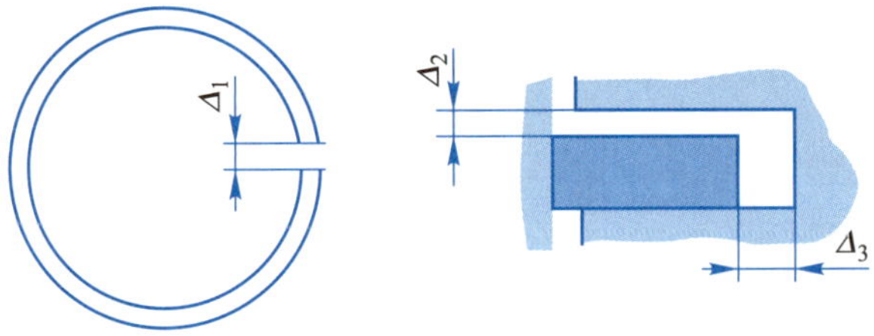

图 2.103
活塞环间隙
Δ_1——端隙；Δ_2——侧隙；Δ_3——背隙

为了保证活塞环与活塞环槽及气缸的良好配合，在选配活塞环时，除需要检查端隙、侧隙和背隙外，还应进行活塞环弹力的检验。

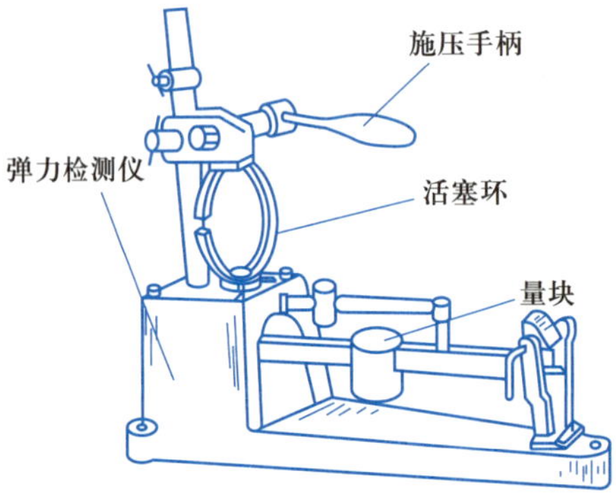

图 2.104
活塞环弹力的检验

活塞环的弹力是保证气缸密封性的主要条件之一。一般在弹力检验仪上进行检验，如图 2.104 所示。检验时把活塞环放在弹力检验仪上，使活塞环的开口处于水平位置，移动检验仪上的量块，把活塞环的开口间隙压缩到标准值，观察秤杆上的数值，其数值应符合技术要求。

工作手册

EA888 发动机每个活塞都有一个三件式刮油环。它是由两片钢板和一个间隔和膨胀弹簧组成的。

在安装刮油环时要注意，确保膨胀弹簧安装在正确位置。这一点对于预安装刮油环的活塞特别重要。因为存在弹簧末端相互滑移的可能性。

为了更好地检查部件的准确位置，在膨胀弹簧的两端采用颜色进行标记。膨胀弹簧不得重叠，因为这样会影响刮油环的功能。安装时，三件式刮油环的切口必须错开 120°。

6. 活塞销的选配

发动机工作时活塞销常常会把活塞销座孔磨大，而活塞销本身磨损较小。活塞销座孔磨损后因维修成本较高，一般都更换活塞或活塞销。发动机大修时，活塞销必须随活塞的更换而更换。活塞除活塞销座孔磨损超出标准外，仍可继续使用时，有时采取选配加大活塞销的方法来解决。

活塞销与活塞销座孔的配合在常温下应具有微量的过盈，过盈量一般为 0.002 5～0.007 5 mm，当活塞温度处于 70～80 ℃时，两者又有微量的间隙，活塞销能在活塞销座孔内转动，但应无间隙感，要求它们的接触面积在 75% 以上。

活塞销与活塞销座的配合，可通过以下三种方法来实现。

(1) 选配。更换活塞时应选用与活塞同级修理尺寸的活塞销，活塞销应与活塞销座孔进行选配。采用固定连杆小头的半浮式连接的活塞销，将活塞放置在活塞销座孔处于垂直方向的位置上，在常温下活塞销应能靠自重缓慢通过座孔。采用全浮式连接的活塞销安装时，先将活塞在温度为 70～80 ℃的水中或润滑油中加热，然后再用手掌心将涂有润滑油的活塞销推入座孔。

(2) 镗削。现在生产的活塞，其活塞销座孔是经过挤压处理的，其表面被挤压后形成一层耐磨层。一般来说，这类活塞的活塞销座孔不允许镗销或手工铰配，只有在缺少配件或应急修理中作为一种应急手段来采用。

镗削活塞销座孔多采用高速精镗，以达到较高的精度和较低的粗糙度。镗削后，加工精度可达到 2 级或 1 级，加工孔径尺寸公差可保持在 0.005～0.008 mm，圆度误差和圆柱度误差不大于 0.001 5～0.002 5 mm，表面粗糙度不大于 0.80 μm。

(3) 手工铰配。活塞销座孔的铰削是用手工操作进行的，其步骤如下：

① 选择铰刀：根据活塞销的实际尺寸选择长刃刀，刀刃长度应能保证两活塞销座孔能同时进行铰削，以保证两孔的同轴度。

② 调整铰刀：将铰刀垂直地夹持在台虎钳上，初步调整铰刀，第一刀一般调整到刀片刚刚与活塞销座孔接触即可，以后各刀的调整量也不应过大，一般是旋转调整螺母 30°～60°为宜。

③ 铰削：铰削时两手握住活塞，施以较小的压力，用力要均匀，手掌握持要平稳，按顺时针方向旋转铰削，如图 2.105 所示。

④ 为了使活塞销座孔铰削正直，每调整一次铰刀，要从活塞销座孔两个方向各铰削一次，每次铰削到当刀片下端面接近活塞下方活塞销座孔时，应压下活塞，使它从铰刀下方脱出，以免铰偏和起棱。

⑤ 试配：铰销过程中，应随时用活塞销进行试配，防止铰削过量。当铰削到用手掌力量能将活塞销推入活塞销座孔深度的 1/3 时，如图 2.106 所示，应停止铰削；然后用铜铳垫在活塞销外端，用橡胶锤轻轻将活塞销压入活塞销座孔内。在压入时，应防止活塞销倾斜损伤活塞销座孔表面，然后用铳头将活塞销从反方向铳出，视其接触痕迹进行刮削修正。

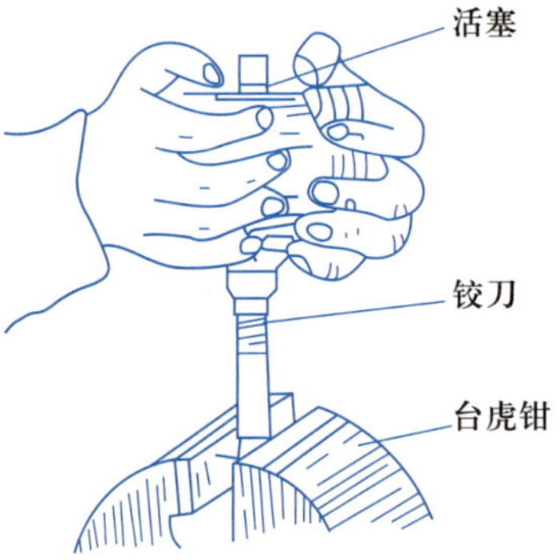

图 2.105
活塞销座孔的铰削

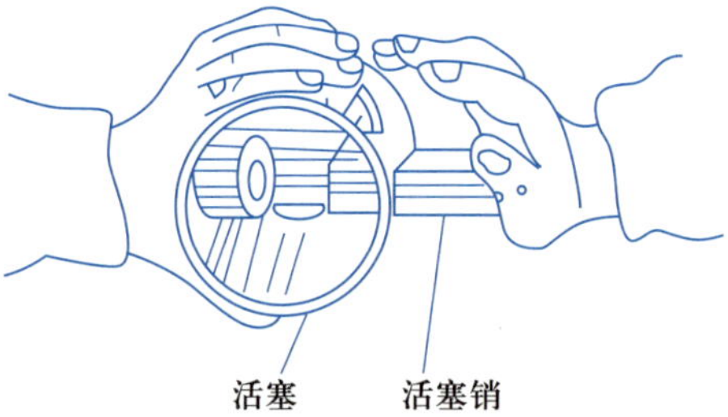

图 2.106
活塞销与座孔的试配

⑥ 刮削：刮削修正的部位是活塞销座孔中接触痕迹较深的表面。刮削的要领是：从里向外，刮大留小，刮重留轻，以免造成活塞销座孔的圆柱度超差增大，并应边刮边试配。

活塞销座孔经刮削后，活塞销应能用手掌力量从原来试配的一端推入座孔 1/3 ~ 1/2，且接触面积在 75% 以上，分布均匀，轻重一致。

7. 活塞与连杆安装质量检验

① 锁环嵌入环槽中的深度应不少于锁环直径的 2/3，锁环与活塞销两端应有 0.10 ~ 0.20 mm 的间隙。

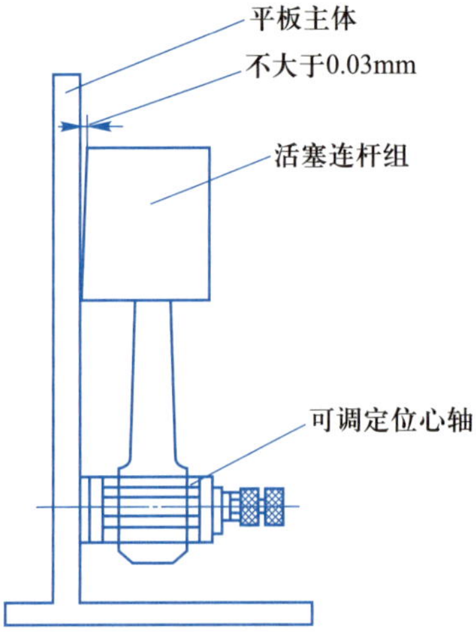

图 2.107
活塞连杆组安装后垂直度检验

② 活塞上的箭头标记和连杆上浇铸的方向标记必须朝着同一方向。例如，6BTA5.9 发动机活塞的指前记号 “FRONT” 朝前时，连杆盖应在面向发动机的右边。

③ 检验连杆大头中心线和活塞中心线的垂直度。具体检验方法如下：

a. 将连杆大头装到连杆检验器的心轴上，使活塞裙部紧贴检验器平板，用厚薄规测量活塞顶部边缘与平板间的间隙，如图 2.107 所示。

b. 翻转 180°，重新测量一次。

c. 两次测量值之差即为垂直度误差，垂直度误差不得大于 0.08 mm，达不到要求时，应找出原因，重新校正后再组装。

若没有连杆检验器，可采用如下方法检验：

把气缸体侧放，将未装活塞环的活塞连杆组装入相应气缸，按规定力矩拧紧各道连杆轴承盖固定螺栓；然后转动曲轴，查看活塞在气缸内运动情况，检查活塞在上、下止点和气缸中部三个位置的间隙，间隙差应不超过 0.1 mm。否则，应找出原因，重新校正后再组装。

① 检查连杆的轴向间隙。用撬棒把曲轴撬向一侧，使用卷尺测量曲轴的轴向间隙。EA888 发动机连杆的轴向间隙为 0.10～0.35 mm，磨损极限值为 0.40 mm。

② 检查连杆的径向间隙。将与轴承等宽的塑料间隙规测量线放在轴颈或轴承上，拧紧旧的连杆轴承盖螺栓。拆下连杆轴承盖，用间隙对照尺测量压扁的塑料间隙规的宽度，确定连杆径向间隙值。EA888 发动机连杆的径向间隙为 0.02～0.06 mm，磨损极限值为 0.09 mm，在测量连杆径向间隙时不得转动曲轴。

2.3.3　机体组的拆装与检验

微课
机体组的拆卸

1. 机体组的拆卸

(1) 发动机机体组拆卸前的准备工作。

① 拆卸放油螺栓。旋松油底壳的放油螺栓，放出油底壳内的润滑油，如图 2.108 所示。

② 拆卸风扇传动带张紧轮，如图 2.109 所示。

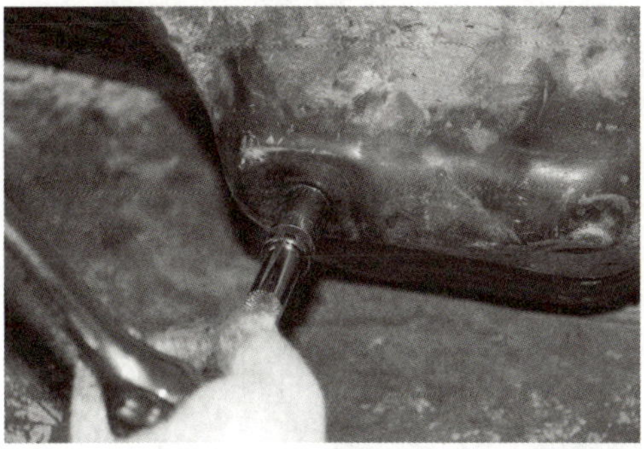

图 2.108
拆卸放油螺栓

图 2.109
拆卸风扇传动带张紧轮

③ 拆卸转向助力泵，如图 2.110 所示。

④ 拆卸发电机，如图 2.111 所示。

⑤ 拆卸压缩机，如图 2.112 所示。

⑥ 拆卸进气歧管，如图 2.113 所示。

⑦ 拆卸喷油器，如图 2.114 所示。

⑧ 拔出高压线，拆卸点火模块，如图 2.115 所示。

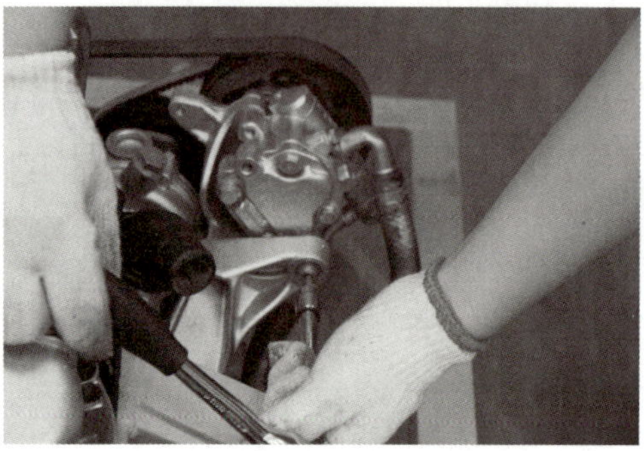

图 2.110
拆卸转向助力泵

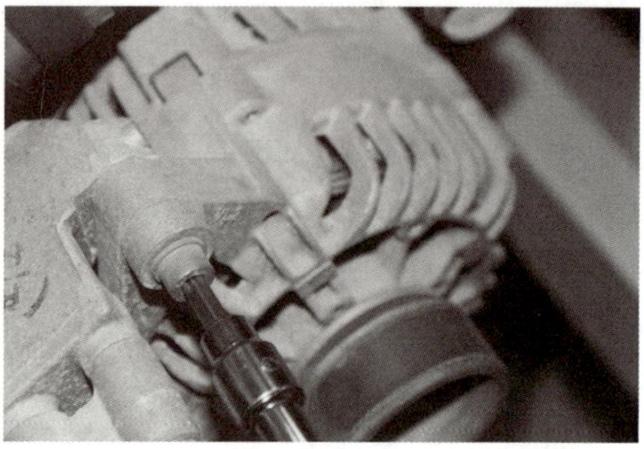

图 2.111
拆卸发电机

图 2.112
拆卸压缩机

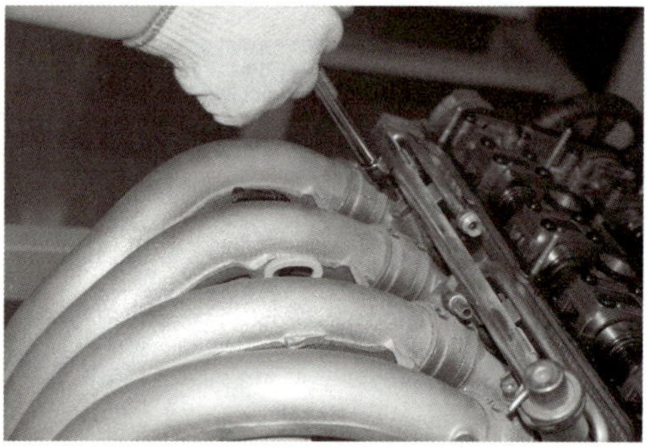

图 2.113
拆卸进气歧管

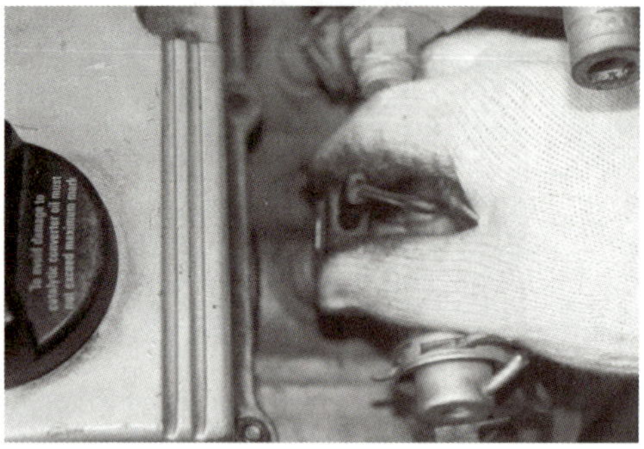

图 2.114
拆卸喷油器

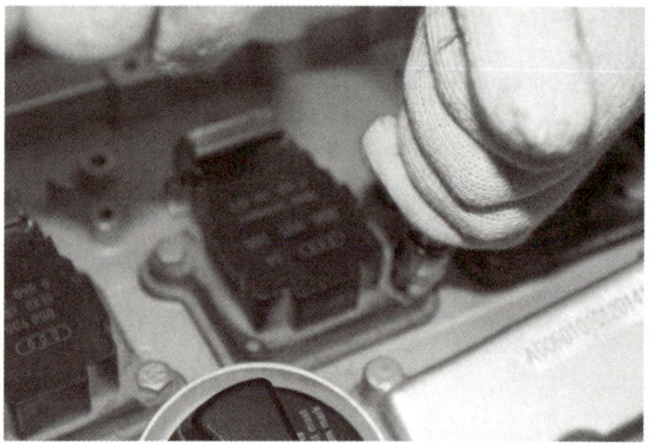

图 2.115
拆卸点火模块

⑨ 拆卸排气歧管,如图 2.116 所示。

(2) 拆卸发动机配气组件

① 拆卸气缸盖罩,如图 2.117 所示。

② 拆卸传动带轮,如图 2.118 所示。

③ 拆卸正时齿轮盖,如图 2.119 所示。

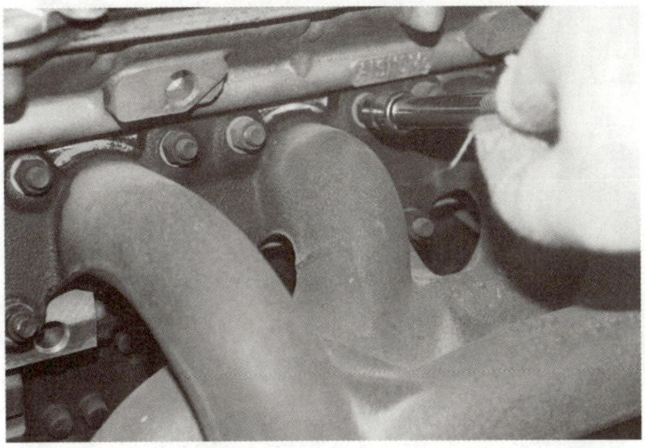

图 2.116
拆卸排气歧管

图 2.117
拆卸气缸盖罩

图 2.118
拆卸传动带轮

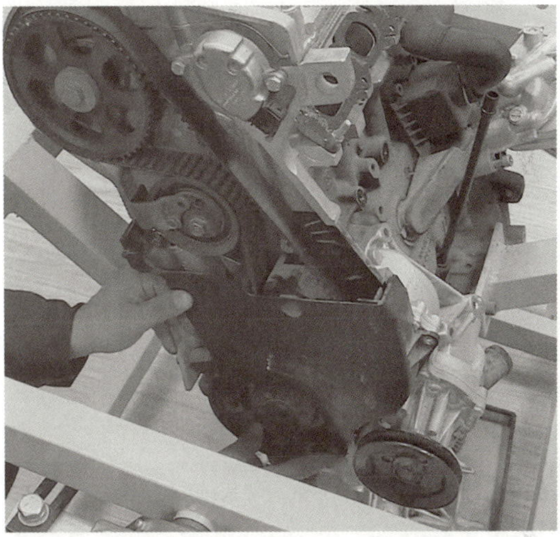

图 2.119
拆卸正时齿轮盖

④ 拆卸正时传动带张紧轮，如图 2.120 所示。

⑤ 拆卸正时传动带，如图 2.121 所示。

图 2.120
拆卸正时传动带张紧轮

图 2.121
拆卸正时传动带

⑥ 查找有无正时标记，如图 2.122 所示。如没有，应做好相应标记，防止齿轮装错位置。

⑦ 拧松紧固螺栓，并取下双凸轮轴正时齿轮，如图 2.123 所示。

图 2.122
查找有无正时标记

图 2.123
取下双凸轮轴正时齿轮

⑧ 拆卸冷却液泵，如图 2.124 所示。

⑨ 观察凸轮轴轴承盖安装方向标记，若没有，做安装方向标记。拧松凸轮轴轴承盖螺栓，先松 1、3、5 道轴承盖螺栓，再松 2、4 道轴承盖螺栓，防止凸轮轴变形，如图 2.125 所示。

图 2.124
拆卸水泵

图 2.125
拆卸凸轮轴瓦盖螺栓

⑩ 取下配套的轴承盖与凸轮轴，并按顺序摆放整齐。

(3) 拆卸气缸盖

按顺序拆卸气缸盖螺栓，如图 2.126 所示。

注意：螺栓应从两端向中间交叉旋松，并且分 3 次卸下螺栓，然后抬下气缸盖。

图 2.126
拆卸气缸盖螺栓

(4) 取下气缸垫

如图 2.127 所示，取下气缸垫，要注意气缸垫的安装朝向。

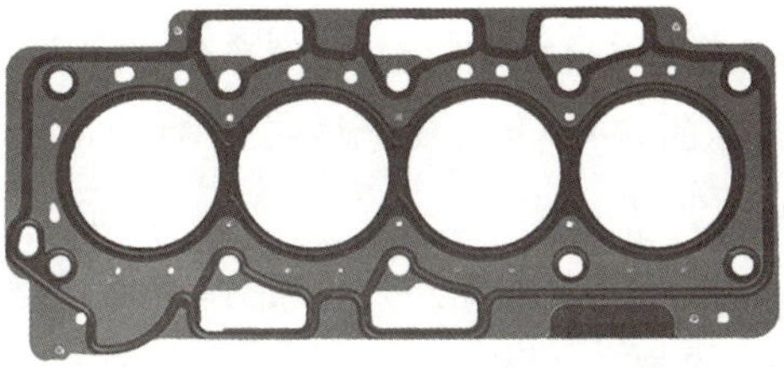

图 2.127
取下气缸垫

(5) 拆卸油底壳

翻转发动机，使油底壳朝上。拧下油底壳紧固螺栓，并拆卸油底壳，如图 2.128 所示。

实操视频
油底壳的拆卸

注意：在气缸体和油底壳之间插入铲刀，铲下密封垫。使用铲刀时要小心，以防损坏油底壳凸缘。

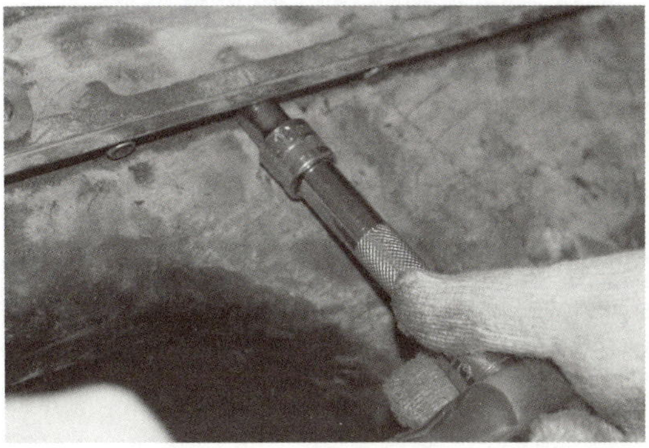

图 2.128
拆卸油底壳

(6) 拆卸集滤器

旋松集滤器固定螺钉,拆卸集滤器和机油泵,如图 2.129 所示。

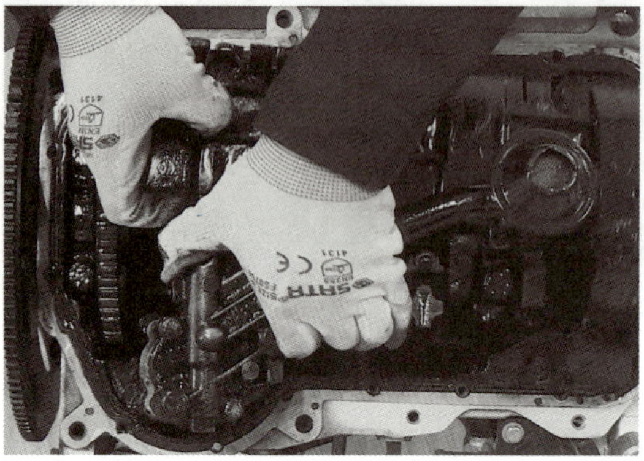

图 2.129
拆卸机油集滤器

工作手册

第三代 EA888 发动机对于曲柄连杆机构的继续开发,重点放在降低质量和减少摩擦上。

曲轴:主轴承直径从 52 mm 减至 48 mm,平衡块的数量减少,上部和下部主轴承采用双层无铅涂层。

连杆 / 活塞销:连杆为断裂式连杆,不含铅的双层轴承用于下连杆轴承盖中,在连杆较小头一端没有铜衬套,活塞销采用带有碳涂层的特殊表面。

活塞:增加了活塞与气缸间隙,以减少在发动机暖机过程中的摩擦。活塞裙部有耐磨涂层。上部活塞环为矩形环;中间活塞环为锥面鼻形环;第三个活塞环是由两部分组成的双锥螺旋膨胀环,用于撇油。

轴承盖:曲轴轴承盖通过螺栓固定到油底壳上部,可以改善发动机在运行时的噪声和振动方面的舒适性。

2. 机体组的装配

微课
机体组的装配与调试

气缸盖的安装。安装气缸盖之前应按规定将气门组件装入气缸盖中。气缸盖的安装应按照与拆卸相反的顺序进行,但需要注意以下几点:

① 在安装气缸盖之前,要将曲轴转动到第一缸的上止点位置。

② 安装气缸垫时,有标号(配件号)的一面必须向上。

③ 更换气缸盖紧固螺栓,不得使用已经按照拧紧力矩拧紧过的气缸盖紧固螺栓。

④ 按照从中间向两侧,均匀、多次的原则,以 40 N·m 的力矩拧紧气缸盖紧固螺栓,然后再拧过 180°。

⑤ 更换损坏的衬垫。

⑥ 拧紧气门罩盖固定螺母,拧紧力矩为 10 N·m。

3. 机体组的检验

气缸体翘曲变形的检验。气缸体翘曲变形一般用直尺和厚薄规测量，如图 2.130 所示。塞入的厚薄规的最大厚度值就是变形量，即平面度误差。

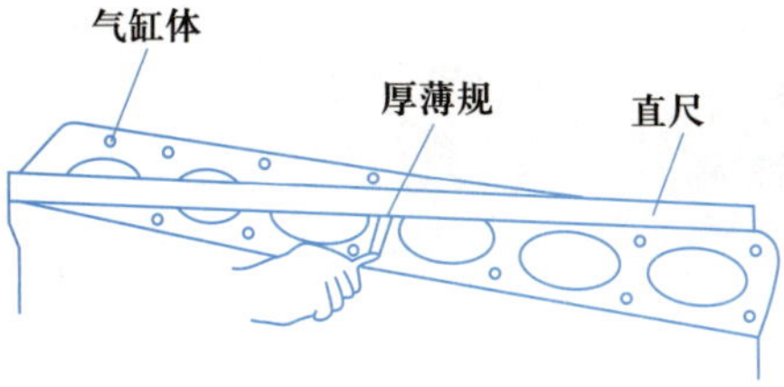

(a)

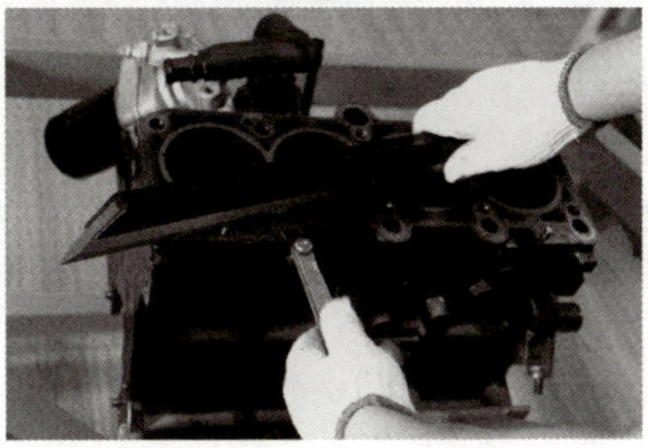

(b)

图 2.130
气缸体上平面翘曲变形的检验

检测前，待检平面应彻底清除水垢、积炭，消除毛刺并刮平或铲平螺纹孔周围的凸起部分。

气缸体上平面与气缸盖下平面的平面度应符合表 2.5 的规定。

表 2.5　气缸体上平面与气缸盖下平面的平面度

测量范围	气缸长度(mm)	顶置气门(mm)			铝合金(mm)		
		气缸体上平面	气缸体下平面		气缸体上平面	气缸盖下平面	
		—	侧置气门	顶置气门	—	侧置气门	顶置气门
任意 50 mm × 50 mm	—	0.05	0.05	0.025	0.05	0.05	0.05
整个平面	≤600	0.15	0.25	0.10	0.15	0.35	0.15
	> 600	0.25	0.35	—	0.35	0.50	—

任务 2.4　曲柄连杆机构的典型故障检修

微课
主轴承异响故障诊断与排除

2.4.1　主轴承异响故障诊断与排除

1. 定义

发动机工作时，主轴承与主轴颈（见图 2.131）发生相对运动产生撞击并发出“噔、噔”的响声，如图 2.132 所示，称为主轴承异响。

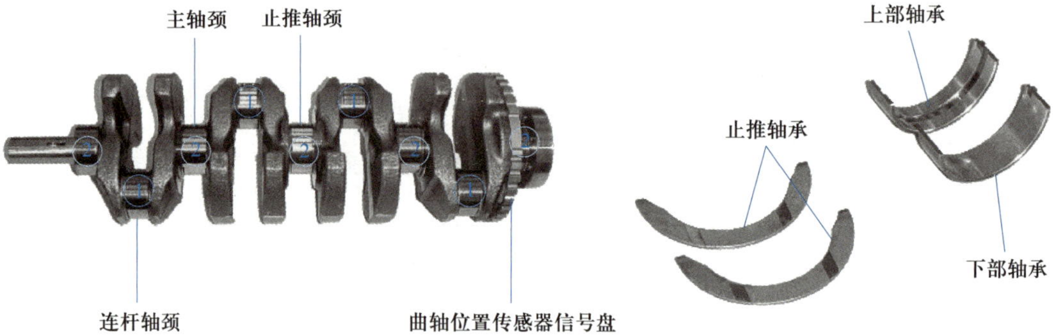

图 2.131
主轴颈及主轴承

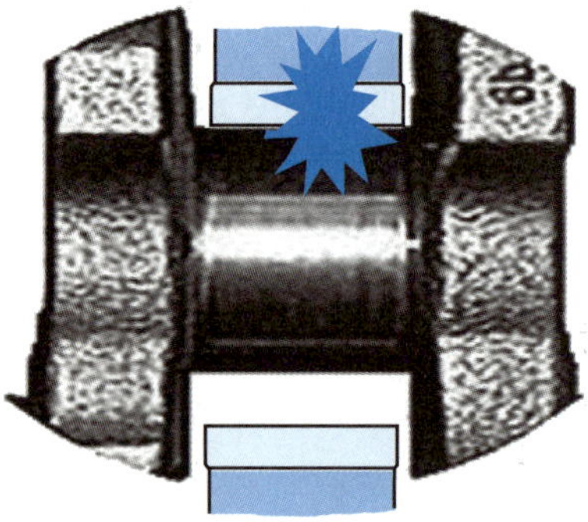

图 2.132
主轴承异响

主轴承出现异响，是一种对发动机危害较为严重的故障前奏，它就像空袭前的警报，不及时检查排除将使发动机遭到灭顶之灾，轻则磨损烧蚀轴承，重则损坏曲轴轴颈，甚至造成曲轴报废。因此，发动机出现主轴承异响，应立即停车进行检修。

工作手册

匹配主轴承：EA888 发动机出厂时，气缸体已匹配了厚度正确的主轴承。彩色点用于标记主轴承厚度。

需要在气缸体的何处安装何种轴承(上部轴承),都已用字母标记在气缸体的下密封面上。需要在轴承盖的何处安装何种轴承(下部轴承),都要在曲轴上用字母标记。第一个字母对应轴承盖 1,第二个字对应轴承盖 2。

2. 故障特征

① 噪声来源于曲轴箱。

② 当发动机稳定运转时,一般无声响,当发动机转速突然变化时,发出沉闷连续的“噔、噔”金属敲击声,严重时发动机发生较大振动。

③ 发动机负荷变化时声响明显。

④ 发动机转速越高,声响越大。

⑤ 当发动机单缸断火时,声响无明显变化,当相邻两缸断火时,声响显著减小。

⑥ 润滑油压力明显降低。

⑦ 发动机温度变化时,声响无变化。

3. 故障原因分析

① 曲轴主轴承与曲轴轴颈磨损,导致配合间隙过大,产生撞击声,如图 2.133 所示。

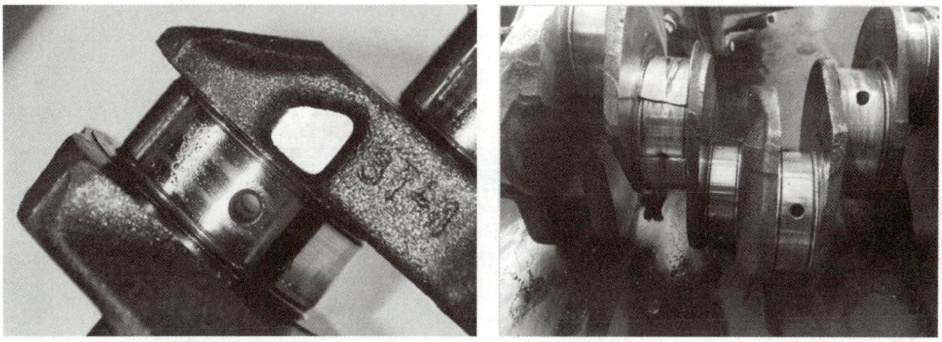

图 2.133
主轴承磨损

② 安装时曲轴轴承盖螺栓力矩没有达到规定值,从而出现轴颈与主轴承的撞击声。

③ 曲轴轴向间隙过大,产生曲轴前后窜动,使曲轴轴向定位端面与止推垫圈相互撞击而出现声响。

④ 曲轴弯曲、折断,运转时产生撞击声。

⑤ 曲轴箱内的润滑油不足或过稀,由于润滑不良而使轴承合金烧毁脱落而出现声响。

⑥ 使用不当:一是润滑油的牌号不符或机油滤清器破裂,造成润滑油大量流失;二是长期超负荷运行,发动机温度过高,因润滑油黏度降低而烧瓦。

4. 故障诊断与排除方法

① 在润滑油加注口处听察,反复改变发动机转速,当突然加速或减速时,若有低沉、钝哑而沉重的“镗、镗”声响,再用一字形螺钉旋具头抵在气缸体两侧的曲轴位置听察,同时不断变化转速,若声响明显,可判断为曲轴异响。

② 先利用单缸断火法听察声响，若无变化；再利用相邻两缸断火法试验，声响明显减弱，则故障在这两缸之间。

③ 当发动机温度越高（润滑油黏度越低），声响越明显，到高速时声响变得杂乱，则有可能是曲轴弯曲故障。

④ 当高速运转时，机体有较大的振动，车辆载重爬坡时，驾驶室有振动感，润滑油压力显著下降，则说明曲轴主轴承间隙过大，合金脱落。

⑤ 前端轴承异响，第 1 缸气缸盖上方振动；后端轴承异响，第 4 缸气缸盖上方有振动；中间轴承异响，第 2、3 缸气缸盖上方有振动。若声频和振频一致，即可断定相应部位曲轴主轴承异响。

⑥ 踩下离合器踏板，若曲轴传动带轮向前窜动且声响减轻或消失，则为曲轴轴向间隙过大而异响。

⑦ 在发动机后端曲轴部位，若发出一种沉闷的“嗒、嗒”敲击声，其声响有规律地随着工作循环而周期性变化，变换转速时更易发觉，在起动和停止时特别明显，转速越高越响。则在刚出现异响时，关闭点火开关，当发动机即将熄火时，再立即接通，此时若能听到一声明显的撞击声，而且每次如此起动和停止点火开关时，均发出一声撞击声，即可证实是飞轮紧固螺栓松动而发出的撞击声。

⑧ 若发动机转速并不高，机体却振动较大，甚至有摆动摇晃现象，同时发出沉重、粗闷的“嘣、嘣”金属敲击声，表明曲轴将要折断。

重点、难点提示：主轴承异响故障原因多

主轴承异响是发动机异响中较为常见的一种，产生异响的直接原因是主轴颈与主轴承的径向间隙变大，严重超过标准。而导致间隙变化的因素有很多，所以，主轴承异响可能是一处有问题，也可能是多处都有问题，而诊断的方法是一样的。

重点、难点提示：主轴承异响的特点

主轴承异响的特点是响声比敲缸、活塞销和连杆轴承的响声沉重，发动机转速或负荷急剧变化时，异响明显。如主轴承合金烧蚀、脱落时，发动机常伴有抖动现象。主轴承异响另一个原因是单缸断火（除最前和最后一道轴承外），响声无明显变化，而异响的主轴承相邻两缸同时断火时响声会减弱或消失。

5. 预防措施

① 严格落实车辆保养制度。加足符合要求的润滑油，定期清洗机油滤清器，更换滤芯，消除发动机漏润滑油的隐患，保障发动机主油道、曲轴油道和各润滑油道的畅通，保证润滑油的清洁并定期更换。

② 按照规程操作。起动发动机前首先预供润滑油，发动机油温、水温低时，不要突然增加转速和负荷；油温太高时不可停车；禁止发动机长期超速、超负荷运转。

③ 保证零部件的清洁，避免污物进入发动机内部，按规定的扭矩紧固轴承，并使扭矩均匀。

2.4.2　活塞敲缸异响故障诊断与排除

微课
活塞敲缸异响故障诊断与排除

1. 定义

活塞在气缸里的运动实际上相当于滑块在导向轨道里做往复式的导向运动，连杆实际上就是简单的二力构件。因为连杆两端都是铰链连接，连杆本身也只承受拉力或压力的作用，且主要承受压力作用，其他外力可忽略不计，因此活塞敲缸异响的实质是活塞侧面敲击气缸壁产生的异响。当活塞与气缸配合间隙因磨损严重而过大时，活塞在压缩行程中受侧压力即受连杆给活塞的作用力沿水平方向的分力作用，活塞经过上止点时侧压力或水平分力的作用方向在活塞瞬时换向时改变，从靠气缸壁一侧迅速转变到靠向另一侧，与气缸壁发生撞击而产生响声。从发动机前端往后看，若发动机曲轴回转方向是顺时针，则此响声发生在活塞做功行程刚开始瞬间，发动机横向左侧气缸壁与活塞之间且在气缸壁中上部位置。活塞及气缸如图 2.134 所示。

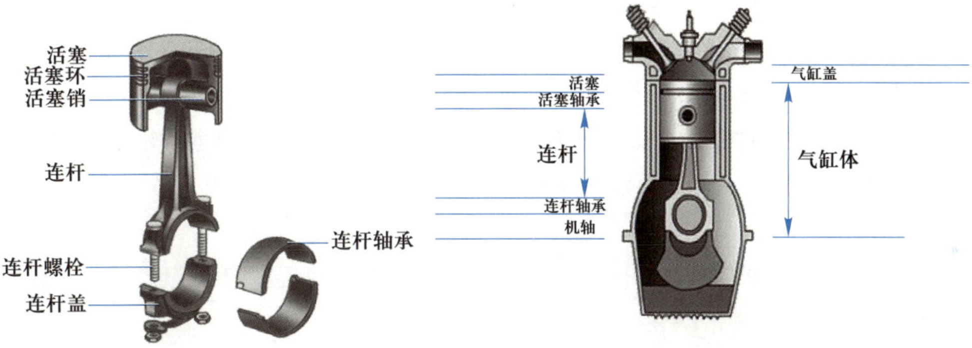

(a)　(b)

拓展微课
活塞敲缸

图 2.134
活塞及气缸

这种异响在柴油发动机低温运转时常出现，在汽油发动机上较少发生。活塞敲缸异响是一种清脆有节奏的金属敲击声。如果冷车时响声很大，热车时较轻或消失，发动机尚可继续使用。如热车连续发生敲击声，则不能继续使用，应进厂检修。

2. 故障特征

活塞敲缸异响表现为发动机运行时发出异响，同时还有其他异常现象出现，如排气管冒蓝烟或润滑油加注口冒烟；在冷车起动或者怠速时，敲缸声非常清晰；当发动机运转一段时间后，声音似乎突然减弱或者消除。这种故障的轻微影响就是发动机烧润滑油，燃油消耗偏高，严重时会拉碎活塞，打坏气缸，以至于连杆断裂，打坏气缸体等，如图 2.135 所示。

活塞敲缸故障常见的有五种类型：

① 发动机冷起动后，活塞敲缸异响严重，气缸内发出一种清脆有节奏且较沉闷的“铛、铛、铛”金属敲击声，其响声随温度变化而变化，即发动机工作温度正常之后响声减轻或

图 2.135
活塞敲缸的严重后果

消除。

② 发动机低温时基本正常，正常工作温度以及加速时敲缸严重。

③ 发动机无论低温还是正常工作温度，总有敲缸异响，低温时敲缸异响较轻，正常工作温度时敲缸异响较重。

④ 某一气缸敲缸异响，在将该缸喷油器旋出后，响声减弱或消失。

⑤ 多个气缸异响且响声杂乱，踩下加速踏板便产生快节奏噪声。

3. 故障原因分析

① 活塞与气缸配合间隙过大。由于修配不当造成活塞与气缸配合间隙较大，或因气缸磨损严重造成间隙过大。发动机低温时活塞间隙较大，敲缸异响严重，发动机温度升高后活塞产生膨胀，使得活塞配合间隙变小，敲缸异响随之减轻或消失。

② 活塞方向装反或活塞变形，破坏了活塞与气缸配合的正常间隙，造成活塞敲缸异响。

③ 气缸壁润滑不良。润滑条件不佳，润滑油压力低或润滑油黏度过低，气缸壁飞溅润滑不良，活塞与气缸壁之间不能形成正常的润滑油膜，活塞与气缸直接相碰而敲缸。

④ 连杆弯曲或扭曲变形。活塞连杆组装配不当使活塞在气缸中歪斜量超过规定范围，不但使密封性变坏、润滑条件恶化，而且造成气缸不正常磨损，从而使活塞与气缸壁敲击而出现异响。

⑤ 润滑油道堵塞，不能形成正常的压力润滑；连杆轴承或活塞销配合过紧，造成活塞运动中与气缸壁产生撞击，发出异响。

⑥ 燃烧室内积炭严重。燃烧室内积炭过多时会造成发动机压缩比增大，气体压力温度过高，喷射入气缸的雾状柴油遇到高温高压的气体即着火燃烧产生爆燃。爆燃时火焰以极高的速率向外传播，甚至在气体来不及膨胀的情况下温度和压力急剧升高，形成压力波，以声速向前推进。当这种压力波撞击气缸壁时就发出尖锐的敲缸声。

⑦ 喷油提前角过大。当喷油提前角过大即较早地喷射入雾状柴油时，雾状柴油与空气形成可燃混合气，发动机达到正常工作温度之后，此时气缸内压力即使未达到正常工作压力，但气缸内工作温度很容易升至柴油着火点，使气缸内可燃混合气迅速燃烧膨胀，气缸内压力迅速上升，此时气缸内因气体迅速膨胀而使气缸燃烧压力最高点提前，造成气缸内压力过大，敲击气缸壁的力增加而出现敲缸异响。

⑧ 可燃混合气燃烧速度过快，使得气缸内压力过高，活塞裙部撞击气缸壁而出现敲缸异响。

⑨ 气缸垫过薄或气缸体顶面磨削过多，造成发动机压缩比增大，引起爆燃出现敲缸声。

4. 故障诊断与排除方法

(1) 故障诊断。

① 把发动机固定在敲击最响时的转速，采取逐缸断油法进行试验。拆下某气缸高压油

管，如果试验到该气缸时，声响显著减弱或消失，则证明是该气缸活塞敲击气缸壁。

② 用听诊棒触听气缸体中部，若可明显察觉到拍击声，且响声区域清晰，并略有振动感，此时应注意仔细听诊。发动机正常工作时也有噪声和振动，应仔细区分。

③ 发动机怠速运转时活塞敲缸异响明显而清晰，随着发动机冷却液温度升高或转速处于中速以上，响声减弱或消失。

④ 卸下喷油器，从其安装孔处向气缸内加注少量润滑油，用起动机带动发动机曲轴旋转几圈，使活塞与气缸壁间充满润滑油膜，然后起动发动机。若在起动后的瞬间响声明显减弱或消失，但随着润滑油膜的流失或烧蚀，响声会很快出现，说明敲缸异响发生在该气缸。

⑤ 若因气缸磨损、活塞裙部同气缸壁间隙过大而引起的敲缸，常伴有下窜气现象，排气管有蓝烟冒出。

⑥ 温度过低时不响，温度升高后敲缸，高温时声音加重，当单缸“断火”时响声加大，“断油”到某气缸时响声也加大，该气缸即为故障缸。

(2) 故障排除。

① 检查发动机温度。如果发动机温度过高，查找造成发动机温度过高的原因并排除。

② 检查润滑油的压力。如果润滑油压力过低，查找造成润滑油压力过低的原因并排除。

③ 检查供油时间。检查喷油定时装置是否安装正确，按使用说明书要求检查调整。

④ 检查喷油器，拆卸喷油器，在车上进行喷油试验，检查喷油器的喷油质量。如喷油器滴漏，应对喷油器针阀、阀体仔细清洗或研磨修整；若喷油器磨损严重或烧蚀，则应更换新件。

⑤ 检查喷油泵出油阀。如喷油器良好，检查喷油泵出油阀是否严重磨损，必要时更换出油阀及阀座。

⑥ 拆下气缸盖，检查燃烧室的积炭情况。如积炭太多，应用机械或化学方法清除。

⑦ 拆下气缸盖后，检查气缸垫的厚度。如果气缸垫过薄或气缸体上顶面磨削过多，应选用加厚的气缸垫，防止燃烧室过度减小。

⑧ 拆下气缸盖后，检查、测量气缸的磨损程度，如磨损过大或损坏，应进行镗削或更换气缸套。

⑨ 抽出活塞连杆组，用外径千分尺和量缸表测量活塞同气缸的配合间隙，检查活塞的磨损情况和活塞销同销孔的配合间隙。如活塞磨损过大或损坏，应更换；如活塞同气缸的配合间隙过大，应重新选配活塞与气缸；如活塞销同销孔的配合间隙不合适，应重新选配活塞销。

⑩ 检查连杆的弯曲、扭曲变形情况。如果变形超限，应冷压校正或更换；连杆小头铜套若磨损超限应更换；连杆大头若磨损严重，应更换连杆；连杆及连杆螺栓应进行磁力探伤，连杆出现任何形式的裂纹都必须更换。

⑪ 在装配时应检查活塞安装方向，特别是顶上挖有凹坑的活塞，一旦方向装反，将必然导致敲缸异响的出现。

重点、难点提示：热态敲缸的主要特点

一是发动机高速时发出“嘎、嘎”连续金属敲击声；二是温度升高，声响加重；三是发动机怠速时发出“嗒、嗒”声，机体伴有抖动现象；四是发动机火花塞跳火一次，响两声；五是某气缸断火，声响加重。

重点、难点提示：冷态敲缸

活塞敲缸与否的决定因素在于活塞与气缸壁之间的间隙。当活塞间隙过大时容易发生敲缸，它的直观表现是汽车发动机冷态时，活塞间隙大，敲击声较大，但随着发动机温度的升高，活塞间隙相应会变小，敲缸声也会随之减轻。

5. 预防措施

① 修理发动机时选用符合质量标准的零部件，以保证各零部件之间合适的配合间隙。

② 按规定对发动机进行维护保养。

③ 随时观察润滑油稠度和压力，防止因润滑油过稀或油道堵塞使润滑油压力过低，活塞与气缸润滑不良造成敲缸。

④ 发动机从小负荷到大负荷工作时，节气门开度从小到大要过渡平稳，不要长时间超负荷运转，否则会加剧活塞与气缸壁的磨损，从而导致发动机敲缸。

⑤ 运行时如发现强烈的敲击声要立即停车检查，切忌让发动机继续运行。

2.4.3 曲轴抱死故障诊断与排除

1. 定义

发动机曲轴抱死（见图 2.136），俗称抱瓦，简单地说就是曲轴与轴承抱死，不能运动了。其原因是轴、轴承缺少润滑或轴、轴承间隙过小，运动时产生大量的热量，将轴承的表面烧熔，使之与轴抱死在一起不能运动。图 2.137 所示为曲轴抱死导致轴承断裂。

2. 故障特征

① 未加大负荷的情况下，发动机突然运转不良。

② 排气管冒黑烟。

③ 润滑油压力明显降低。

④ 发动机熄火，且无法起动。

3. 故障原因分析

（1）轴承与轴颈的配合间隙过大。轴承与轴颈的配合间隙过大，致使润滑油很容易流走，不能形成可靠的润滑油膜，这样极易造成抱瓦。一般这种情况下轴与轴承不会完全抱死，会出现运转吃力、声音沉闷、冒黑烟后发动机突然熄火。在出现此类故障时，要避免重复起动发动机。这是因为发动机重复起动几次往往会造成轴承合金脱落、轴颈刮伤，最终使得发动

微课
曲轴抱死故障诊断与排除

职业素养

2019 年，成都市武侯区法院公开审理了一起服务合同纠纷案：2012 年至 2018 年期间，原告邹某某将其所有的汽车多次交由某汽车美容装饰服务部进行保养、维修，期间原告指定使用某品牌润滑油进行保养。2018 年 5 月，该车发动机曲轴出现抱死。

原告委托某司法鉴定所对车辆故障原因及车辆损失进行了鉴定。根据鉴定意见书记载，发动机抱死的原因是长期使用劣质的机油，维修费为 48 185 元。原告与被告多次交涉无果，故将其诉至法院，要求被告赔偿汽车发动机故障维修费 48 185 元、鉴定费用 18 000 元，法院判决原告胜诉。

图 2.136
曲轴抱死

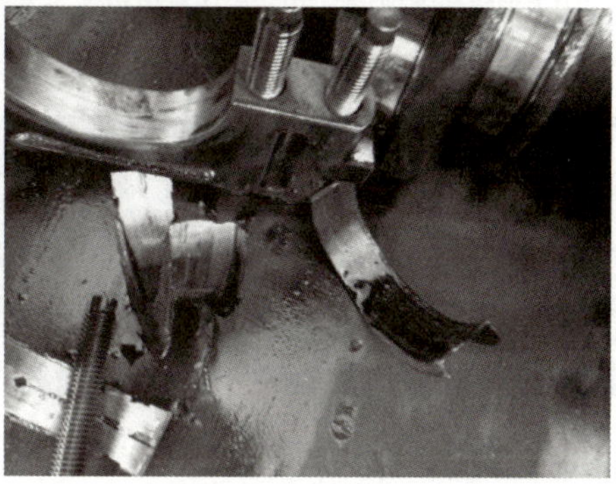

图 2.137
曲轴抱死导致轴承断裂

机报废。轴承与轴颈配合间隙过大的原因是：

① 曲轴轴颈已磨修，但仍然选用标准轴承，应该选用合适的加大轴承。

② 曲轴轴颈磨损后，其椭圆度超限，没有修复到合理的尺寸，只是片面地更换了轴承。这样做虽然看似间隙小些，但是实际间隙仍然很大。

③ 轴颈与轴承严重磨损，配合间隙超出规定范围，并且没有得到及时的修理，继续使用。

(2) 轴承与轴颈的配合间隙过小。发动机轴承与轴颈配合间隙有一定的规定数值，小于规定数值就容易引起抱瓦。这是因为润滑油油膜必须有一定的厚度，间隙小，不能形成良好的润滑油膜，导致干摩擦，会使零部件容易产生高温，而且热量也不容易及时地散出，以致轴承的耐磨合金层剥落或熔化，造成抱瓦。配合间隙过小的原因是：

① 在对轴与轴承进行修理时没有进行测量匹配。

② 连杆螺栓的扭矩过大把轴承挤扁。

③ 轴承在机体上安装时，因为紧度大，内径尺寸收缩过多。

(3) 油底壳中的油面过低。发动机油底壳中的润滑油油量不得低于油尺的下刻线，否则会因油面过低而造成抱瓦。在日常维修过程中，应当注意经常检查润滑油油量，避免发生抱瓦现象。

(4) 集滤器安装不当。当维修保养发动机时，在安装集滤器时需要注意以下两个问题：

一是在安装集滤器时集滤器容易随空心螺栓转动，使集滤器前部上翘，这样当发动机润滑油消耗一部分后，集滤器前部很容易露出油面，导致机油泵供油不足引起抱瓦；二是在安装集滤器时集滤器容易随空心螺栓转动，使集滤器前部下垂，这样集滤器很容易把油底壳底部的杂质吸入，造成集滤器的过滤网堵塞，也会导致机油泵供油不足，引起抱瓦。

(5) 冷却液窜入润滑油内。发动机油底壳中发现润滑油变灰色并带有泡沫，证明润滑油里有冷却液。冷却液量过多时，润滑油液面升高。假如不及时采取措施解决，可能导致抱瓦故障的产生。

4. 故障诊断与排除方法

对发动机拆卸检查，如果不超过磨损极限，选配轴承后即可正常使用；超过磨损极限，则需要更换曲轴及轴承。更换曲轴及轴承后，对润滑系统进行全面清洗，并更换润滑油和机油滤清器。

重点、难点提示：故障预防

驾驶人应随时观察发动机的冷却液温度、润滑油压力，察听发动机有无异响等。出车前应检查润滑油油量和油质，确保油底壳内润滑油油量充足，发现被冷却液、汽油稀释的润滑油必须及时更换，更不能使用劣质或牌号不符的润滑油。同时，应加强汽车的维护和保养。

5. 预防措施

① 避免低温起动进入全负荷。发动机低温下刚刚起动是润滑条件最差的时候，如果在发动机起动后就开始进入全负荷运行，润滑油的温度没有升高，不能提供很好的润滑会导致轴承异常磨损，长时间很容易导致发动机抱瓦。

② 不要经常闷车、拖挡开车。在实际车辆驾驶中，不少驾驶人习惯焖车、拖挡开车，其实这是很不好的习惯。这样的操作会增加轴承的负担，闷车、拖挡的时候发动机的转速比较低，机油泵不能达到正常的工作转速，这时候润滑油的压力会很低，同样也会存在发动机抱瓦风险。

③ 选购正品润滑油、机油滤清器。现在市面上的润滑油多为多级油，基本能满足发动机的使用需要。选购润滑油时，应该严格遵守车辆使用说明书上的规定，选择合适级别、黏度的润滑油。同时也应该选择正品机油滤清器，好的机油滤清器能将润滑油中的杂质过滤掉，保持润滑油的润滑质量，同时也应定期更换润滑油，让发动机获得一个良好的润滑条件。

项目 3
配气机构的检修

任务 3.1　配气机构的拆卸

3.1.1　配气机构组成与原理

配气机构由气门组和气门传动组两部分组成(见图 3.1a),每部分的零件组成与气门的数量、凸轮轴的位置和气门驱动形式等有关。现代汽车发动机通常采用顶置气门,即进、排气门置于气缸盖内,倒挂在气缸顶上。

凸轮轴的位置有下置式、中置式和上置式 3 种,如图 3.1b ~ d 所示。

微课
配气机构组成与原理

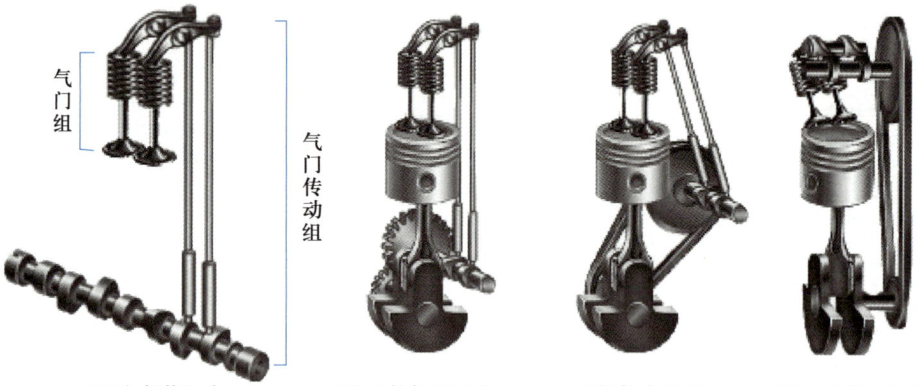

(a) 配气机构组成　(b) 凸轮轴下置式　(c) 凸轮轴中置式　(d) 凸轮轴上置式

图 3.1
配气机构组成及凸轮轴位置

1. 凸轮轴下置式配气机构

动画
配气机构组成

凸轮轴置于曲轴箱内的配气机构称为凸轮轴下置式配气机构,如图 3.2 所示。其气门组零件包括气门、气门座圈、气门导管、气门弹簧、气门弹簧座和气门锁夹等;气门传动组零件包括凸轮轴、挺柱、推杆、摇臂、摇臂轴、摇臂轴座和气门间隙调整螺钉等。

下置凸轮轴由曲轴正时齿轮驱动。发动机工作时,曲轴通过正时齿轮驱动凸轮轴旋转。凸轮在上升段顶起挺柱时,经推杆和气门间隙调整螺钉推动摇臂绕摇臂轴摆动,压缩气门弹簧使气门开启。当凸轮在下降段与挺柱接触时,气门在气门弹簧力的作用下逐渐关闭。

四冲程发动机每完成一个工作循环,每个气缸进、排气一次。此时曲轴旋转两周,而凸轮轴只旋转一周,所以曲轴与凸轮轴的转速比或传动比为 2∶1。

2. 凸轮轴中置式配气机构

凸轮轴置于气缸体上部的配气机构称为凸轮轴中置式配气机构,如图 3.3a 所示。与凸轮轴下置式配气机构相比,凸轮轴中置式配气机构减少了推杆,从而减轻了配气机构的往复运动质量,增大了配气机构的刚度,更适用于较高转速的发动机。

有些凸轮轴中置式配气机构的组成与凸轮轴下置式配气机构没有区别,只是推杆较短,如 YC6105Q、6110A、依维柯 8210.22S 和福特 2.5ID 等发动机都是这种配气机构。

实操视频
配气机构的组成

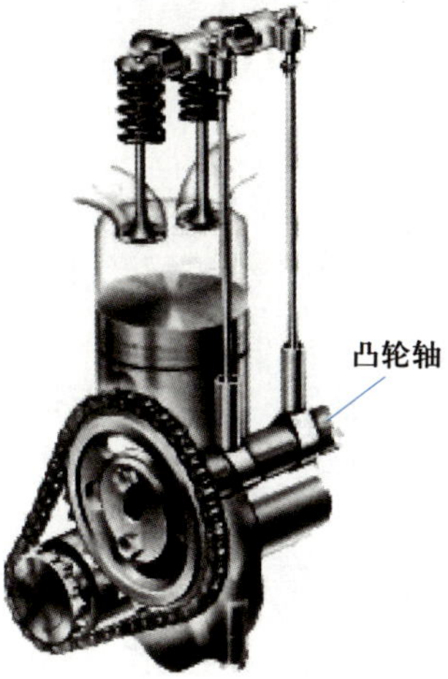

图 3.2
凸轮轴下置式配气机构

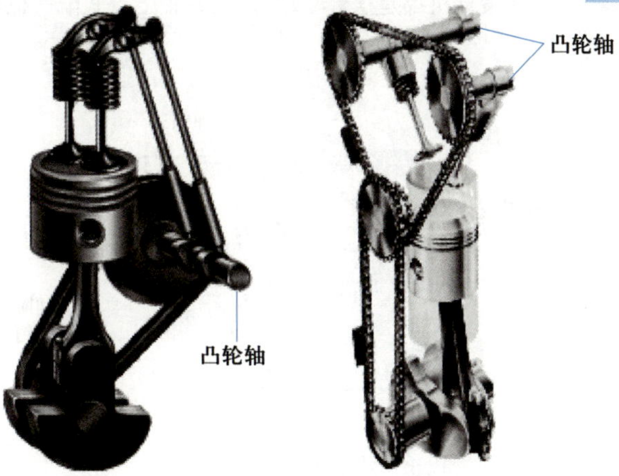

(a) 凸轮轴中置式　(b) 凸轮轴上置式

图 3.3
凸轮轴中置式与凸轮轴上置式配气机构

3. 凸轮轴上置式配气机构

凸轮轴置于气缸盖上的配气机构称为凸轮轴上置式配气机构,如图 3.3b 所示。其主要优点是运动件少,传动链短,整个机构的刚度大,适合于高速发动机。由于气门排列和气门驱动形式的不同,凸轮轴上置式配气机构有多种多样的结构形式。

(1) 摇臂驱动、单凸轮轴上置式配气机构。如图 3.4 所示,凸轮轴推动液力挺柱,液力挺

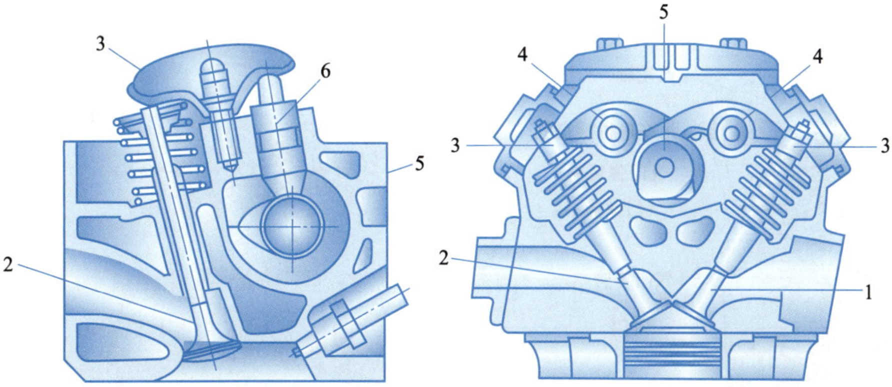

(a)　(b)

图 3.4
摇臂驱动、单凸轮轴上置式配气机构
1—进气门;2—排气门;3—摇臂;4—摇臂轴;5—凸轮轴;6—液力挺柱

柱推动摇臂，摇臂再驱动气门；或凸轮轴直接驱动摇臂，摇臂驱动气门。

(2) 摆臂驱动、凸轮轴上置式配气机构。由于摆臂驱动气门的配气机构比摇臂驱动式刚度更好，更适合于高速发动机，因此在轿车发动机上的应用比较广泛。例如，CA488—3、SH680Q、克莱斯勒 A452、奔驰 QM615、奔驰 M115 等发动机均为摆臂驱动、单凸轮轴上置式配气机构（SOHC），如图 3.5a 所示；而本田 B20A、尼桑 VH45DE、三菱 3G81、富士 EJ20 等发动机都是摆臂驱动、双凸轮轴上置式配气机构（DOHC），如图 3.5b 所示。

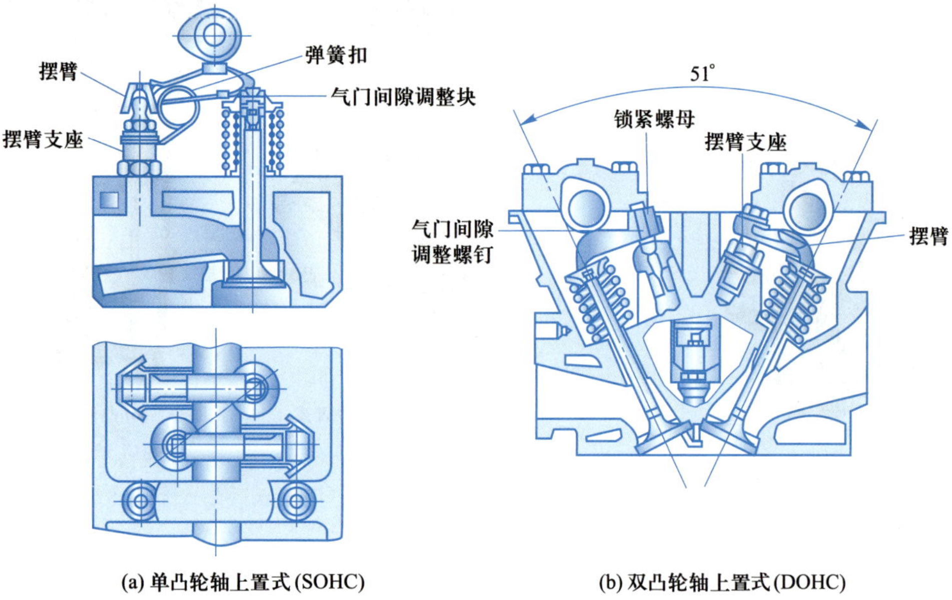

图 3.5
摆臂驱动、凸轮轴上置式配气机构

(3) 直接驱动、凸轮轴上置式配气机构。在这种形式的配气机构中，凸轮通过吊杯形机械挺柱驱动气门（见图 3.6a），或通过吊杯形液力挺柱驱动气门（见图 3.6b）。与上述各种形式的配气机构相比，直接驱动式配气机构的刚度大，驱动气门的能量损失小。因此，这种配

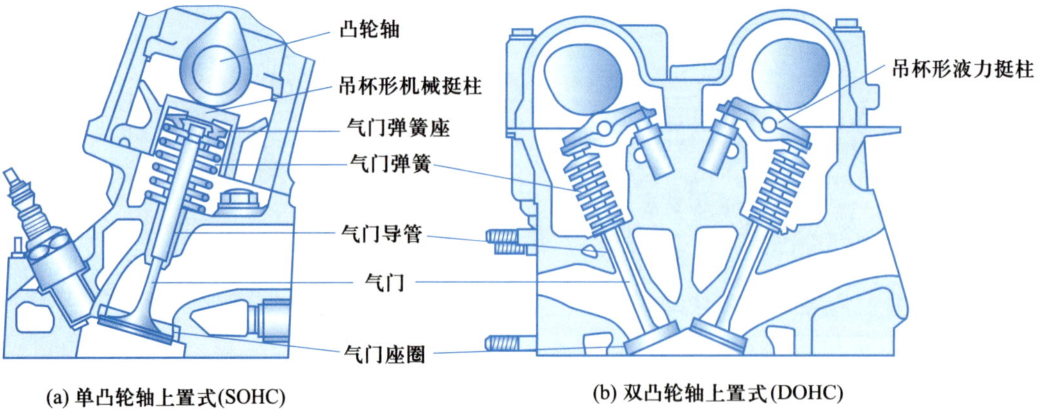

图 3.6
直接驱动、凸轮轴上置式配气机构

气机构在高度强化的轿车发动机上得到广泛的应用。

3.1.2 气门组的拆卸

1. 气门组的组成

气门组包括气门、气门导管、气门座及气门弹簧等零件，有的进气门还设有气门旋转机构。气门组应保证气门对气缸的密封性，气门组有以下要求：气门头部与气门座贴合严密；气门在气门导管中上下运动良好；气门弹簧的两端面与气门杆中心线垂直，保证气门头部在气门座上不偏斜；气门弹簧力足以克服气门运动惯性力，使气门能迅速开闭。

微课
气门组的拆卸

(1) 气门。汽车发动机的进、排气门均为菌形气门，由气门头部和气门杆两部分构成，如图 3.7a 所示。气门顶面有平顶、凹顶和凸顶等形状，如图 3.7b 所示。目前应用最多的是平顶气门，其结构简单，制造方便，受热面积小，进、排气门都可采用。进气门一般用中碳合金钢制造，如铬钢、铬钼钢和镍铬钢等。排气门则采用耐热合金钢制造，如硅铬钢、硅铬钼钢、硅铬锰钢等。

动画
气门功用

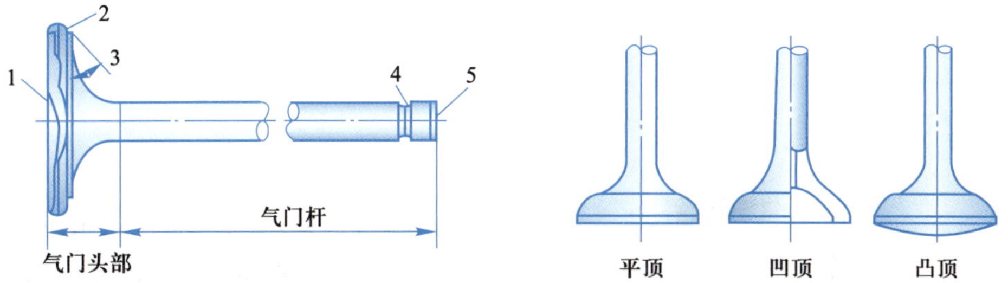

(a) 气门结构　(b) 气门顶面的形状

图 3.7
气门
1—气门顶面；2—气门锥面；3—气门锥角；4—气门锁夹槽；5—气门尾端面

气门与气门座或气门座圈之间靠锥面密封。气门锥面与气门顶面的夹角称为气门锥角，如图 3.8 所示。进、排气门的气门锥角一般均为 45°，只有少数发动机的进气门锥角为 30°。

动画
气门顶部形状

气门头部接受的热量一部分经气门座圈传给气缸盖；另一部分通过气门杆和气门导管传给气缸盖，最终都被气缸盖水套中的冷却液带走。为了增强传热效果，气门与气门座圈的密封锥面必须严密贴合。为此，二者要配对研磨，研磨之后不能更换使用。

气门杆要求具有较高的加工精度和较低的表面粗糙度，与气门导管保持较小的配合间隙，以减轻磨损，并起到良好的导向和散热作用。气门尾端的形状决定于上气门弹簧座的固定方式。它是由剖分成两半且外表面为锥面的气门锁夹来固定上气门弹簧座的固定方式，因结构简单，工作可靠，拆装方便，得到广泛的应用。气门锁夹内表面有多种形状，相应地气门尾端也有各种不同形状的气门锁夹槽，如图 3.9 所示。

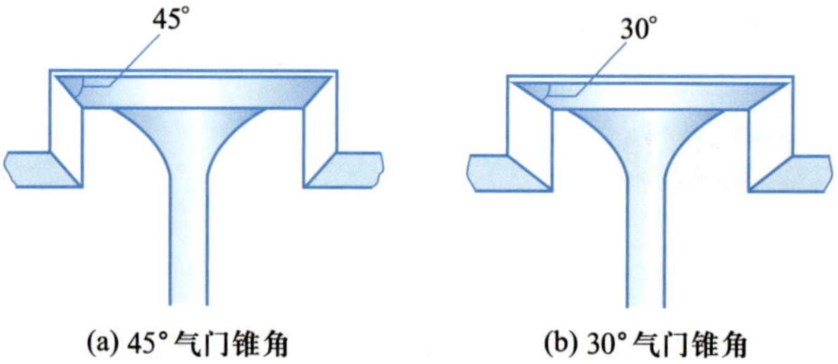

图 3.8
气门锥角

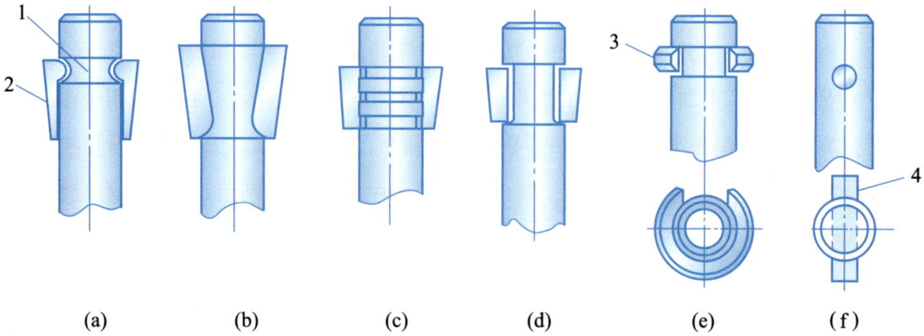

图 3.9
气门尾端形状
1—气门尾端；2—气门锁夹；3—卡块；4—圆柱销

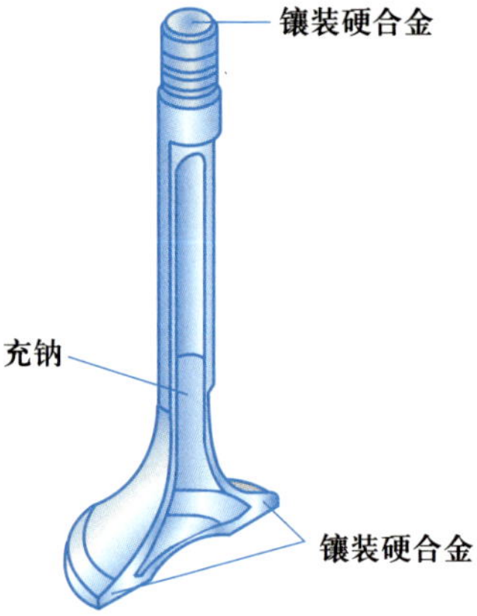

图 3.10
充钠排气门

某些高度强化的发动机采用中空气门杆的气门，旨在减轻气门质量和减小气门运动的惯性力。为了降低排气门的温度，增强排气门的散热能力，在许多汽车发动机上采用充钠气门（见图 3.10）。这种气门是在中空的气门杆中填入一半金属钠。因为钠的熔点是 97.8 ℃，沸点是 880 ℃，所以在气门工作时，钠变成液体，在气门杆内激烈地晃动，不断地从气门头部吸收热量并传给气门杆，再经气门导管传给气缸盖，使气门头部得到冷却。

重点、难点提示：每缸气门数

一般发动机每个气缸有两个气门，即一个进气门和一个排气门。进气门头部直径比排气门大 15%～30%，目的是增大进气通过断面的面积，减小进气阻力，增加进气量。进气门和排气门数量相同时，进气门头部直径总比排气门大。每缸两气门的发动机又称两气门发动机。现代高性能汽车发动机普遍采用每缸三、四、五个气门，其中以四气门发动机占比最多。

(2) 气门座与气门座圈。气缸盖上与气门锥面相贴合的部位称为气门座。气门座的温度很高，又承受频率极高的冲击载荷，容易磨损。因此，铝气缸盖和大多数铸铁气缸盖均镶嵌由合金铸铁或粉末冶金或奥氏体钢制成的气门座圈（见图 3.11）。在气缸盖上镶嵌气门座圈可以延长气缸盖的使用寿命，但也有一些铸铁气缸盖不镶嵌气门座圈，直接在气缸盖上加工出气门座。

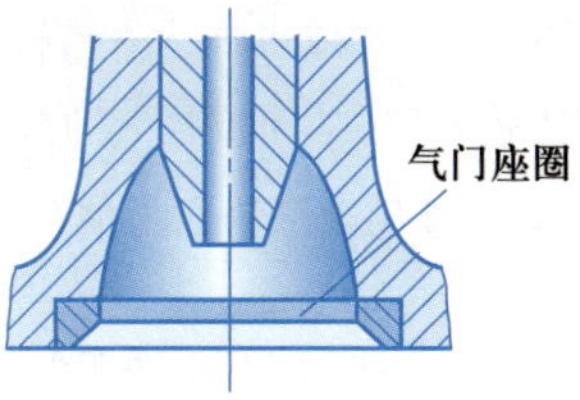

图 3.11
气门座圈

(3) 气门导管。气门导管（见图 3.12）的功用是对气门的运动导向，保证气门做往复直线运动，使气门与气门座或气门座圈能正确贴合。此外，还将气门杆接受的热量部分地传给气缸盖。气门导管的工作温度较高，而且润滑条件较差，靠配气机构工作时飞溅起来的润滑油来润滑气门杆和气门导管孔。气门导管由灰铸铁、球墨铸铁或铁基粉末冶金制造。以一定的过盈配合将气门导管压入气缸盖上的气门导管孔之后，再精铰气门导管孔，以保证气门导管与气门杆具有正确的间隙配合。

(4) 气门弹簧。气门弹簧（见图 3.13）的功用是保证气门关闭时能紧密地与气门座或气门座圈贴合，并克服在气门开启时配气机构产生的惯性力，使传动件始终受凸轮控制而不相互脱离。

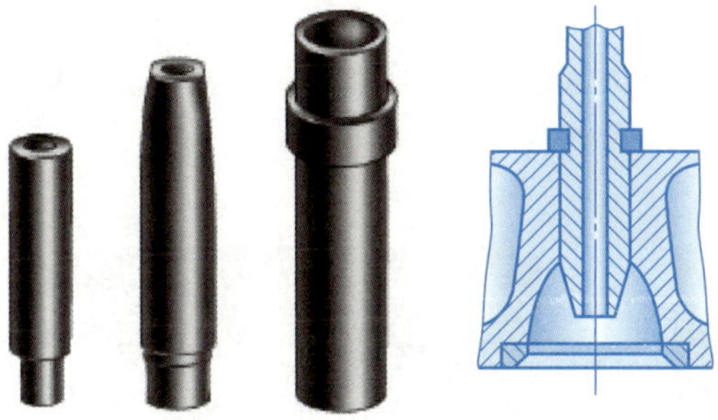
图 3.12
气门导管

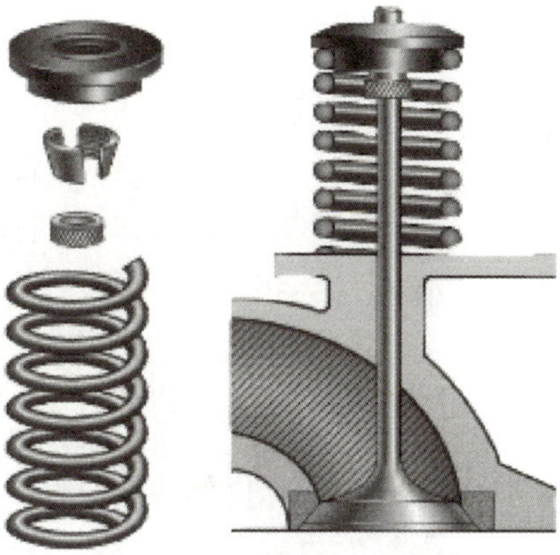
图 3.13
气门弹簧

重点、难点提示：如何防止气门共振

气门弹簧一般为等螺距圆柱形螺旋弹簧。当气门弹簧的工作频率与其固有的振动频率相等或为整数倍时，气门弹簧就会发生共振。共振将使配气正时遭到破坏，使气门发生反跳和冲击，甚至使气门弹簧折断。为防止共振的发生，可采取以下结构措施：

① 采用双气门弹簧；

② 采用变螺距气门弹簧；

③ 采用锥形气门弹簧。

(5) 气门旋转机构。当气门工作时，如能产生缓慢的旋转运动，可使气门头部周向温度分布比较均匀，从而减轻气门头部的热变形。同时，气门旋转时，在密封锥面上会产生轻微的摩擦力，能够清除锥面上的沉积物。气门旋转机构示意图如图 3.14 所示。

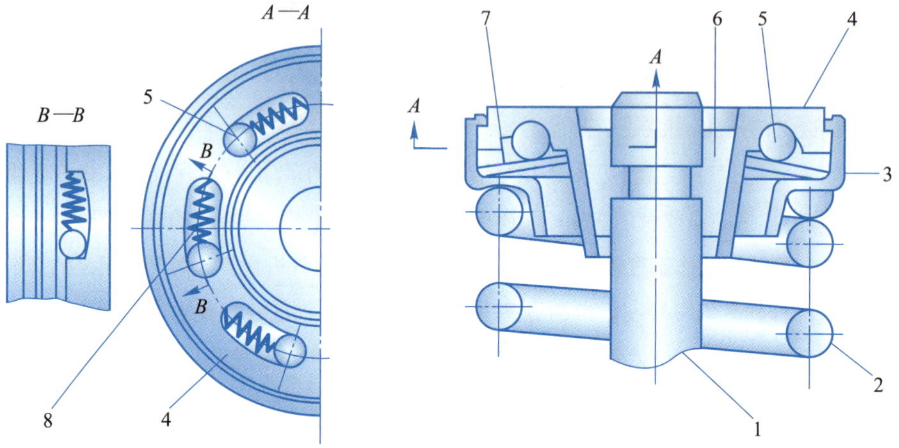

图 3.14
气门旋转机构示意图
1—气门；2—气门弹簧；3—气门弹簧座；4—旋转机构壳体；5—钢球；6—气门锁夹；7—碟形弹簧；8—复位弹簧

实操视频
气门组的拆卸

2. 气门组的拆卸

(1) 拆卸气门。

① 使用定心冲在气门上做好标记，如图 3.15 所示。

② 使用气门弹簧压缩器（见图 3.16）压紧气门弹簧，使气门弹簧上座压缩至气门杆锁片槽下。

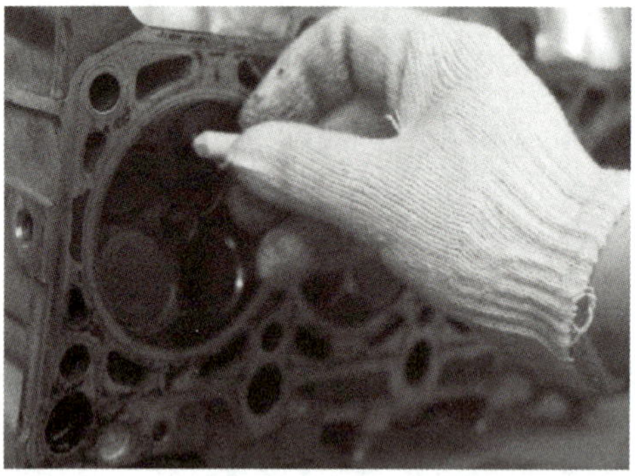

图 3.15
气门做标记

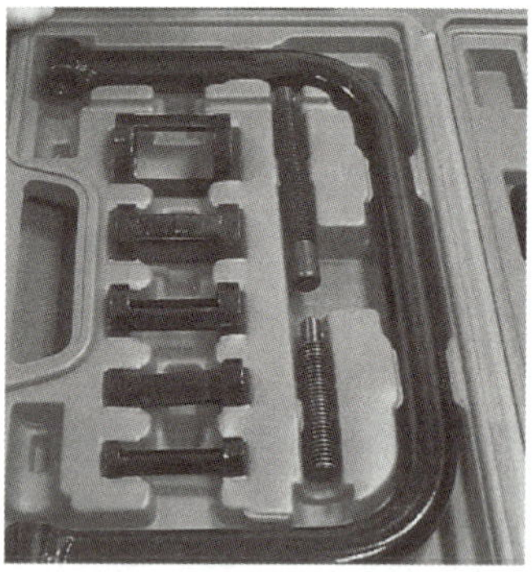

图 3.16
气门弹簧压缩器

③ 使用吸棒或带磁性的起子吸出气门杆锁片，如图 3.17 所示。

④ 取下气门弹簧压缩器，取下气门弹簧上座、气门弹簧，推出气门，如图 3.18 和图 3.19 所示。

⑤ 按照上述方法依次取下各气缸进、排气门，并按照顺序将所有零部件放好，如图 3.20 所示。

图 3.17
吸出气门杆锁片

图 3.18
取下气门弹簧

图 3.19
推出气门

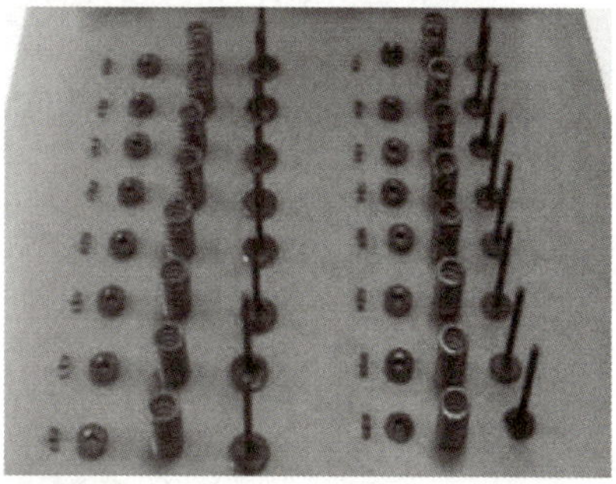

图 3.20
气门组零部件

(2) 拆卸气门油封、气门弹簧。

① 用尖嘴钳拆下各气缸进、排气门油封，如图 3.21 所示。

② 用吸棒或带磁性的起子依次吸出各气门弹簧座下的垫圈，如图 3.22 所示。

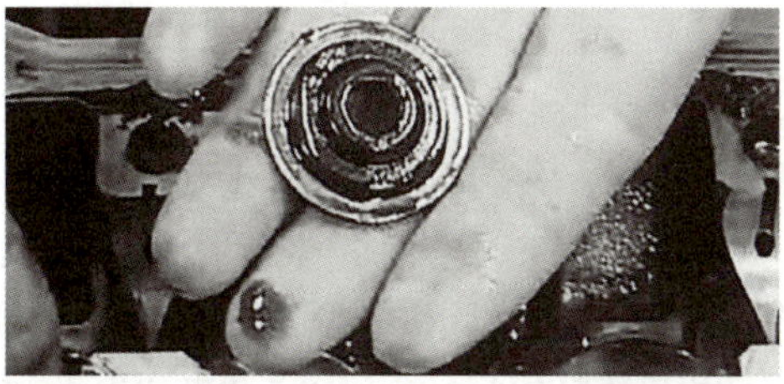

图 3.21
拆下气门油封

图 3.22
吸出气门弹簧座下的垫圈

3.1.3 气门传动组的拆卸

微课
气门传动组的拆卸

1. 气门传动组的组成

气门传动组主要包括凸轮轴、凸轮轴传动机构、挺柱、推杆、摇臂 / 摆臂，其作用是使进排气门按配气相位规定的时刻开闭，并保证有足够的开度。

(1) 凸轮轴。凸轮轴是通过凸轮轴轴颈支承在凸轮轴轴承孔内的，因此凸轮轴轴颈数目的多少是影响凸轮轴支承刚度的重要因素。如果凸轮轴刚度不足，工作时将发生弯曲变形，这会影响配气正时。下置式凸轮轴每隔 1 ~ 2 个气缸设置一个凸轮轴轴颈，如图 3.23a 所示。

动画
凸轮轴结构

进排气门开启和关闭的时刻、持续时间以及开闭的速度等分别由凸轮轴上的进排气凸轮控制。转速较低的发动机，其凸轮轮廓由几段圆弧组成，这种凸轮称为圆弧凸轮。高转速发动机则采用函数凸轮，其轮廓由某种函数曲线构成。如图 3.23b 所示，*O* 点为凸轮轴回转中心，凸轮轮廓上的 *AB* 段和 *DE* 段为缓冲段，*BCD* 段为工作段。挺柱在 *A* 点开始升起，在 *E* 点停止运动，凸轮转到 *AB* 段内某一点处，气门间隙消除，气门开始开启。此后随着凸轮继续转动，气门逐渐增大开度，至 *C* 点气门开度达到最大。之后气门逐渐关闭，在 *DE* 段内某一点处气门完全关闭，接着气门间隙恢复。气门最迟在 *B* 点开始开启，最早在 *D* 点完全关闭。由于气门开始开启和关闭落座时均在凸轮升程变化缓慢的缓冲段内，其运动速度较小，从而可以防止产生强烈的冲击。

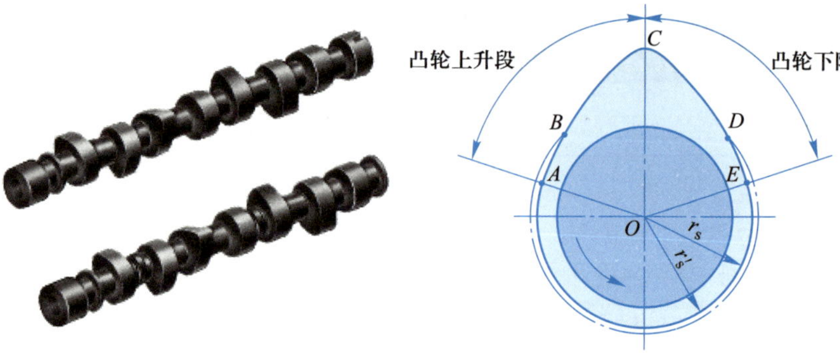

(a) 下置式凸轮轴 (b) 凸轮轮廓

图 3.23
凸轮轴及凸轮轮廓

凸轮轴上各同名凸轮(各进气凸轮或各排气凸轮)的相对角位置与凸轮轴旋转方向、发动机工作顺序及气缸数或做功间隔角有关。如图 3.24 所示，如果从发动机风扇端看，凸轮轴逆时针方向旋转，则工作顺序为 1—3—4—2 的四缸发动机，其做功间隔角为 720° /4 = 180° 曲轴转角，相当于 90° 凸轮轴转角，即各同名凸轮间的夹角为 90°；对于工作顺序为 1—5—3—6—2—4 的六缸发动机，其同名凸轮间的夹角为 60°。同一气缸的进、排气凸轮的相对角位置，即异名凸轮的相对角位置取决于配气正时及凸轮轴旋转方向。

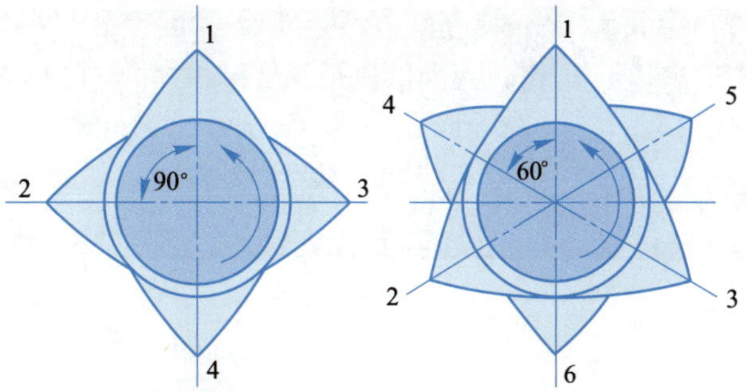

(a) 四缸发动机　(b) 六缸发动机

图 3.24
同名凸轮的相对角位置

(2) 凸轮轴传动机构。凸轮轴由曲轴驱动，其传动机构有齿轮传动机构、链传动机构及齿形带传动机构，如图 3.25 所示。齿轮传动机构用于下置式和中置式凸轮轴的传动。汽油机一般只用一对正时齿轮，即曲轴正时齿轮和凸轮轴正时齿轮。柴油机需要同时驱动喷油泵，所以增加一个中间齿轮。为了保证齿轮啮合平顺，噪声低，磨损小，正时齿轮都是圆柱螺旋齿轮并用不同的材料制造。曲轴正时齿轮用中碳钢制造，凸轮轴正时齿轮则采用铸铁或夹布胶木。为了保证正确的配气正时和喷油正时，传动齿轮上刻有正时记号，装配时必须对正记号。

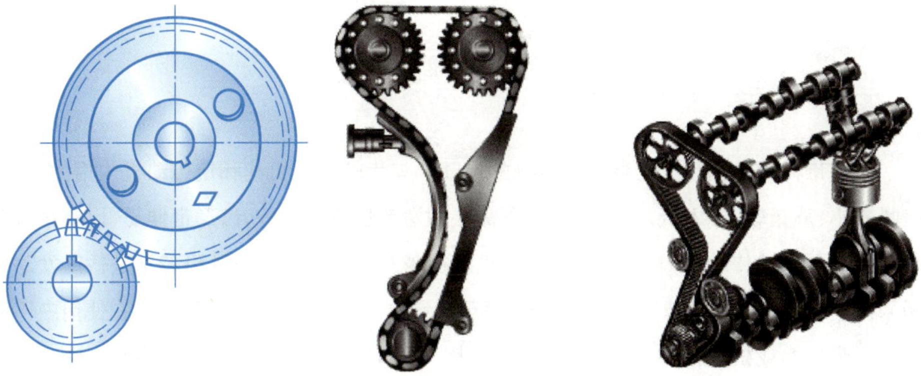
(a) 齿轮传动机构　(b) 链传动机构　(c) 齿形带传动机构

图 3.25
凸轮轴传动机构

链传动机构用于中置式和上置式凸轮轴的传动，尤其是上置式凸轮轴的高速汽油机，采用链传动机构的很多。该传动机构链条一般为滚子链，工作时应保持一定的张紧度，不使其产生振动和噪声，为此在链传动机构中装有导链板并在链条的松边装置张紧器。

重点、难点提示：凸轮轴如何进行轴向定位
为了限制凸轮轴在工作中产生的轴向移动或承受螺旋齿轮在传动时产生的轴向力，凸轮轴需要轴向定位。凸轮轴轴向移动量过大，对于由螺旋齿轮传动的凸轮轴，会影响配气正时。上置式凸轮轴通常利用凸轮轴轴承盖的两个端面和凸轮轴轴颈两侧的凸肩进行轴向定位，中、下置式凸轮轴的轴向定位通常采用止推板，如图 3.26a、b 所示。止推板用螺栓固定在机体前端面上。第三种轴向定位的方法是止推螺钉定位，如图 3.26c 所示。

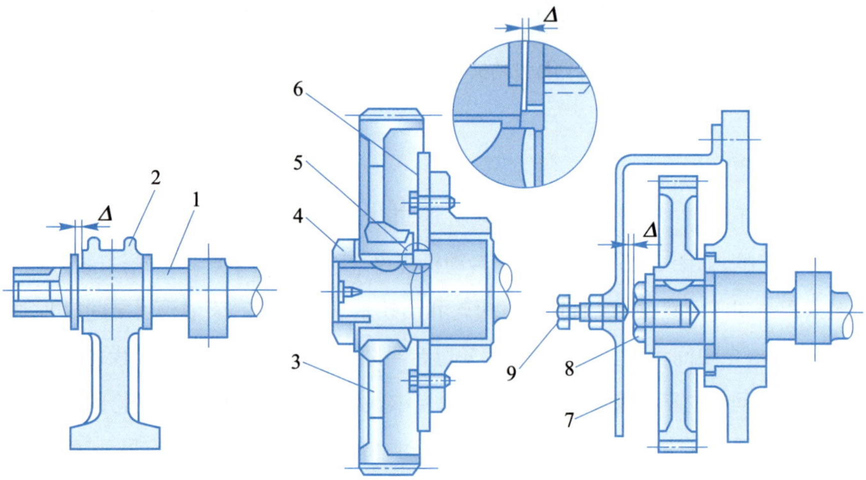

(a) 凸肩轴向定位　(b) 止推板轴向定位　(c) 止推螺钉定位

图 3.26
凸轮轴轴向定位
1—凸轮轴；2—凸轮轴轴承盖；3—凸轮轴正时齿轮；4—螺母；5—调整环；6—止推板；7—正时传动室盖；8—螺栓；9—止推螺钉

齿形带传动机构用于上置式凸轮轴的传动。与齿轮传动机构和链传动机构相比，其具有噪声小、质量轻、成本低、工作可靠和不需要润滑等优点。另外，齿形带伸长量小，适合有精确正时要求的传动。因此，齿形带传动机构被越来越多的汽车发动机特别是轿车发动机所采用。齿形带由氯丁橡胶制成，中间夹有玻璃纤维，齿面黏覆尼龙编织物。在使用中不能使齿形带与水或机油接触，否则容易引起跳齿。齿形带轮由钢或铁基粉末冶金制造。为了确保传动可靠，齿形带需要保持一定的张紧力，为此在齿形带传动机构中也设置由张紧轮与张紧弹簧组成的张紧器。

(3) 挺柱。挺柱是凸轮的从动件，其功用是将来自凸轮的运动和作用力传给推杆或气门，同时还承受凸轮所施加的侧向力，并将其传给机体或气缸盖。制造挺柱的材料有碳钢、合金钢、镍铬合金铸铁和冷激合金铸铁等。挺柱可分为机械挺柱和液力挺柱两大类，如图 3.27 所示，每一类中又有平面挺柱和滚子挺柱等多种结构形式。

① 机械挺柱的结构简单，质量轻，在中小型发动机中应用较为广泛。挺柱上的球面支座的半径比推杆球头半径略大，以便在两者中间形成楔形油膜来润滑推杆球头和挺柱上的球面支座。

② 机械挺柱在配气机构中预留气门间隙，会使发动机工作时配气机构产生撞击和噪声。

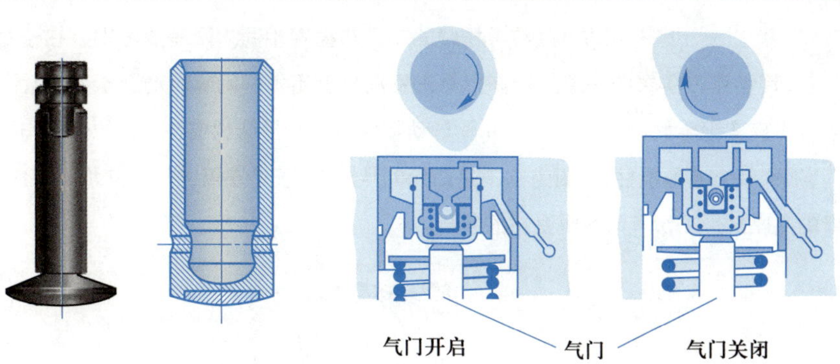

(a) 机械挺柱　　(b) 液力挺柱工作原理示意图

图 3.27
机械挺柱与液力挺柱

为了消除这一弊端，有些发动机尤其是轿车发动机采用液力挺柱，借以实现零气门间隙。气门及其传动件因温度升高而膨胀，或因磨损而缩短，都会由液力作用来自行调整或补偿。

(4) 推杆。推杆（见图 3.28a）处于挺柱和摇臂之间，其功用是将挺柱传来的运动和作用力传给摇臂。在凸轮轴下置式的配气机构中，推杆是一个细长杆件，加上传递的力很大，所以极易弯曲。因此，要求推杆有较好的纵向稳定性和较大的刚度。推杆一般用冷拔无缝钢管制造，两端焊上球头和球座，也可以用中碳钢制成实心推杆，这时两端的球头或球座与推杆锻成一个整体。

(5) 摇臂。摇臂（见图 3.28b）的功用是将推杆和凸轮传来的运动和作用力，改变方向传给气门，使其开启。摇臂在摆动过程中承受很大的弯矩，因此应有足够的强度和刚度以及较轻的质量。摇臂由铸钢、可锻铸球、球墨铸铁或铝合金制造。摇臂是一个双臂杠杆，以摇臂轴为支点，两臂不等长。短臂端加工有螺纹孔，用来拧入气门间隙调整螺钉。长臂端加工成圆弧面，是推动气门的工作面。

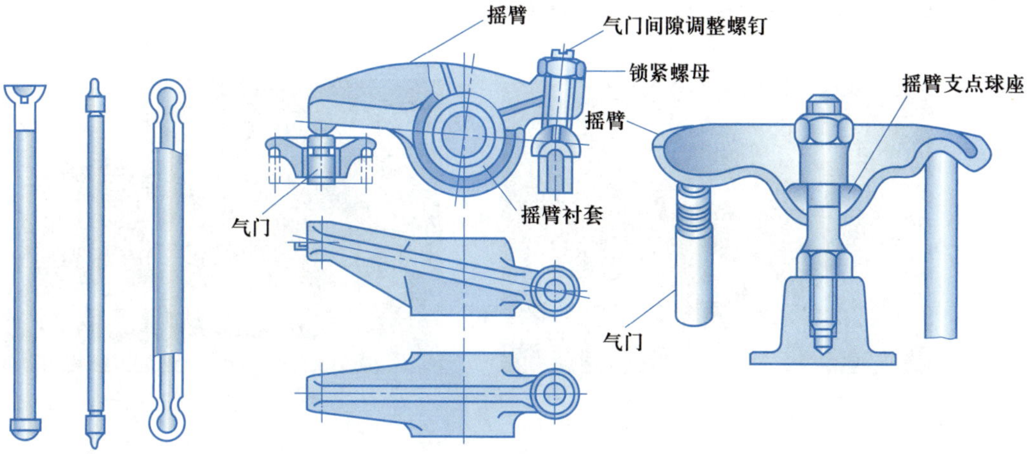

(a) 推杆　　(b) 摇臂

图 3.28
推杆与摇臂

(6) 摆臂与气门间隙自动补偿器。摆臂的功用与摇臂相同。两者的区别只在于摆臂是单臂杠杆，其支点在摆臂的一端。在许多轿车发动机上用气门间隙自动补偿器(见图 3.29)代替摆臂支座实现零气门间隙。气门间隙自动补偿器无论是结构或是工作原理都与液力挺柱相同，不称其为液力挺柱，是因为它不是凸轮的从动件，仅是摆臂的一个支承。因此，它既是摆臂的支座又是补偿气门间隙变化的装置。

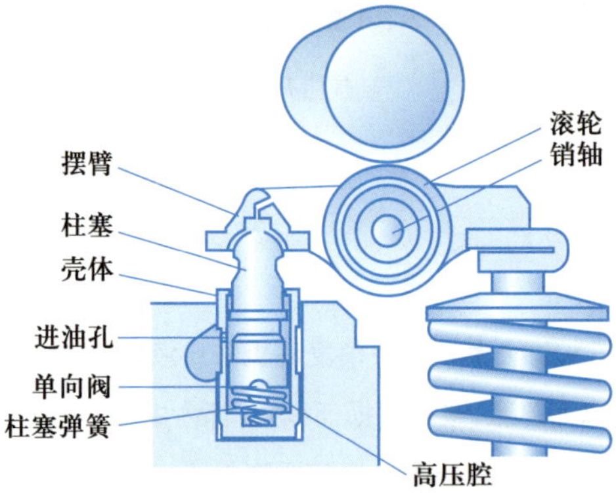

图 3.29
摆臂与气门间隙自动补偿器

2. 气门传动组的拆卸

(1) 拆卸凸轮轴、气缸盖。

① 用活动扳手缓慢转动进气凸轮轴的六角部分，将副齿轮上的定位孔转上来，如图 3.30 所示。

② 使用 10 mm 套筒拧松 1 号进气凸轮轴轴承盖上的两个紧固螺栓，并取下进气凸轮轴轴承盖，如图 3.31、图 3.32 所示。

③ 按照由两边到中间的顺序，分两次依次均匀拧松其余 4 个进气凸轮轴轴承盖的紧固螺栓，取下并按顺序摆放好，如图 3.33 所示。

实操视频
气门传动组
的拆卸

图 3.30
副齿轮的定位孔

图 3.31
拧松 1 号进气凸轮轴轴承盖紧固螺栓

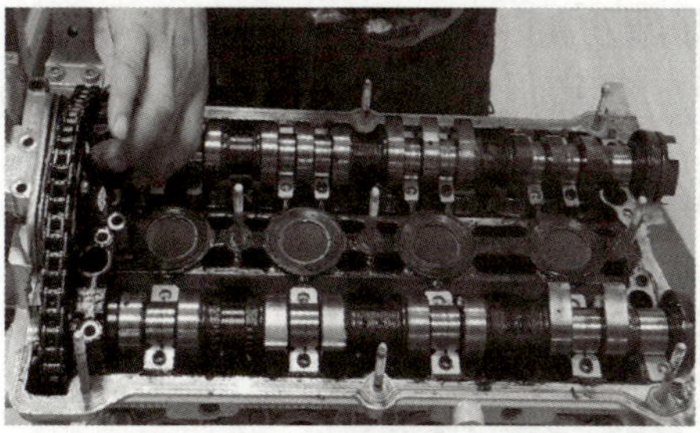

图 3.32
取下 1 号进气凸轮轴轴承盖

图 3.33
按顺序拧松紧固螺栓

④ 取下进气凸轮轴并放好，注意不要让齿轮接触工作面以免损伤齿轮，如图 3.34 所示。

⑤ 用活动扳手缓慢转动排气凸轮轴的六角部分，使定位销位于凸轮轴垂直中心偏右位置。

⑥ 使用 10 mm 套筒拧松 1 号排气凸轮轴轴承盖上的 2 个紧固螺栓，并取下排气凸轮轴轴承盖。

⑦ 取下排气凸轮轴油封，如图 3.35 所示。

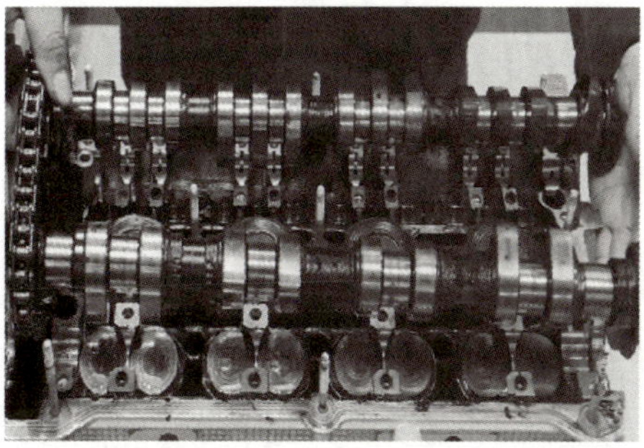

图 3.34
取下进气凸轮轴

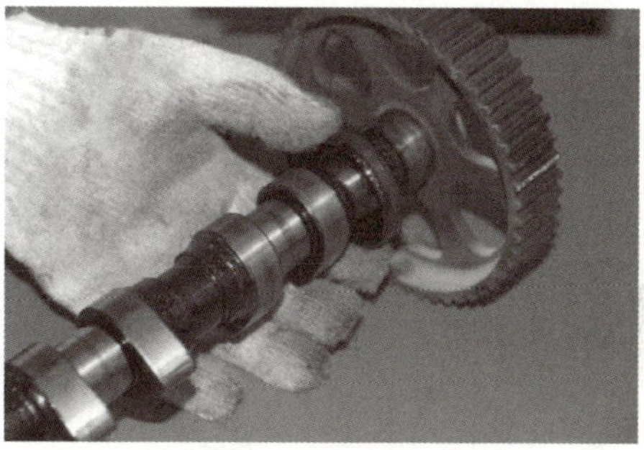

图 3.35
取下排气凸轮轴油封

⑧ 按照由两边向中间的顺序，分两次依次均匀地拧松其余的 4 个排气凸轮轴轴承盖上的螺栓，取下并按顺序摆放好。

⑨ 取下排气凸轮轴，并放好。注意不要让齿轮直接接触工作面，以免损伤齿轮。

(2) 拆卸挺柱。

① 将气缸盖平放在橡胶垫上。

② 使用吸棒或带磁性的螺钉旋具分别取下进、排气门的挺柱，如图 3.36 所示。

③ 将挺柱按照顺序摆放，如图 3.37 所示。

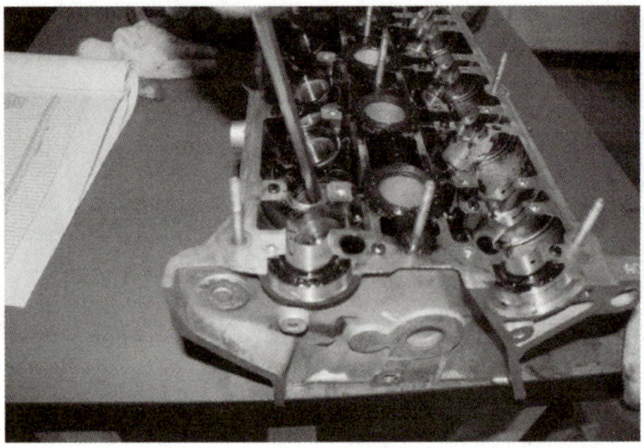

图 3.36
取下气门挺柱

图 3.37
按顺序摆放气门挺柱

任务 3.2　配气机构的性能检测

3.2.1　配气相位

1. 配气相位

用曲轴转角表示的进、排气门的实际开闭时刻和持续开启时间称为配气相位，通常用相对于上、下止点曲拐位置的曲轴转角的环形图来表示，如图 3.38 所示。

动画
配气相位

微课
配气相位

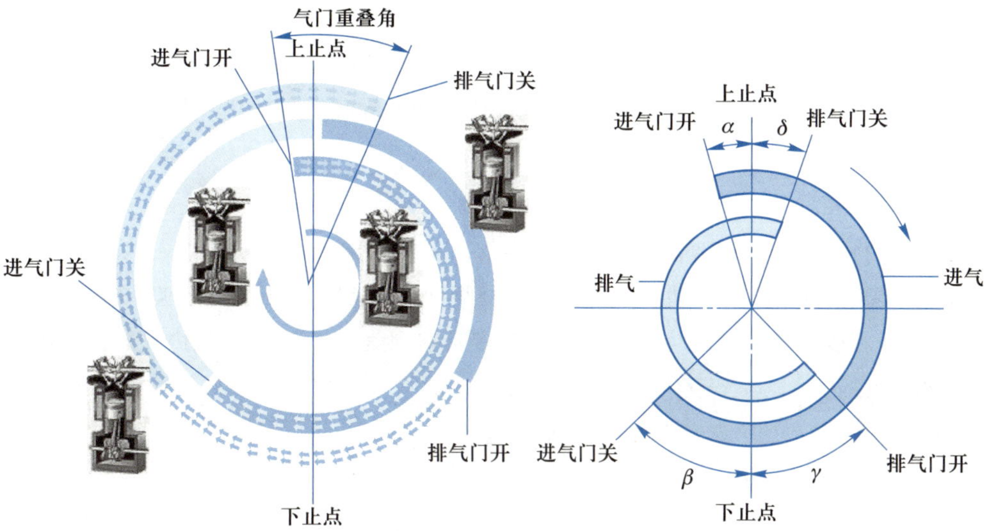

图 3.38
配气相位

2. 功用

配气机构是进排气管道的控制机构，它按照气缸的工作顺序和工作过程的要求，准时地开闭进排气门，向气缸供给可燃混合气(汽油机)或新鲜空气(柴油机)并及时排出废气。另外，当进排气门关闭时，配气机构保证气缸密封。

问答：配气相位对发动机工作的影响？

3. 进气提前角

(1) 定义。在排气行程接近终了，活塞到达上止点之前，进气门便开始开启。从进气门开始开启到活塞到达上止点所对应的曲轴转角称为进气提前角(或早开角)。进气提前角用 α 表示，α 一般为 10° ~ 30°。

(2) 功用。进气门早开，使得活塞到达上止点开始向下运动时，因进气门已有一定开度，可以较快地获得较大的进气通道截面，减少进气阻力。

技术数据：
1. 进气提前角 (α) + 10° ~ 30°
2. 进气迟后角 (β) + 40° ~ 80°
3. 排气提前角 (γ) + 40° ~ 80°
4. 排气迟后角 (δ) + 10° ~ 30°
5. 气门重叠角 $(\alpha+\delta)$

4. 进气迟后角

(1) 定义。在进气行程到达下止点后，活塞重又上行一段，进气门才关闭。从活塞到达下止点到进气门关闭所对应的曲轴转角称为进气迟后角（或晚关角）。进气迟后角用 β 表示，β 一般为 40° ~ 80°。

(2) 功用。

① 利用压力差继续进气。活塞到达下止点时，由于进气阻力的影响，气缸内的压力仍低于大气压力，进气门晚关，利用压力差可继续进气。

② 利用进气惯性继续进气。活塞到达下止点时，进气气流还有相当大的惯性，进气门晚关，仍能继续进气。

到达下止点后，随着活塞的上行，气缸内压力逐渐增大，进气气流速度也逐渐减小，至流速为零时，进气门便关闭的 β 角最适宜。若 β 过大便会将进入气缸内的气体重新又压回进气管。由此可见，进气门开启持续时间内的曲轴转角，即进气持续角为 $\alpha+180°+\beta$。

5. 排气提前角

(1) 定义。在做功行程的后期，活塞到达下止点前，排气门便开始开启。从排气门开始开启到活塞到达下止点所对应的曲轴转角称为排气提前角(或早开角)。排气提前角用 γ 表示，γ 一般为 40° ~ 80°。

(2) 功用。

① 利用气缸内的废气压力提前自由排气。恰当的时机排气门早开，气缸内还有大约 300 ~ 500 kPa 的压力，做功作用已经不大，可利用此压力使气缸内的废气迅速地自由排出。

② 减少排气消耗的功率。提前排气，等活塞到达下止点时，气缸内只剩约 110 ~ 120 kPa 的压力，排气行程所消耗的功率大为减小。

③ 高温废气的早排可以防止发动机过热。

6. 排气迟后角

(1) 定义。在活塞越过上止点后，排气门才关闭。从活塞到达上止点到排气门关闭所对应的曲轴转角称为排气迟后角（或晚关角）。排气迟后角用 δ 表示，δ 一般为 10° ~ 30°。

(2) 功用。

① 利用气缸内外压力差继续排气。活塞到达上止点时，气缸内的压力仍高于大气压力，利用气缸内外压力差可继续排气。

② 利用惯性继续排气。活塞到达上止点时，废气气流有一定的惯性，利用惯性可继续排气。所以排气门适当晚关可使废气排得较干净。

由此可见，气门开启持续时间内的曲轴转角，即排气持续角为 $\gamma+180°+\delta$。

7. 气门叠开

由于进气门早开和排气门晚关，就出现了一段进排气门同时开启的阶段，称为气门叠开。同时其开启的角度，即进气门早开角与排气门晚关角的和（$\alpha+\delta$），称为气门叠开角。

重点、难点提示：废气倒排回进气管和新鲜气体随废气排出的问题

由于气门叠开时气门的开度较小，且新鲜气体和废气流因惯性要保持原来的流动方向，所以只要叠气门开角适当，就不会产生废气倒排回进气管和新鲜气体随废气排出的问题。发动机的结构不同、转速不同，配气相位也就不同。

重点、难点提示：充气效率

新鲜空气或可燃混合气被吸入气缸越多，则发动机可能发出的功率越大。新鲜空气或可燃混合气充满气缸的程度用充气效率表示。充气效率越高，表明进入气缸的新气越多，可燃混合气燃烧时可能放出的热量也就越大，发动机的功率越大。

8. 配气相位测量方法

(1) 气门开闭控制点测量法。所谓控制点，是指配气机构中凸轮外形上工作段与缓冲段的分界点。该分界点对应的曲轴转角，可作为配气相位的检查点。

摇转曲轴，使进排气门开启、闭合至一定高度（凸轮开闭控制点对应的气门升程）时，测量曲轴曲柄至上止点的转角，由此测出进排气门开启闭合提前及延迟控制角，与标准值比较，确定每个相位提前或延迟程度（即偏差值）。

(2) 凸轮顶点测量法。摇转曲轴，使被测气缸的进气门或排气门处于最大升程点，即相应凸轮转到顶点时，测定曲轴曲柄距上止点的转角，与标准值比较，即可得到配气相位的偏差程度，然后测定排气门的开启持续角。因凸轮顶部呈圆弧形，不易测定其顶点的准确位置，为解决这一问题，在凸轮对称中心（顶点）的两侧各选取一测量点，并测出这两个测量点距上止点的曲轴转角，取其平均值，即可得到凸轮顶点距上止点的曲轴转角值，即进、排气门开启期或关闭期。

(3) 气门叠开度测量法。在排气行程末尾，活塞到达上止点时，进排气门叠开，这时测出进排气门升起的高度差，就能近似地测出配气相位的偏差程度。

凸轮顶点测量法操作简便，测量准确，在汽车维修中容易推广应用；气门叠开度法测量法测量配气相位时，不需要使用分度盘，因此不用拆卸散热器等机件，虽然测量准确性较高，但重复性稍差，适于在汽车维护中做配气相位粗略检查时应用；开闭控制点测量法操作较费时，计算不方便，准确性较差。

3.2.2　气门间隙的测量与调整

微课
气门间隙的测量与调整

1. 气门间隙

为防止气门因受热膨胀而伸长出现气门密封不严的现象，发动机在冷态下，气门处于关闭状态时，气门与传动件（摇臂、挺柱或凸轮）之间留有一定间隙，称为气门间隙，如图 3.39 所示。气门间隙值见表 3.1。

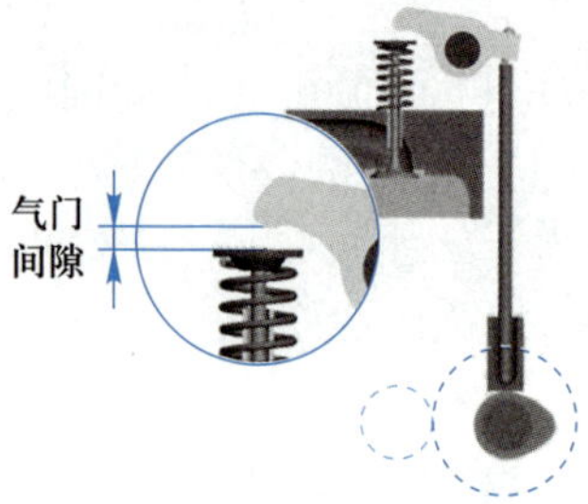

(a) 局部放大图

(b) 实物图

图 3.39
气门间隙示意图

表 3.1 气门间隙值

气门	间隙值 /mm
进气门	0.25～0.35
排气门	0.30～0.35

发动机工作时，气门会因温度升高而膨胀。如果气门及其传动件之间，在冷态时无间隙或间隙过小，则在热态下，受热膨胀，会使气门关闭不严，造成发动机在工作中气缸漏气，从而使得发动机功率下降、不易起动。为了消除这一现象，通常在发动机冷态下装配时，在气门与其传动机构中留有一定间隙，从而补偿气门受热后的膨胀量。

发动机的气门间隙对发动机有着重要的作用，适当的气门间隙可以让发动机正常工作。在汽车工作一段时间后，由于配气机构相互作用零部件之间会有磨损使得气门间隙变大，在查询该发动机气门间隙标准值后应及时调整。

重点、难点提示：气门间隙过大或过小的危害

① 气门间隙过大。进排气开启迟后，缩短了进排气时间，降低了气门的开启高度，会使发动机因进气不足，排气不净而功率下降；还会使传动零部件以及气门和气门座的撞击增加，磨损加快。

② 气门间隙过小。发动机工作后，零部件受热膨胀，将气门推开，使气门关闭不严，造成漏气，功率下降，并使气门的密封表面严重积炭或烧坏，甚至造成气门撞击活塞。

2. 气门间隙调整

只有气门处于完全关闭状态时，才能正确地调整气门间隙，这是气门间隙调整的基本原则。先松开锁紧螺母和调整螺钉，将与气门间隙规定值相同厚度的塞尺插入所调气门与摇臂之间的间隙中，旋转调整螺钉，并来回拉动塞尺，当感觉塞尺有轻微阻力时即可停止，拧紧锁紧螺母后还要复查，如间隙有变化需要重新进行调整。气门间隙调整的方法主要有逐缸调整法和二次调整法。

(1) 逐缸调整法。根据气缸点火次序，确定某缸活塞在压缩上止点位置后，可对此缸进排气门间隙进行调整。摇转曲轴，观察某一缸进气门被压缩后，再转动使凸轮轴与摇臂接触

到基圆时，即该缸的压缩行程终了，可调整该缸的进排气门；就车检查气门间隙时，则在车辆熄火后，挂上高挡位，人工推车，使曲轴转动，找到各缸压缩行程终了时刻，再检查调整各缸进、排气门。

对于凸轮直接驱动液压挺柱的配气机构，由于气门间隙不可调，当气门间隙超过规定范围时，只能根据相应车型的维修手册中的规定给液力挺柱更换上相应厚度的垫片。

这种调整方法精确直观，但是比较费时费力，所需时间过长。

重点、难点提示：1 缸压缩上止点的确定

逆推法：转动曲轴，观察与 1 缸曲轴连杆轴颈同在一个方位的 6(4) 缸排气门打开后又逐渐关闭到进气门开始动作的瞬间，此时 6(4) 缸在排气上止点，即 1 缸在压缩上止点。

(2) 二次调整法。二次调整法就是把发动机上所有气门分两次调整完毕，此方法操作简单，工作效率高，气缸数目再多，也只需要调整两次就可以全部调整完毕。

如发动机气缸的工作次序为 1—3—4—2，当 1 缸活塞处于压缩行程上止点位置时，则有：1 缸"进、排均关"(压缩上止点)—3 缸"排关，进开"(进气下止点)—4 缸"进、排均开"(排气上止点)—2 缸"排开，进关"(做功上止点)。可理解为 1 缸进、排气门均可调整；3 缸可调整排气门；4 缸进、排气门都不可调整；2 缸可调整进气门。简单记为"1-3-4-2，双排不进"，见表 3.2。

表 3.2　1 缸位于上止点气门开闭状态

缸号	1	3	4	2
进气门	关闭	打开	打开	关闭
排气门	关闭	关闭	打开	打开
可调气门	进、排(双)	排	无(不)	进

之后，将曲轴旋转 360°，到 4 缸压缩上止点的位置，进行第二次调整，可以调整所有剩余的气缸。各气门的开闭状态见表 3.3。旋转曲轴一次后，即可调整好所有气门间隙。

表 3.3　4 缸位于上止点气门开闭状态

缸号	1	3	4	2
进气门	打开	关闭	关闭	打开
排气门	打开	打开	关闭	关闭
可调气门	无(不)	进	进、排(双)	排

调整完毕后，再用塞尺复查气门间隙调整是否适当。如有问题，需要重新调整，直到每缸都满足技术要求。常见汽车发动机的气门间隙见表 3.4。

重点、难点提示：什么时候调整气门间隙

在调整气门间隙的过程中值得注意的是气门间隙应在该气门处于完全关闭的状态下才能进行调整。这点非常关键，否则气门间隙调整是不准确的。不同的汽车生产厂家对气门间隙的调整一般都有具体的规定和不同的技术要求，如是否在冷态或热态下调整、调整的间隙值应多大等。大多数汽车是在冷态(即冷车)调整的。但也有部分汽车要求在热态(即热车，冷却液温度达正常工作温度后)调整。还有部分汽车在冷态、热态时均可进行调整，但要求调整的气门间隙值有所不同。

并非所有汽车均需要调整气门间隙，有些车辆气门间隙属于油压自动调整。

表 3.4 常见汽车发动机的气门间隙

发动机型号	进气门间隙 /mm		排气门间隙 /mm	
	热车	冷车	热车	冷车
上海桑塔纳	0.25 ± 0.05	0.20 ± 0.05	0.45 ± 0.05	0.40 ± 0.05
一汽捷达	0.20 ~ 0.30	0.15 ~ 0.25	0.40 ~ 0.50	0.35 ~ 0.45
神龙富康	—	0.20	—	0.40
一汽奥迪 100	0.20 ~ 0.30	0.15 ~ 0.25	0.40 ~ 0.50	0.35 ~ 0.45
南京依维柯	—	0.50	—	0.50
天津夏利	0.15	—	0.15	—
天津大发 TJ7100	0.20	—	0.20	—
丰田 M 系列	0.28	0.25	0.35	0.30
三菱 4G33\4G32	—	0.07	—	0.17
解放 CA6102	—	0.20 ~ 0.30	—	0.20 ~ 0.30
东风 EQ6100-1	—	0.20 ~ 0.25	—	0.20 ~ 0.25
玉柴 YQ6105Qc	—	0.40	—	0.45

(3) 奇数缸调整法。对于气缸数为奇数的发动机，只要在与 1 缸缸号对称的位置上虚设一个为 “0” 的缸号(实际上是不存在的)就可以，图 3.40 所示为五缸发动机虚拟分电盘示意图；图 3.41 所示为三缸发动机虚拟分电盘示意图。另外，对于多缸柴油机来讲，也可以虚拟一个分电盘示意图，同样可按 “双排不进” 的方法进行气门间隙调整。

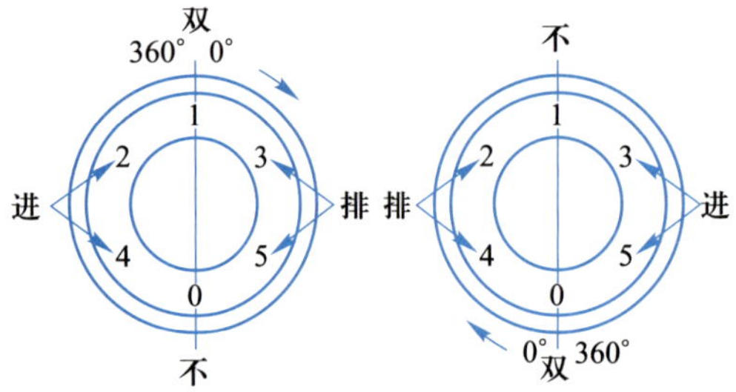

图 3.40
五缸发动机虚拟分电盘示意图

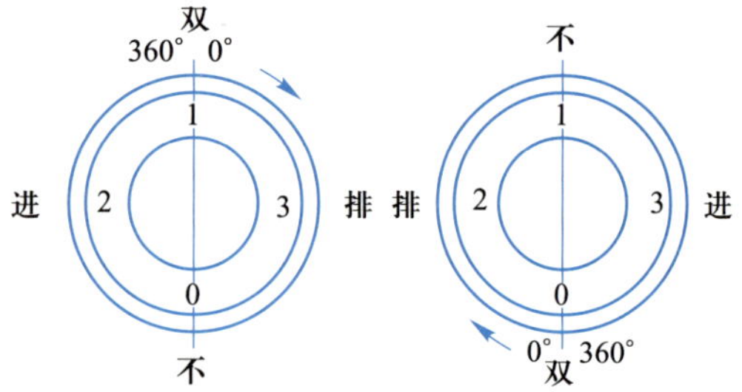

图 3.41
三缸发动机虚拟分电盘示意图

3.2.3　液力挺柱的检测与更换

微课
液力挺柱的
检测与更换

1. 目视检查

液力挺柱应定期进行检查，目视检查主要看其底部的磨损情况，若磨损严重或出现沟槽，需要更换新件。应特别注意检查液力挺柱外侧面及底部有无过度磨损。

① 底部出现疲劳剥落时，应更换新件。

② 底部出现环形光环，说明磨损不均匀，应尽早更换新件。

③ 底部出现擦伤、划痕时，应更换新件。

2. 检查液力挺柱的密封性

液力挺柱中的柱塞和液压缸是对精密偶件，其配合间隙一般应为 0.01～0.04 mm，且不超过 0.05 mm。间隙过大时，液力挺柱在工作时从间隙渗漏出油，影响液力挺柱正常工作，产生异响，应更换液力挺柱。

重点、难点提示：液力挺柱密封检查

① 先将液力挺柱浸泡在机油中，推拉柱塞若干次，排出内腔的空气。

② 将排净空气的挺柱放在实验台上，在柱塞上施加 196 N 的压力，柱塞下滑 2 mm 左右。测量其下降 1 mm 的时间，在 20 ℃时，其标准值应大于 65 s/mm，如低于该规定值，应成组更换液力挺柱。

3. 液力挺柱的更换

由于液力挺柱是精密配合件，拆卸时应做好位置标记，并浸泡在润滑油内，装复时应按原位置装复，不可更换位置，同时应检查内部空气是否排干净。更换新的液力挺柱时应排出空气并浸泡润滑油，同时还应进行初步的磨合检查。

3.2.4　可变气门正时技术

1. 原理

微课
可变气门正
时技术

传统发动机的气门正时系统是一种配气相位，即一种气门开启关闭时间一成不变的机械系统。这种配气正时系统很难满足发动机在多种不同工况对配气正时的需要，不能满足发动机在各种工况下均输出强劲动力的要求。而可变气门正时系统是一种改变气门开启时间或行程大小的电控系统，通过在不同转速下为车辆匹配更合理的气门开启关闭时刻或气门行程，以增强车辆转矩输出的均衡性，提高发动机功率并降低车辆的油耗。

从配气相位图上可以看出，活塞从上止点移到下止点的进气过程中，进气门会提前开启和延迟关闭。当发动机做功完毕，活塞从下止点移到上止点的排气过程中，排气门会提前开启和延迟关闭。

这种延长气门开启时间的做法，必然会出现气门叠开，可能会造成废气倒流。这种现象在发动机的转速仅在 1 000 r/min 以下的怠速工作阶段最明显（怠速工作下的气门叠开时间是中等速度工作条件下的 7 倍）。这种情况容易造成怠速工作不顺畅，振动过大，功率下降等。尤其是采用四气门的发动机，由于“帘区”值大，气门叠开更容易造成怠速运转不顺畅的现象。汽车设计师为了消除这种缺陷，就以“变”对“变”，采用了“可变式”的气门正时系统。

可变气门正时系统就是在发动机低速工作时减少气门行程，缩小“帘区值”，而在发动机高速工作时增大气门行程，扩大“帘区”值，同时改变气门叠开的时间，使发动机在高转速时能提供强大的功率，在低转速时又能产生足够的转矩，从而改善了发动机的工作性能。可变气门正时系统能根据汽车的运行状况，随时改变配气相位，改变气门升程和气门开启的持续时间。

2. 类型

发动机上的可变气门正时系统可以通过两种形式实现，一种是凸轮轴和凸轮可变系统，就是通过凸轮轴或者凸轮的变换来改变配气相位和气门升程；另一种是气门挺杆可变系统，工作时凸轮轴和凸轮不变化，气门挺杆、摇臂或拉杆靠机械力或者液压力的作用而改变，从而改变配气相位和气门升程。

(1) 可变气门正时系统改变凸轮轴相位角机构。这种设计是使进气门开启持续角保持不变，即凸轮轮廓是固定的，仅利用整个凸轮轴相对于正时传动带轮旋转一个角度，从而改变凸轮轴相对于曲轴的转角，来改变配气相位。当电控系统发出控制信号时，步进电机带动谐波齿轮传动机构像差动齿轮箱一样工作，引起凸轮轴相对于正时传动带轮转动，产生角位移，实现发动机配气相位的变化。

在凸轮轴的末端装配了一个斜线齿轮。在斜线齿轮外套有一个壳体，在壳体内侧也加工了相同的斜线花键与之相配合。如果将壳体向靠近凸轮轴方向或远离凸轮轴方向移动，凸轮轴的转角就被改变了。因为在斜线齿轮的作用下，壳体不能与凸轮轴平行移动。如果壳体向凸轮轴方向运动，凸轮轴的转角将会提前；如果壳体向远离凸轮轴的方向运动，那么凸轮轴的转角将被推迟。如丰田的 VVT-i 控制系统就是通过在凸轮轴的传动端加装一套液力机构，如图 3.42 所示，从而实现凸轮轴在一定范围内的角度调节，也就相当于对气门的开启和关闭时刻进行了调整。

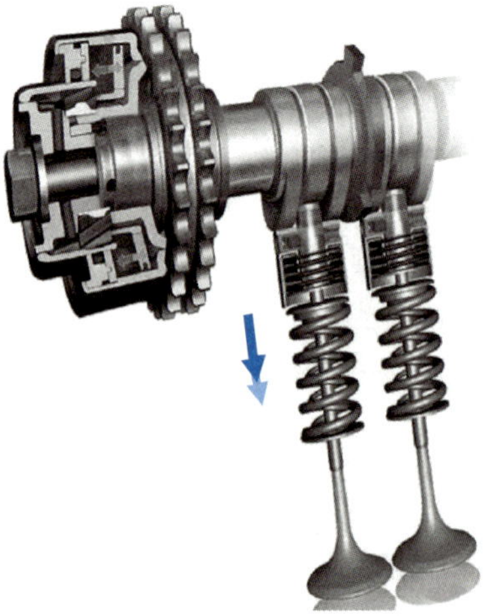

图 3.42
VVT-i 控制系统中的液力机构

(2) 可变气门正时系统变换凸轮机构。为了进一步解决高速动力性与低速油耗之间的矛盾，全面提高车用发动机的性能，部分厂商开发了可变配气相位和气门升程的机构。这种机构提供两种以上有不同凸轮轮廓的凸轮及与之相配合的摇臂，在不同转速和负荷下，靠液压控制摇臂机构驱动气门，如本田公司研制的 i-VTEC 系统。该机构由具有高 / 低速两个凸轮的凸轮轴、含有柱塞的主摇臂和副摇臂构成。低速时摇臂各自独立工作，主摇臂与低速凸轮配合，保证气门正常工作；高速时由来自电子控制装置的信号，开启液压通道，将主摇臂中柱塞的一部分压入副摇臂中，于是两个摇臂变成一个整体与高速凸轮配合，驱动气门工作，如图 3.43 所示。采用可变凸轮机构的发动机与传统采用配气相位发动机相比较，其低速转矩和高速动力性都得到了明显改善。

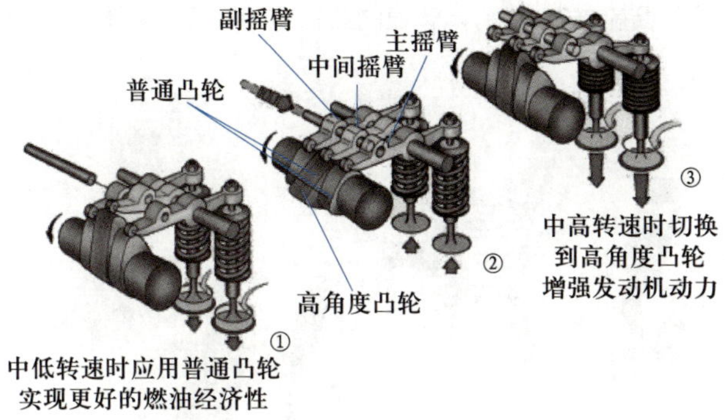

图 3.43
本田 i-VTEC 系统工作原理

（3）可变气门正时系统无凸轮轴可变配气相位机构。一些发动机的配气机构采用了气门电控液压机构，取消凸轮轴而直接对气门进行控制。通过这种机构可实现对气门正时和气门升程的综合控制，最终将取代节气门控制发动机负荷，如福特 ECV 无凸轮电控液压可变配气相位机构。

3. 可变气门升程技术

可变气门升程技术可以在发动机不同转速下匹配合适的气门升程，使得低转速下转矩充沛，而高转速时动力强劲。低转速时系统使用较小的气门升程，这样有利于增加缸内紊流，提高燃烧速度，增加发动机的低速转矩，而高转速时使用较大的气门升程，则可以显著提高进气量，进而提升高转速时的功率输出。

奥迪 AVS 可变气门升程系统为每个进气门设计了两组不同角度的凸轮，同时在凸轮轴上安装有螺旋沟槽套筒。螺旋沟槽套筒由电磁驱动器加以控制，用以切换两组不同的凸轮，从而改变进气门的升程。如图 3.44 所示。

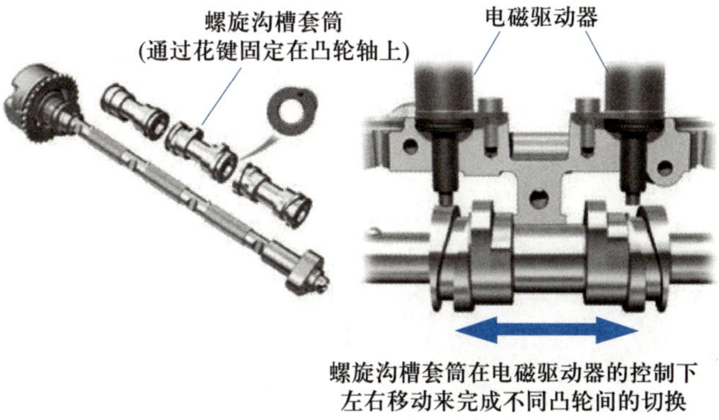

图 3.44
奥迪 AVS 系统 1

发动机在高负载的情况下，奥迪 AVS 系统将螺旋沟槽套筒向右推动，使角度较大的凸轮得以推动气门。在此情况下，气门升程可达到 11 mm，以提供燃烧室最佳的进气流量和进气流速，实现更加强劲的动力输出。当发动机在低负载的情况下，为了追求发动机的节油性能，此时奥迪 AVS 系统将凸轮推至左侧，以普通的凸轮推动气门。如图 3.45 所示。

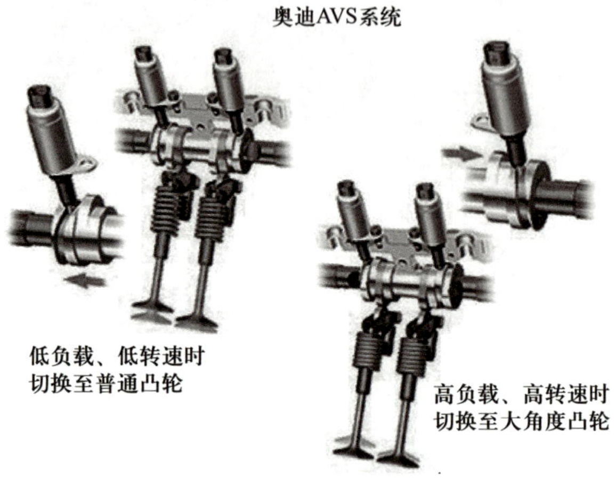

图 3.45
奥迪 AVS 系统 2

任务 3.3　配气机构的装配与调试

3.3.1　正时传动带的安装与调试

微课
正时传动带的
安装与调试

拓展微课
正时传动带的
作用

实操视频
正时传动带的
拆装与调试

正时传动带的安装可参照图 3.46 进行，其调试步骤如下。

① 转动凸轮轴，使曲轴不在上止点的位置，以免损坏气门及活塞。

② 将凸轮轴正时传动带轮上的标记对准正时传动带防护罩上的标记。

③ 检查曲轴正时传动带轮上止点记号与参考标记是否对准。

④ 将正时传动带安装到曲轴正时传动带轮和冷却液泵上，注意安装位置。

⑤ 将正时传动带安装到张紧轮和凸轮轴正时传动带轮上。注意半自动张紧轮的位置，定位块（见图 3.47 箭头）应嵌入气缸盖上的缺口内。

⑥ 将半自动张紧轮逆时针转动，直到可以使用专用工具（Matra V159）为止，如图 3.48 箭头所示。松开张紧轮，直到指针 2 位于缺口 1 下方约 10 mm 处。旋紧张紧轮，直到指针 2 和缺口 1 重叠，将张紧轮上锁紧螺母以 15 N·m 的力矩拧紧。

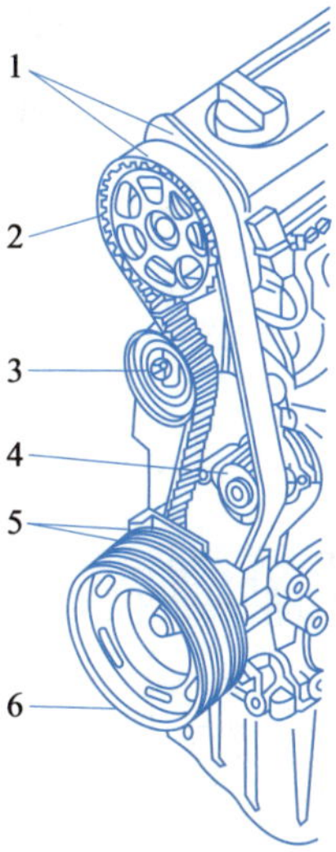

图 3.46
正时传动带的安装
1—凸轮轴正时记号；2—凸轮轴传动带轮；3—半自动张紧轮；4—冷却液泵；5—曲轴正时记号；6—曲轴传动带轮

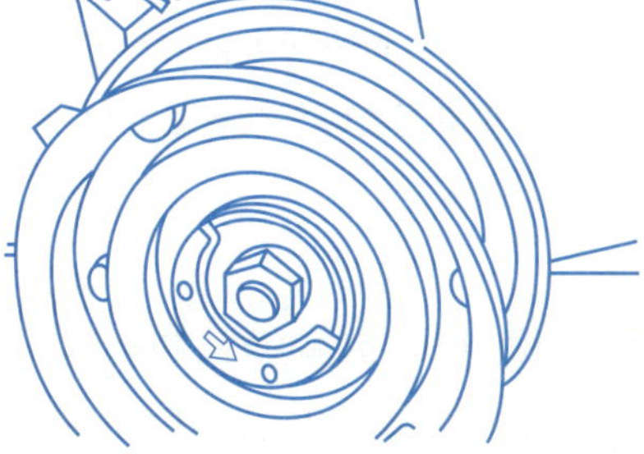

图 3.47
半自动张紧轮的位置

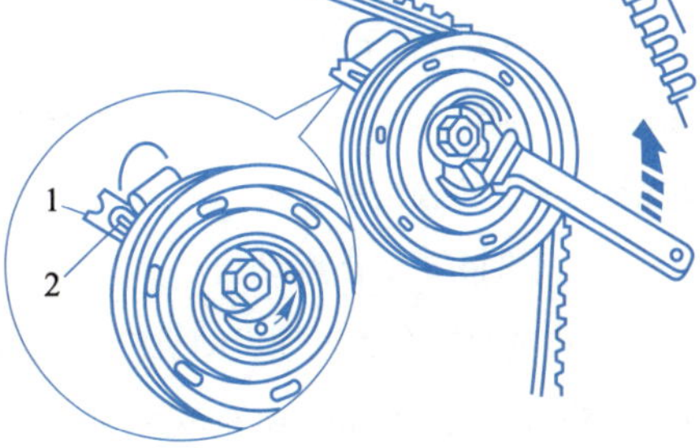

图 3.48
用专用工具安装半自动张紧轮

⑦ 用手转动曲轴，检查并调整。

⑧ 安装正时传动带下防护罩、曲轴正时传动带轮、正时传动带上部和中间防护罩。

当发动机前端位于维修工作台上，正时传动带已安装并张紧时，拆下正时传动带上防护罩，用拇指用力弯曲正时传动带，指针 2 应该移向一侧，如图 3.49 所示。当放松正时传动带时，张紧轮应该回到初始位置（缺口 1 和指针 2 重叠）。

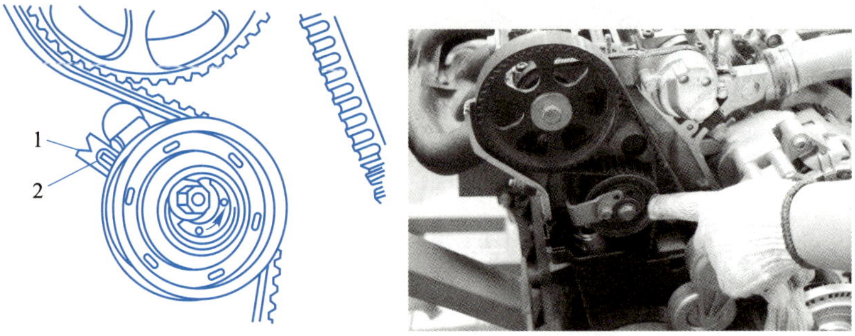

图 3.49
检查半自动张紧轮
1—缺口；2—指针

3.3.2 气门正时的装配与调整

微课
气门正时的
装配与调整

对于不同传动方式的配气机构，发动机气门正时的装配与调整，其方法也存在很大的区别。

1. 齿轮传动

凸轮轴下置式或中置式配气机构，通常采用曲轴正时齿轮直接带动或通过中间齿轮带动凸轮轴转动的形式。对于四冲程发动机，曲轴正时齿轮齿数与凸轮轴正时齿轮齿数之比为 2∶1，即曲轴转 2 圈，凸轮轴转 1 圈。这种传动方式简单可靠，承载大，噪声较小，目前车辆使用的中、大型柴油发动机广泛采用此类传动方式。

对于齿轮传动方式的配气正时的装配，第一要找到齿轮上的装配标记，通常是在齿轮上打出凹陷的小点或利用字母进行标记，中间齿轮上会有 2 个装配标记，1 个与曲轴齿轮对齐，1 个与凸轮轴齿轮对齐；第二，将曲轴旋转至 1 缸处于上止点位置，上止点位置可通过飞轮上的记号或利用百分表来确定，从而确定曲轴齿轮的标记位置；第三，将中间齿轮上的与曲轴齿轮对齐的标记对正，安装中间齿轮，使两齿轮啮合；第四，对齐中间齿轮与凸轮轴齿轮对齐标记，安装凸轮轴齿轮。

2. 正时传动带传动

现代高速轿车的汽油发动机广泛采用传动带传动的形式。传动带的内层是高强度玻璃纤维，外部为氯丁橡胶与帆布的组合体，耐磨、耐热。传动带的初始张力，取决于张紧轮的调整，其传动的稳定性靠传动带的内齿与曲轴、凸轮轴正时齿轮啮合得到保证。

传动带传动的特点是不需要润滑，工作噪声低，结构质量轻，制造成本低。传动带的寿命仍不及链条，一般要求 10 万千米更换一次，汽车在行驶的过程中存在传动带突然折断的故障隐患，会造成凸轮停止转动，此时顶开的气门仍然开启，而曲轴仍在旋转，很可能发生活塞顶撞气门，造成顶弯气门或活塞损伤等严重事故。

对于采用传动带传动方式的发动机，曲轴传动轮与凸轮轴传动轮通常都有装配标记，在装配时首先把 1 缸活塞转到上止点，对正凸轮轴的正时标记，此正时标记常在气缸盖靠近凸轮轴正时齿轮的位置，如果有 2 个凸轮轴正时齿轮，两齿轮之间也有对正记号。然后将正时传动带一端用手固定在曲轴齿轮下端，再将正时传动带从右侧一次绕过中间齿轮（有冷却液泵驱动轮的也要同样绕过）到凸轮轴正时齿轮，在这一过程中要拉紧传动带，最后安装张紧轮。安装完毕后转动曲轴 2 圈，查看曲轴、凸轮轴的正时标记是否对正，如不对正，需要重复上述步骤重新装配。

在装配的过程中传动带保持清洁，不能黏上油污，安装时传动带上所标示的方向要与发动机旋转方向一致。

3. 链传动

随着发动机转速的不断提高，气门组运动所产生的惯性力使整个配气机构工作的平稳性和可靠性下降，振动、噪声加剧。轿车发动机大部分都将凸轮轴布置在气缸盖上，凸轮轴通过摇臂驱动气门，大大减轻了配气机构往复运动质量，特别适用于高速发动机。而链条传动使曲轴与凸轮轴之间的距离比较自由，只要保证链条在链轮上有一定的包角，链条有一定的张力，运转中不会脱链，不会抖动。链传动机构通常采用单列链结构，为了防止链条抖动，链传动机构中都设有导链板和张紧装置。链传动比较简单，特别适用于顶置凸轮轴式配气机构。现代轿车发动机大多数采用双顶置凸轮轴，加上链传动寿命长，工作可靠等特点，使链传动成为汽车发动机配气机构传动方式的主要发展方向。

大部分的链传动机构的装配与传动带传动机构的安装有很多的相似之处，都需要对正曲轴齿轮、凸轮轴齿轮上的正时标记。有些发动机在链条上也有标记，在装配时链条上的标记要与凸轮轴正时齿轮上的标记对正，与曲轴齿轮对正的链条标记处于齿轮的正下方。同样，链传动机构安装完毕后转动曲轴 2 圈，查看曲轴、凸轮轴的正时标记是否对正。

> 重点、难点提示：但并不是所有的发动机都有正时标记，有些生产厂家的发动机没有正时标记，应使用专用工具才能进行正确的装配。

3.3.3　可变正时的调整

微课
可变正时的调整

可变正时的调整是通过 ECU（电子控制单元）来实现的，以下分别以两种控制系统为例说明其调整过程。

1. 丰田可变气门正时控制系统

丰田可变气门正时控制系统是智能正时可变气门（Variable Valve Timing-intelligent，

VVT–i)控制系统。丰田可变气门正时控制系统是一种控制进气凸轮轴气门正时的机构，在进气凸轮轴与链轮之间装有油压离合装置，让进气凸轮轴与链轮之间转动的相位差可以改变，通过调整凸轮轴转角对气门正时进行优化，从而提高发动机在所有转速范围内的动力性、燃油经济性，降低尾气的排放。以花冠 3ZZ–FE 发动机为例，介绍 VVT–i 控制系统的结构原理。

(1) VVT–i 控制系统的结构组成。VVT–i 控制系统的结构组成如图 3.50 所示，它由 VVT–i 控制器、凸轮轴正时机油控制阀和传感器三部分组成，其中传感器有曲轴位置传感器、凸轮轴位置传感器和冷却液温度传感器三种。

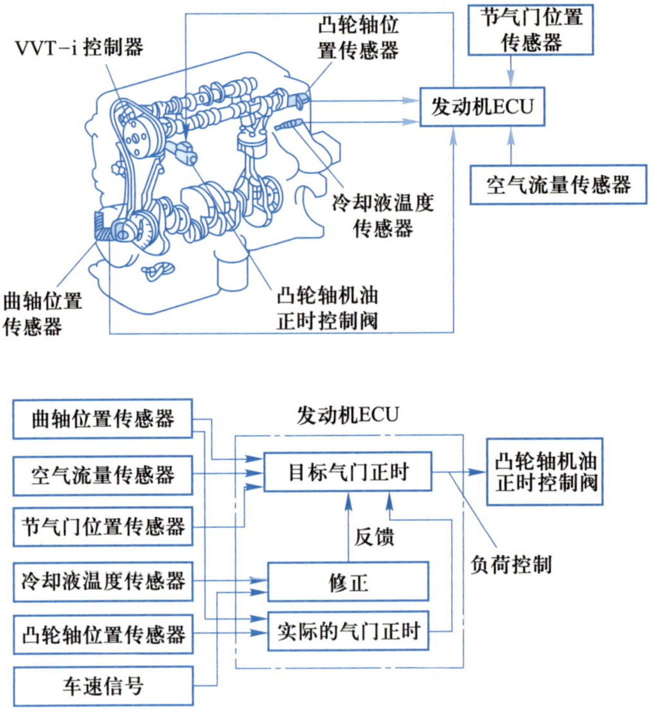

图 3.50
VVT–i 控制系统结构组成

(2) VVT–i 控制系统的 VVT–i 控制器。VVT–i 控制器由固定在进气凸轮轴上的叶片、与从动正时链轮一体的壳体以及锁销组成，其结构如图 3.51 所示。VVT–i 控制器有气门正时提前室和气门正时滞后室这两个液压室，通过凸轮轴正时机油控制阀的控制，它可在进气凸轮轴上的提前或滞后油路中传送润滑油压力，使控制器叶片沿圆周方向旋转，连续调整改变进气门正时，以获得最佳的配气相位。

(3) VVT–i 控制系统的凸轮轴正时机油控制阀。凸轮轴正时机油控制阀由用来转换润滑油通道的滑阀、用来控制移动滑阀的线圈、柱塞及回位弹簧组成，其结构如图 3.52 所示。工作时，发动机 ECU 接收各传感器传来的信号，经分析、计算后发出控制指令给凸轮轴正时机油控制阀，凸轮轴正时机油控制阀以此控制滑阀的位置，控制润滑油液压，使 VVT–i 控制器处于提前、滞后或保持位置。当发动机停机时，凸轮轴正时机油控制阀多处在滞后状态，以确保起动性能。

动画
机油控制阀
工作原理

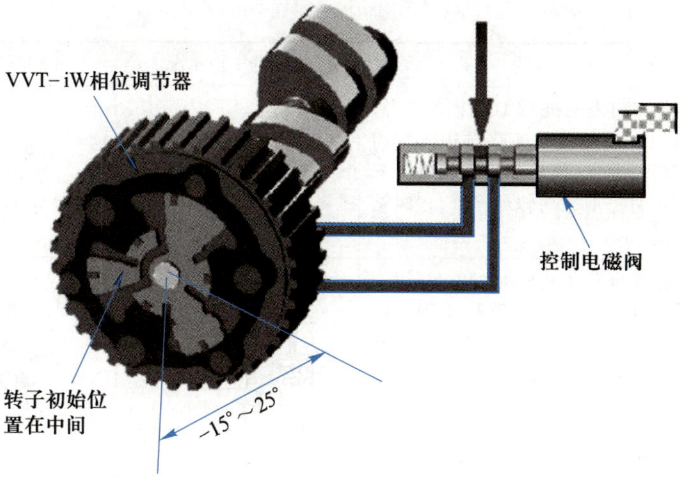

图 3.51
VVT–i 控制器

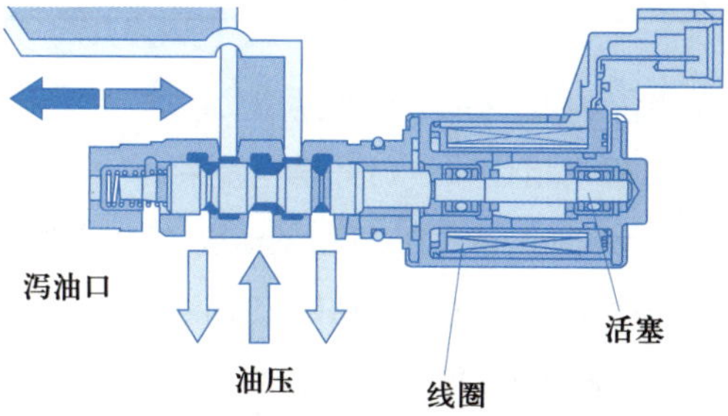

图 3.52
凸轮轴正时机油控制阀

(4) VVT–i 系统对气门正时的调整。发动机 ECU 根据发动机转速、进气量、节气门位置和冷却液温度计算出一个最优气门正时，向凸轮轴正时机油控制阀发出控制指令。凸轮轴正时机油控制阀根据发动机 ECU 的控制指令选择至 VVT–i 控制器的不同油路，使之处于提前、滞后或保持这三个不同的工作状态。此外，发动机 ECU 根据来自凸轮轴位置传感器和曲轴位置传感器的信号检测实际的气门正时，从而尽可能地进行反馈控制，以获得预定的气门正时，控制原理如图 3.53 所示。凸轮轴正时机油控制阀提前、滞后和保持这三种工作状态的具体情况见表 3.5。

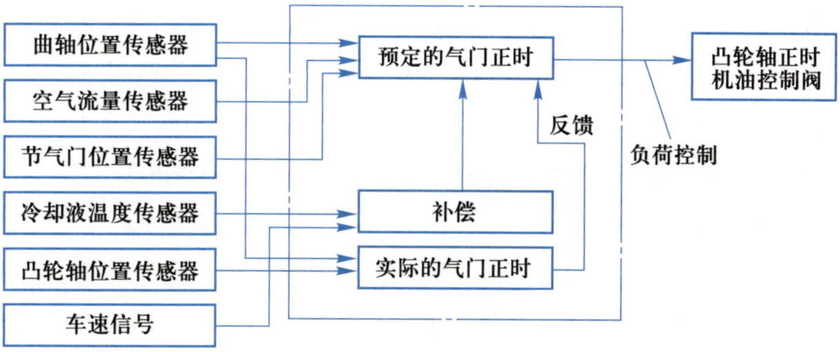

图 3.53
VVT–i 系统控制原理

表 3.5　凸轮轴正时机油控制阀的三种工作状态

状态	说明	控制器工作情况	控制阀工作情况
提前	根据来自发动机 ECU 的提前信号，总油压通过提前油路作用到气门正时提前室，使叶片与凸轮轴一起向正时提前方向转动，气门正时被提前	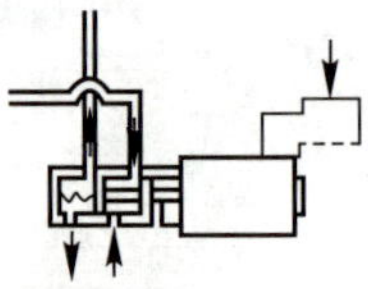	
滞后	根据来自发动机 ECU 的滞后信号，总油压通过滞后油路作用到气门正时滞后室，使叶片与凸轮轴一起向正时滞后方向转动，气门正时被滞后	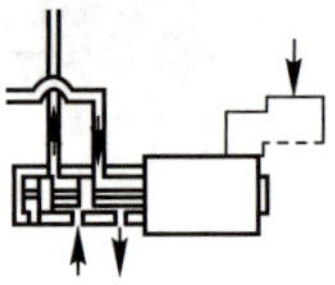	
保持	预定的气门正时被设置后，发动机 ECU 使凸轮轴正时机油控制阀处于空挡位置(提前与滞后的中间位置)，由此保持预定的气门正时	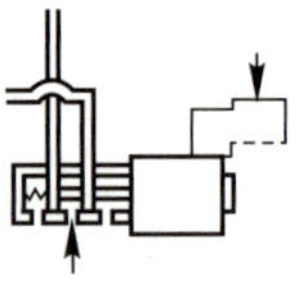	

2. 可变气门配气相位和气门升程电控系统

本田发动机可变气门配气相位和气门升程电控系统(Variable Valve Timving and Valve Life Electronic Control System，VTEC)由发动机 ECU 控制，ECU 接收发动机传感器(包括转速传感器、进气压力传感器、车速传感器、冷却液温度传感器)的参数并进行处理，输出相应的控制信号，通过电磁阀调节摇臂活塞液压系统，从而使发动机在不同的转速工况下由不同的凸轮控制，调节进气门的开度和开闭时间。

一般情况下，汽车发动机每缸气门组只由一组凸轮驱动，而采用 VTEC 的发动机却有中低速用和高速用两组不同的气门驱动凸轮，并可通过电控系统的智能控制进行自动转换。采用 VTEC 的发动机中低速与高速时不同的配气相位及进气量的要求，使发动机不论在高低转速情况下都能达到动力性、经济性与低排放的统一和极佳状态。

(1) VTEC 的组成。采用 VTEC 的发动机同一气缸有主进气门和次进气门，主摇臂驱动主进气门，次摇臂驱动次进气门，中间摇臂在主次之间，不与任何气门直接接触，如图 3.54 所示。主凸轮配气相位适应低速工况的需要，中间凸轮配气相位适应高速工况的要求，此时进气门升程最大，而次凸轮的升程很小，只能微微推开气门。

采用 VTEC 的发动机的配气机构与普通配气机构相比较，主要区别是其凸轮轴上的凸轮较多，且升程不等，结构复杂。以雅阁 F22B1 发动机进气凸轮轴为例，除了原有控制两个气门的一对凸轮(主凸轮 a 和次凸轮 b)和一对摇臂(主摇臂 A 和次摇臂 B)外，还增加了一个较高的中间凸轮 c 和相应的摇臂(中间摇臂 C)，三根摇臂内部装有由液压控制移动的小活塞，如图 3.55 所示。

(2) VTEC 的工作原理。当发动机低速时，小活塞在原位置上，三根摇臂分离，主凸轮 a 和次凸轮 b 分别推动主摇臂 A 和次摇臂 B，控制两个进气门的开闭，此时气门升程较小，工作状态类似普通的发动机，如图 3.55a 所示。虽然中间凸轮 c 也推动中间摇臂 C，但由于摇

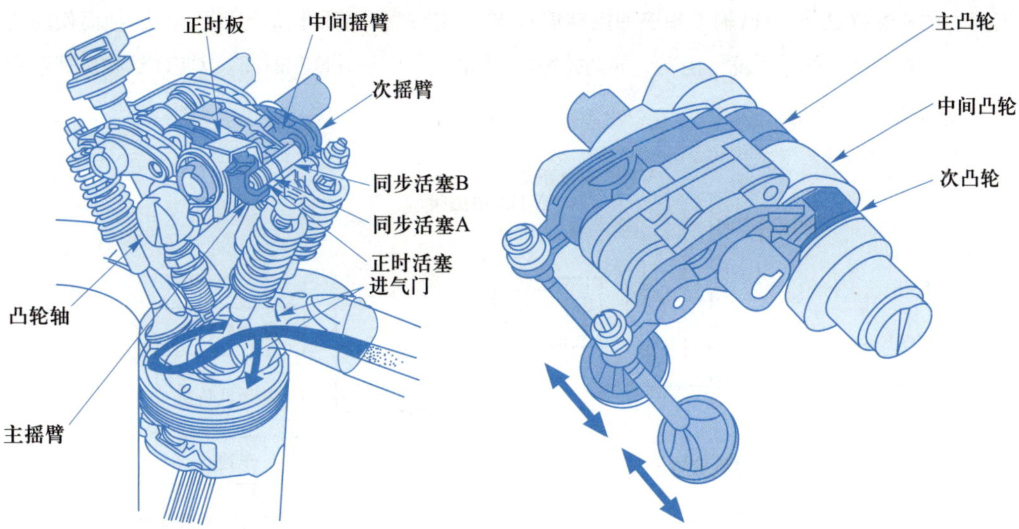

图 3.54
VTEC 气门与摇臂机构图

(a) 低速时　　(b) 高速时　　(c) 实物图

图 3.55
VTEC 的控制凸轮

臂之间分离，其他两根摇臂不受它的控制，中间摇臂驱动中间摇臂空摆（不起作用），所以不会影响进气门的开闭状态。次凸轮升程非常小，通过次摇臂驱动次进气门微量开闭，以防止进气门附近集聚燃油，进气量主要由主凸轮驱动主摇臂，推动主气门来决定。

发动机达到某一个设定的高转速（3 500 r/min）时，即会指令电磁阀启动液压系统，推动摇臂内的正时活塞和同步活塞，使三根摇臂锁成一体，成为同步工作的组合摇臂，如图 3.55b 所示。因为中间凸轮比其他凸轮都高，升程大，所以组合摇臂由中间凸轮 c 驱动，两个气门的配气相位由中间凸轮 c 控制，两个进气门开闭时间适应高速的需要，升程也增大，充气量也相应增加。

当发动机转速降低到某一个设定的低转速时，摇臂内的液压也随之降低，活塞在回位弹簧作用下退回原位，三根摇臂分开。

（3）VTEC 对气门正时的调整。发动机 ECU 控制 VTEC 的工作，如图 3.56 所示，ECU 接收发动机传感器（包括转速传感器、进气压力传感器、车速传感器、冷却液温度传感器等）

的参数并进行处理，输出相应的控制信号，通过电磁阀调节摇臂活塞液压系统，从而使发动机在不同的转速工况下由不同的凸轮控制，影响进气门的开度和时间。VTEC 结构原理示意如图 3.57 所示。

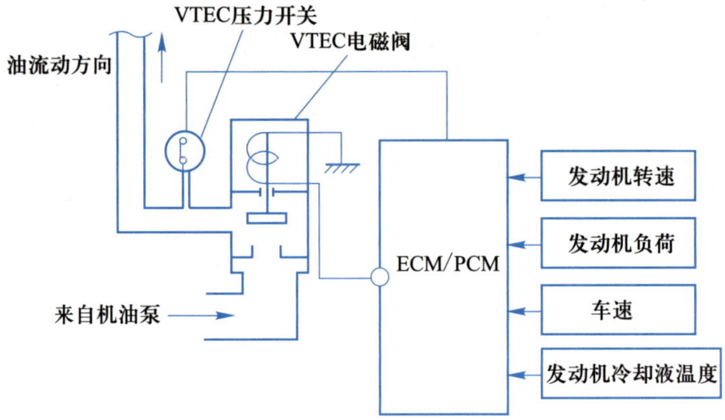

图 3.56
VTEC 系统控制电路

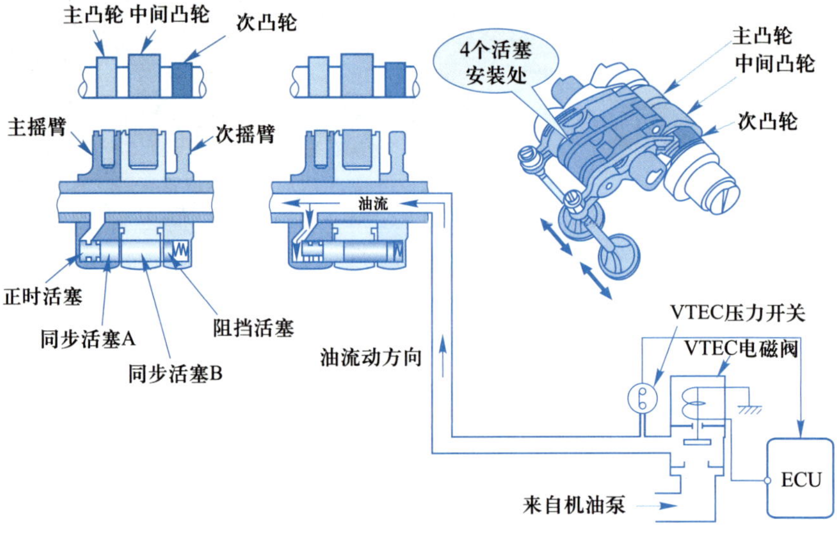

图 3.57
VTEC 结构原理示意图

任务 3.4　配气机构的典型故障诊断

3.4.1　气门异响故障的诊断

1. 现象

气门异响是指发动机工作时，气门与摇臂（气门挺栓与凸轮轴）碰撞发出的响声，即发动机怠速时，能听见气缸盖处发出有节奏的“嘀嗒、嘀嗒”响声。

微课
气门异响的故障诊断与排除

2. 原因

为防止配气机构的推杆和气门受热膨胀后，使气门关闭不严，气门与摇臂（气门挺柱与凸轮轴）应留有适当的间隙，其大小应符合技术文件规定（由发动机生产厂家在使用维护说明书中提供）。如果气门间隙过大，发动机工作即会发出响声。其原因可能是：

① 凸轮轴磨损；

② 气门或气门导管磨损或损坏；

③ 摇臂磨损；

④ 气门挺柱磨损；

⑤ 润滑油压力或润滑油品质不达标；

⑥ 液力挺柱损坏。

3. 诊断

① 起动发动机，如是气门异响，声音应来自气缸盖处；

② 发动机怠速运转，在气门室处能听见“嘀嗒”的响声，响声不随发动机温度变化，单缸断火时响声也不变化；

③ 随着发动机转速的上升，响声频率越来越高，声音越来越模糊；

④ 拆下气门室盖，检查气门间隙，若气门间隙大于技术文件规定值，说明气门异响是气门间隙过大造成的。因此，应根据气门间隙增大原因进行相应零部件的检测并排除故障。

4. 故障诊断流程

图 3.58 所示为气门异响故障诊断流程。

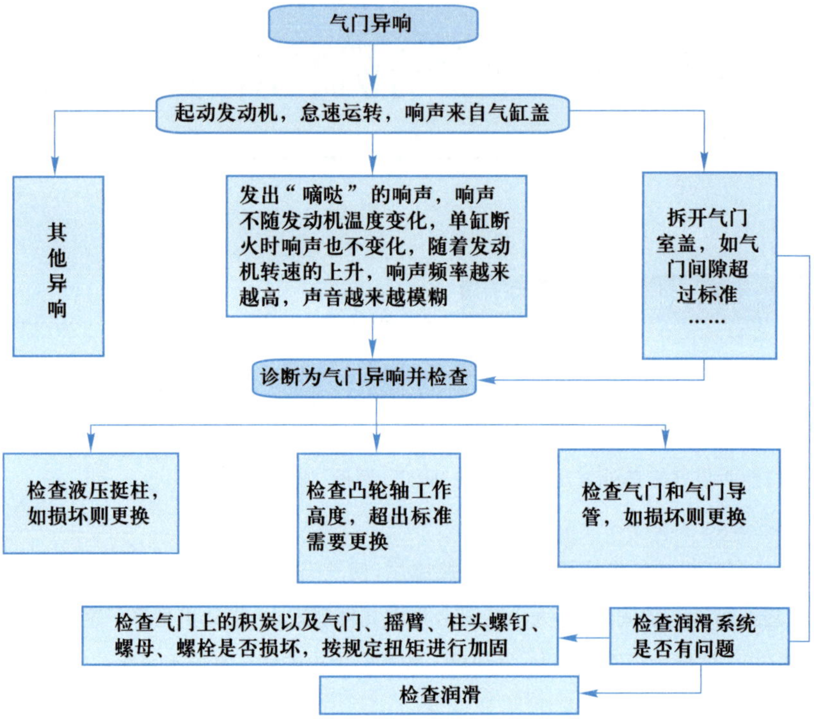

图 3.58
气门异响故障诊断流程

3.4.2 正时传动带断裂或跳齿故障诊断

微课
正时传动带断裂或扫齿故障诊断与排除

1. 现象

① 发动机不易起动或根本起动不了；

② 起动过程中进气有“回火”或排气有“放炮”声；

③ 怠速不稳或加速无力，动力下降。

2. 原因

① 正时标记没有对准；

② 正时齿轮损坏；

③ 正时传动带松动或断裂；

④ 张紧器损坏，张紧力不够导致跳齿；

⑤ 润滑油压力不够造成张紧器张紧力过小，发生跳齿；

⑥ 正时传动带或链条变长。

3. 诊断

① 测量发动机缸压，检测每缸缸压是否达到标准值和每缸缸压是否一致；

② 检查发动机正时。

4. 故障诊断流程

图 3.59 所示为正时传动带断裂或跳齿故障诊断流程。

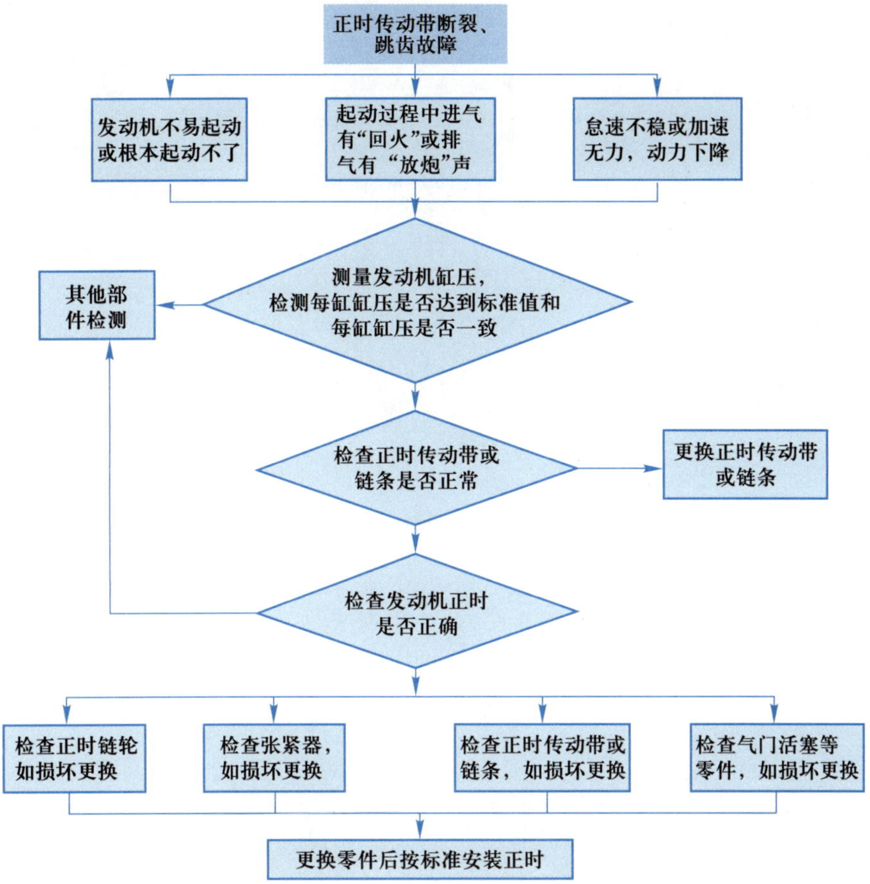

图 3.59
正时皮带断裂或扫齿故障诊断流程

项目 4

润滑系统的检修

任务 4.1　汽车润滑系统的功用

4.1.1　润滑系统的功用、润滑方式及组成

动画
润滑系统功用

微课
润滑系统的组成及特点

发动机工作时，很多相互配合的零部件进行相对运动，如曲轴与轴承，活塞、活塞环与气缸壁，气门与气门导管，挺柱或摇臂与凸轮等。在这些相对运动的零部件表面之间，必然产生摩擦，形成阻力，即摩擦阻力。摩擦阻力要消耗发动机功率，使零部件表面磨损；摩擦还会产生热，使零部件温度升高，力学性能下降，甚至使零部件烧坏或热膨胀卡滞，致使发动机无法运转。因此为保证发动机正常工作，应尽量减少摩擦阻力。

一般情况下，摩擦阻力的大小取决于零部件表面的压紧力、表面粗糙度、材质及工件表面的介质。零部件表面的材质及压紧力的大小是由发动机工作性质等因素决定的，不能为减少摩擦阻力而随意变更。提高零部件表面加工精度、降低表面粗糙度是减少摩擦阻力的有效措施。但无论零部件表面加工精度如何高，仍然存在摩擦阻力。长期实践表明，若在相互运动的零部件表面保持一层润滑油膜，能使固体间的摩擦转变为油膜间的液体摩擦，使摩擦阻力降至最低。

汽车发动机润滑具有以下特点：

① 由于对汽车发动机的要求是体积小、质量轻、功率大，因此单位摩擦面积上的载荷大、运动速度高。

② 除了摩擦热外，汽车发动机还受到燃烧热量的影响，所以汽车发动机摩擦表面的温度较高，润滑油随着温度升高而黏度变小，油膜形成困难；并且润滑油在高温下容易变质。

③ 润滑油通过活塞和气缸壁间隙或气门杆间隙进入燃烧室而烧掉，使润滑油不断消耗，所以某些摩擦表面难以充分供油。

④ 由于燃烧产物、燃料和润滑油中的杂质进入摩擦表面，会使磨损增加。

⑤ 发动机停车和运转时温差较大，发动机运转时摩擦表面的间隙因为膨胀和热变形而变小，有可能引起烧瓦、拉缸和卡死等故障；当间隙过大时，又可能因振动和冲击产生损坏。

⑥ 发动机的活塞、轴承、凸轮等重要零部件润滑点多，它们对润滑性能的要求各不相同。因此对于汽车发动机来讲，不能只用一种润滑油来润滑。

⑦ 发动机在工作时，活塞和进、排气门杆的运动速度在一个循环中从零变化到最大，使油膜形成困难。此外，连杆小头和摇臂衬套为摇摆运动，同样也难以形成油膜。

1. 润滑系统的功用

润滑系统的功用就是在发动机工作时连续不断地把数量足够、温度适当的洁净润滑油

输送到全部零部件的摩擦表面，并在摩擦表面形成油膜，实现液体摩擦，从而减小摩擦阻力、降低功率消耗、减轻零部件磨损，以达到提高发动机工作可靠性和耐久性的目的。

2. 润滑方式

动画
压力润滑与
飞溅润滑

由于发动机零部件的工作条件各不相同，发动机各零部件的润滑强度取决于该零部件的工作环境、相对运动速度和承受的机械负荷、热负荷的大小，因此，对负荷及相对运动速度不同的零部件采用不同的润滑方式。

(1) 压力润滑。压力润滑是以一定的压力把润滑油供入摩擦表面，形成具有一定厚度并能承受一定机械负荷而不破裂的油膜，实现将参与摩擦的零部件完全隔开的目的，以确保零部件的可靠润滑。这种方式主要用于曲轴主轴承、连杆轴承及凸轮轴承等负荷较大的摩擦表面的润滑。

(2) 飞溅润滑。利用发动机工作时运动件溅泼起来的油滴或油雾来润滑摩擦表面的润滑方式称为飞溅润滑。该方式主要用来润滑负荷较轻的气缸壁表面和配气机构的凸轮、挺柱、气门杆以及摇臂等零部件的工作表面，如图 4.1 所示。

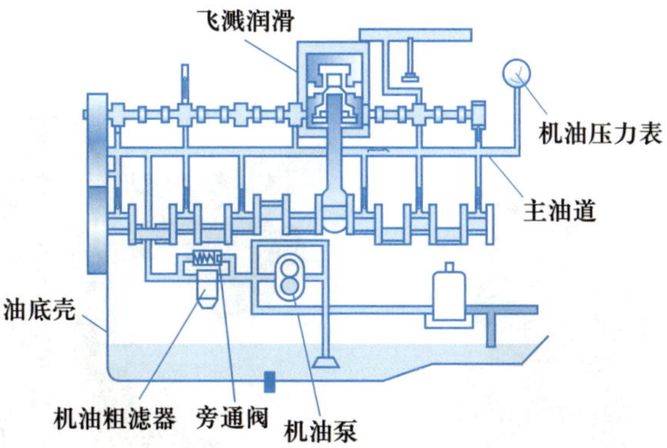

图 4.1
飞溅润滑

(3) 润滑脂润滑。润滑脂润滑是指通过润滑脂嘴定期加注润滑脂来润滑零部件的工作表面，如水泵及发电机轴承等。该润滑方式主要用于负荷小、比较分散的发动机附属装置的润滑面上。

(4) 减磨材料润滑。近年来，越来越多的发动机在一些需要润滑的零部件工作面上采用了减摩材料（如活塞裙部上的镀钼层或亚铁耐磨层等），用以改善发动机冷起动时的润滑状态。

3. 润滑系统的组成

润滑系统由机油泵、机油滤清器、油底壳、集滤器等组成。此外，润滑系统还包括机油压力表、温度表和机油管道等。现代汽车发动机润滑系统的组成和油路大致相同，如图 4.2、图 4.3 所示。

动画
润滑系统组成

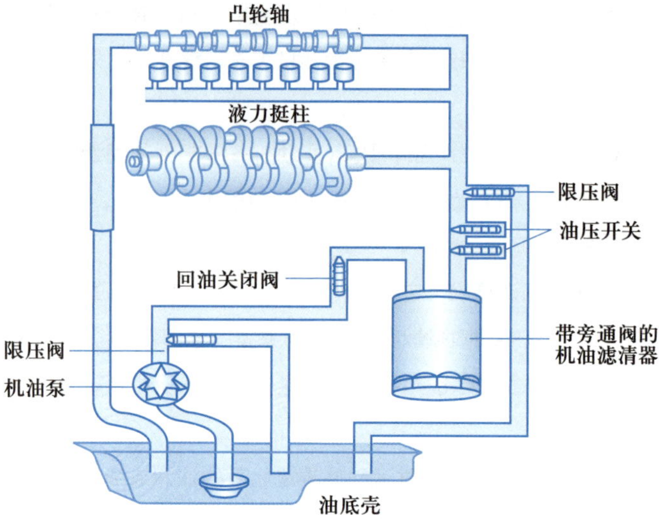

图 4.2
发动机润滑系统组成

动画
润滑系统原理

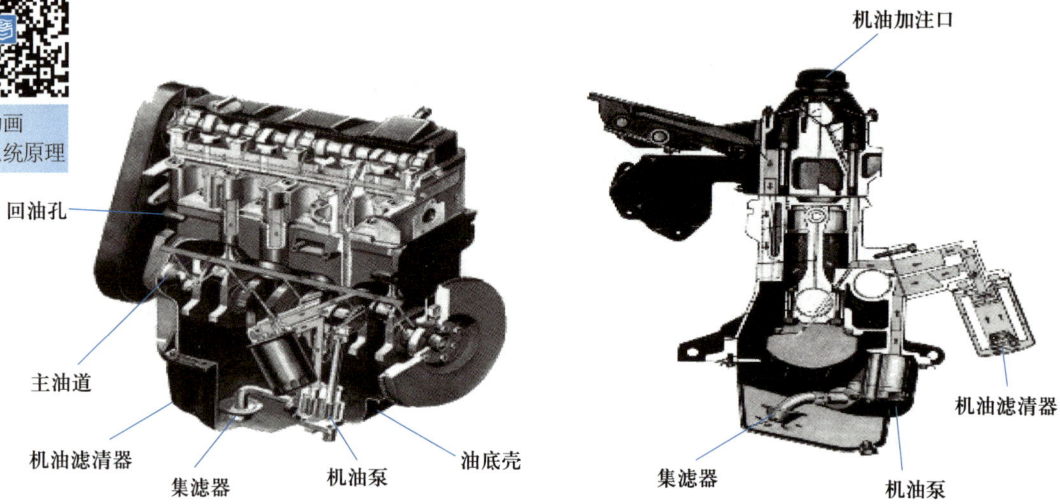

(a) 润滑油路(纵向)　　(b) 润滑油路(横向)

图 4.3
发动机润滑系统油路

4.1.2 润滑系统油路

微课
润滑系统油路

现代汽车发动机润滑系统油路布置方案大体类似，只是由于润滑系统的工作条件和某些具体结构不同会稍有不同。

迈腾 B8L 2.0 TSI 发动机（EA888）润滑系统如图 4.4 所示，工作过程中其通过两级压力调节器调节润滑油压力；有效降低低压段的油压；电控切换活塞冷却喷嘴；齿轮式机油泵通过单独的链条由曲轴驱动。滑动装置位于可调式外部齿轮式机油泵中，从而能够让两个泵齿轮沿纵向移动，实现两段式泵动力控制。控制活塞将调节过的油液导向滑动装置的左侧或右侧，滑动装置根据油压纵向移动。控制活塞由机油压力控制阀 N428 驱动，N428 由发动机控制单元驱动，让外部齿轮式机油泵在两个压力段之间来回切换。ECU 通过机油压力开关 F22 检查机油泵是否在高油压段运行以及其他情况。ECU 通过用于降低油压的机油压力开关 F378 监控可调式外部齿轮式机油泵的压力控制情况。

动画
润滑系统
工作过程

由低压段切换到高压段是由负载和 / 或发动机转速决定的。低于此限值时，机油泵以 1.5 bar（1 bar = 100 kPa）的压力运行。发动机怠速运转时机油压力 0.85 ~ 4.0 bar；转速达到 2 000 r/min 时机油压力 2.0 ~ 4.0 bar；转速达到 3 700 r/min 时机油压力 3.0 ~ 4.0 bar。

发动机在怠速运行时，通向活塞冷却喷嘴的油道处于关闭状态。当活塞冷却喷嘴控制阀 N522 插头拔掉之后，通向活塞冷却喷嘴的油道处于打开状态。

活塞冷却喷嘴的切换可发生在油路的高压段或低压段。另外一个机油压力开关（阶段 3 机油压力开关 F447）检测另一条油道中的油压并监控活塞冷却的情况，该机油压力开关在 0.306 bar 的油压下关闭。

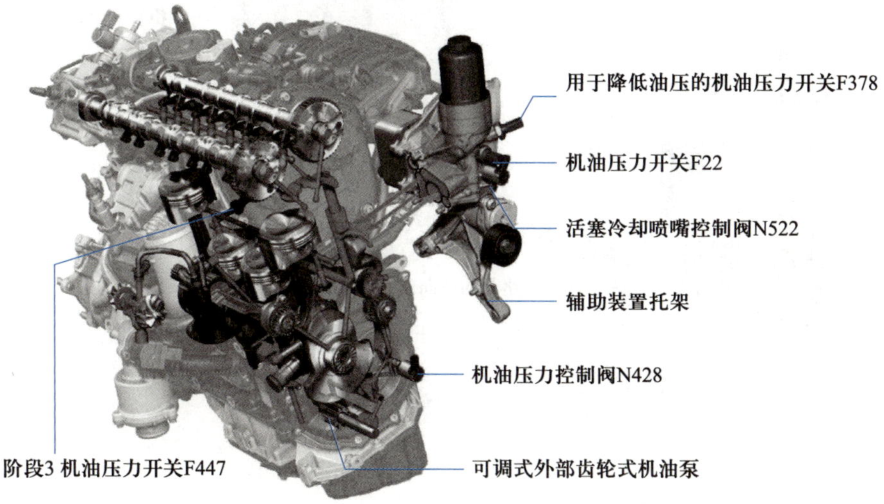

图 4.4
迈腾 B8 L2.0TSI 发动机润滑系统

4.1.3　曲轴箱强制通风系统

1. 曲轴箱强制通风系统作用

发动机燃烧室内的部分混合气和燃烧后的废气会从活塞环漏入曲轴箱内，这种泄漏称为“窜气”，窜入的混合气会稀释曲轴箱内的润滑油，使润滑油变质造成发动机机件过早磨损，因此必须将这些污染物从曲轴箱内排出。由于环保的原因，不能将这些混合气直接排入大气，所以汽车上一般都采用 PCV（Positive Crankcase Ventilation，曲轴箱强制通风）系统，将这些进入曲轴箱的气体导入进气歧管，使其重新燃烧。EA888 发动机 PCV 系统如图 4.5 所示。

微课
曲轴箱强制
通风系统

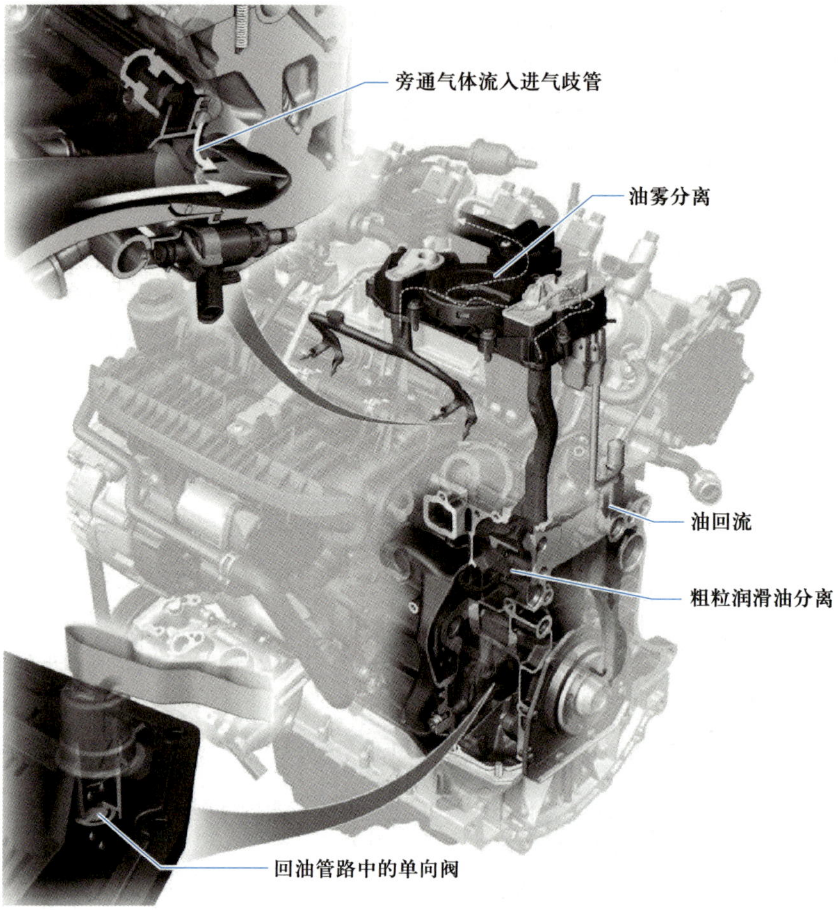

图 4.5
EA888 发动机 PCV 系统

2. 曲轴箱强制通风系统类型

(1) 开式系统。

最早使用的曲轴箱强制通风系统为开式系统，这种系统仅在进气管与曲轴箱之间加装一个带有 PCV 阀的通风管。工作过程是：外界的新鲜空气在进气真空作用下，通过机油加注口盖等与大气相通的通风口进入曲轴箱中，并与曲轴箱窜气混合后，通过 PCV 阀被吸入进气系统，然后进入燃烧室燃烧。这种系统结构简单，安装维护方便，但在某些工况下不能将所有曲轴箱窜气吸入进气系统中，尤其是大负荷下，曲轴箱窜气增加，进气管真空度降低，部分窜气从机油加注口盖处排入大气中，从而对环境造成污染。

(2) 闭式系统。

对开式系统进行改进后形成了闭式曲轴箱通风系统。这种系统是在开式系统的基础上密封曲轴箱，在空气滤清器与发动机节气门之间增加一个与曲轴箱连通的通风管，新鲜空气先经空气滤清器、通风管进入曲轴箱中与窜气混合，在进气真空作用下经过 PCV 阀进入气缸进行燃烧。当发动机在大负荷下工作时，多余的窜气经通风管进入空气滤清器后方，与发动机进气混合后进入气缸进行燃烧。闭式系统既不会使窜气排入大气，又能用新鲜空气进行曲轴箱的换气，目前应用广泛。PCV 系统的核心之一在于微细润滑油分离，图 4.6 所示为 EA888 发动机 PCV 阀结构图。

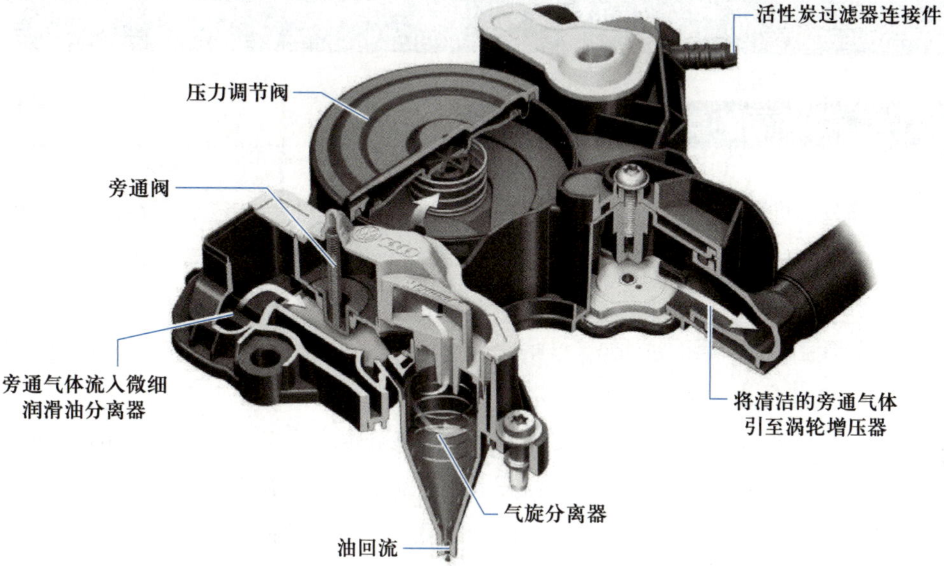

图 4.6
EA888 发动机 PCV 阀结构

3. PCV 阀的作用

发动机工作时，进气真空作用在 PCV 阀上，吸引新鲜空气从空气滤清器经空气软管进入气门室盖，再经过气门盖孔进入曲轴箱，并在曲轴箱中与从燃烧室泄漏的气体混合。最终在进气歧管的吸引下，向上经气缸盖孔流经气门室盖及 PCV 阀，进入进气歧管，然后再经进气门进入燃烧室燃烧。

PCV 阀控制曲轴箱蒸气流入进气管，同时防止气体或火焰反向流动。

当发动机发生回火时，火焰传播到进气管进入 PCV 阀，火焰的压力压紧 PCV 阀使其关闭，以防止火焰传到曲轴箱中。如果系统中没有 PCV 阀，发动机回火时，曲轴箱中的蒸气就有可能发生爆炸。

4. PCV 系统测试

如果 PCV 系统工作不正常，则有可能使有害的窜气留在发动机中引起腐蚀，加快磨损，从而缩短发动机的寿命。此外，还会引起发动机不易起动、怠速不稳、加速无力或润滑油损耗过大等故障。出现这些故障时，应该考虑是否由 PCV 系统工作不良引起。

（1）转速下降测试法。先使发动机达到正常工作温度，在怠速情况下，夹住 PCV 阀与进气真空源之间的管路，发动机转速应下降 50 r/min 或更多。否则，要检查 PCV 阀和管路是否堵塞，必要时进行清洗或更换。

（2）真空测试法。使发动机在正常工作温度下怠速运转，将 PCV 阀从气门室盖上拔下。

拔下 PCV 阀后，应能听到空气流过时产生的“嗞嗞”声，手指放在 PCV 阀的进气口上，应能感觉到很强的真空吸力。

重点、难点提示：PCV 系统的测试

PCV 系统的工作状况可以用转速下降测试法和真空测试法来检测，如何检测？为什么可以这样检测？

4.1.4 机油泵的类型及工作原理

微课
机油泵的类型
及工作原理

动画
机油泵
工作原理

汽车发动机润滑系统采用复合润滑方式，机油泵用来使润滑油压力升高和保证一定的润滑油流量，向各摩擦表面强制供油。机油泵主要分为齿轮泵、叶片泵和转子泵。

1. 齿轮泵

齿轮泵主要由齿轮组、机油泵壳、轴承、定位销、前盖、后盖及机油泵链轮等组成，如图 4.7 所示。

工作时，主动齿轮带动从动齿轮反向旋转。两齿轮旋转时，充满在齿轮齿槽间的润滑油沿机油泵壳壁由进油腔带到出油腔，在进油腔一侧由于齿轮脱开啮合以及润滑油被不断带出而产生真空，使油底壳内的润滑油在大气压力作用下经集滤器进入进油腔，而在出油腔一侧由于齿轮进入啮合和润滑油被不断带入而产生挤压作用，润滑油以一定压力被泵出，如图 4.8 所示。

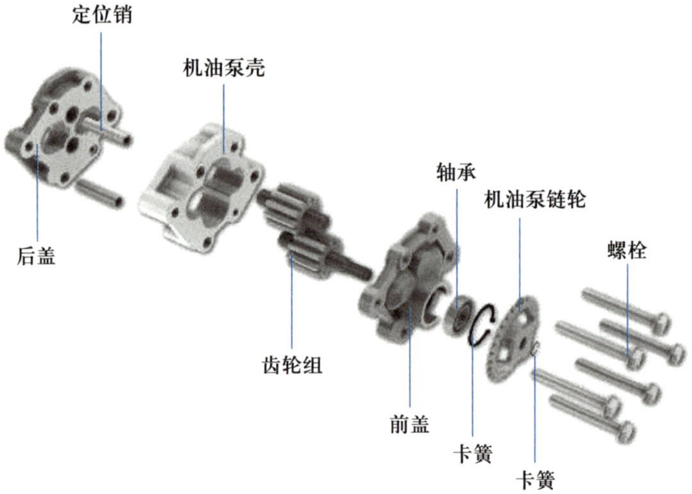

图 4.7
齿轮泵的结构

图 4.8
齿轮泵工作示意图

2. 叶片泵

叶片泵由于其定子和转子的偏心设置，随着转子的顺时针旋转，左侧腔室两个叶片间的空间逐渐加大，形成真空，吸油；右侧腔室两个叶片间的空间逐渐减小，形成压力，出油。这样，转子在曲轴的驱动下不断运转，润滑油也就源源不断地被泵送出来了。

重点、难点提示：叶片泵的排量调节

叶片泵依靠转子与定子的偏心设置来达到泵油作用的，将转子与定子的偏心度调小时，在转子旋转时叶片间的空间的变化幅度就会变小，其每转一周所泵送的油量也就变小了，如图 4.9 所示。

3. 转子泵

转子泵由壳体、内转子、外转子和泵盖等组成，如图 4.10 所示。内转子用键或销固定在转子轴上，由曲轴齿轮直接或间接驱动，内转子和外转子中心的偏心距为 e，内转子带动外转子一起沿同一方向转动。内转子有 4 个凸齿，外转子有 5 个凹齿，这样内、外转子同向不同步旋转。转子齿廓设计使得转子转到任何角度时，内、外转子每个齿的齿廓线上总能互相成点接触。这样内、外转子间形成 4 个工作腔，随着转子的转动，这 4 个工作腔的容积是不断变化的。在进油道的一侧空腔，由于转子脱开啮合，容积逐渐增大，产生真空，润滑油被吸入；转子继续旋转，润滑油被带到出油道一侧，这时，转子正好进入啮合，使这一空腔容积减小，油压升高，润滑油从齿间被挤出并经出油道泵送出去。这样，随着转子的不断旋转，润滑油就不断地被吸入和泵出，如图 4.11 所示。

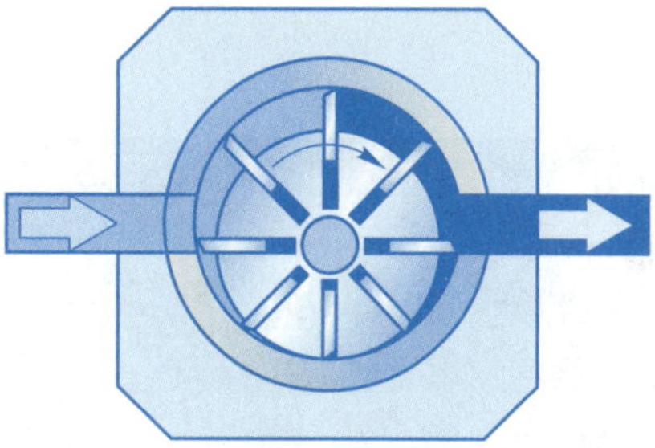

图 4.9
叶片泵工作示意图

动画
转子泵工作
原理

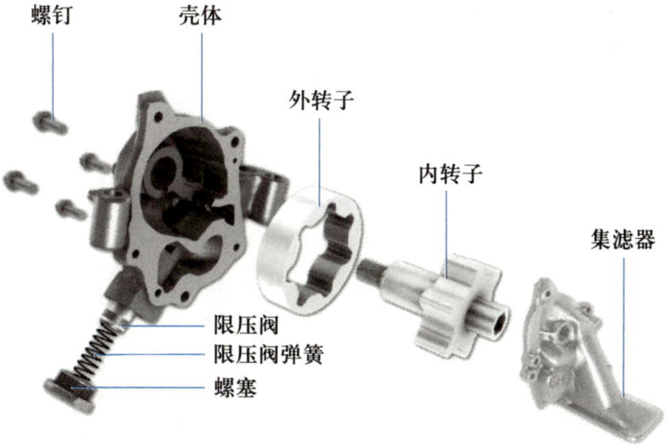

图 4.10
转子泵组成

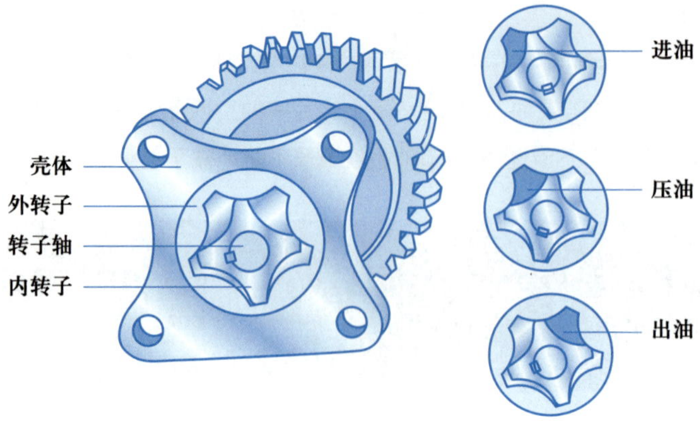

图 4.11
转子泵工作示意图

重点、难点提示:齿轮泵的工作原理

两齿轮旋转时,充满在齿轮齿槽间的润滑油沿机油泵外壳壁由进油腔带到出油腔,在进油腔一侧由于齿轮脱开啮合以及润滑油被不断带出而产生真空,使油底壳内的润滑油在大气压力作用下经集滤器进入进油腔,而在出油腔一侧由于齿轮进入啮合和润滑油被不断带入而产生挤压作用,润滑油以一定压力被泵出。

任务 4.2　润滑系统的拆装与检修

4.2.1　机油滤清器的拆装

微课
机油滤清器
的拆装

1. 机油滤清器的拆卸

① 取下放油螺塞，排放发动机机油。

② 排放完毕后，擦净放油螺塞。重新装上放油螺塞，并按要求拧紧，拧紧力矩为 30 N·m。

③ 用机油滤清器扳手拧松机油滤清器。

④ 取下机油滤清器。

2. 机油滤清器的安装

① 将发动机润滑油涂抹在新机油滤清器的 O 形圈上。

② 用手把新的机油滤清器拧在机油滤清器支座上，直到机油滤清器 O 形圈与安装表面接触，再用机油滤清器扳手将其拧紧。为了恰当地拧紧机油滤清器，注意识别机油滤清器 O 形圈与安装表面初始接触的精确位置。

③ 与安装表面接触后，用机油滤清器扳手再把机油滤清器拧紧 3/4 圈，拧紧力矩为 15 N·m。

4.2.2　机油泵的拆装

微课
机油泵的拆装

1. 机油泵的拆卸

① 旋松并拆下两个连接机油泵壳与发动机机体的长紧固螺栓，将机油泵及吸油部件一起拆下。

② 拧松并拆下吸油管组紧固螺栓，拆下吸油管组。

③ 旋松并取下机油泵盖短螺栓，取下机油泵盖。

④ 分解主、从动齿轮。

2. 机油泵的安装

① 将主、从动齿轮安装到机油泵盖内。

② 装上机油泵盖短螺栓并拧紧。

③ 安装吸油管组并拧紧紧固螺栓。

④ 组装吸油组件和机油泵，拧紧连接机油泵壳与发动机机体长紧固螺栓。

4.2.3 机油泵的检修

1. 齿轮泵的检修

微课
机油泵的检修

① 直观检查齿轮泵泵体与泵盖，若有裂纹应进行焊修或更换新件。

② 测量主、从动齿轮啮合间隙，如图 4.12 所示，可用塞尺在互成 120°的三个位置测量，啮合间隙一般为 0.05 ~ 0.25 mm，各位置测量误差不应超过 0.1 mm，不符合规定应成对更换齿轮。

③ 用塞尺测量齿轮与泵体的间隙（即齿顶间隙），如图 4.13 所示。如间隙超过 0.3 mm，应更换新件。

图 4.12
测量主、从动齿轮啮合间隙

图 4.13
用塞尺测量齿轮与泵体的间隙

④ 测量齿轮与泵盖之间的端面间隙，如图 4.14 所示，将钢直尺直边紧靠在带齿轮的泵体端面上，将塞尺插入缝隙进行测量，间隙一般为 0.05 ~ 0.25 mm。如间隙不符合要求，可增减垫片或磨削泵体与泵盖结合面。

图 4.14
测量齿轮与泵盖之间的端面间隙

⑤ 将机油泵装复后，用手转动机油泵传动齿轮轴，应转动自如、无卡滞现象；给机油泵注满干净的润滑油，堵住出油口，用手转动机油泵主动轴时，应有明显的油压的感觉。

⑥ 将机油泵装到车上后，通过机油压力表再检查一次润滑油压力。当发动机温度正常时，发动机怠速和高速润滑油压力应符合规定。如油压不符合标准，则应对限压阀进行调整，

在限压阀弹簧一端增加或减少垫片，以改变弹簧的张力，使油压达到规定值。

2. 转子泵的检修

① 测量内、外转子的齿顶间隙。用塞尺测量内转子和外转子齿顶间隙，如图 4.15 所示。如果超过限值，则应更换整套转子。

图 4.15
测量内、外转子的齿顶间隙

② 测量外转子与泵体之间的间隙。用塞尺测量外转子和壳体的间隙，如图 4.16 所示。如超过限值，则应更换整套转子，必要时换油泵组件。

③ 测量端面间隙。用塞尺和精密的平尺测量转子和泵盖之间的间隙，如图 4.17 所示。如超过限值，则应更换整套转子，必要时应更换机油泵组件。

图 4.16
测量外转子与泵体之间的间隙

图 4.17
测量端面间隙

④ 装复机油泵。安装转子时注意：内外转子标记应对齐，并使安装记号朝上，如图 4.18 所示。

图 4.18
装复机油泵时标记对齐朝上

微课
润滑油的检查与选择

拓展微课
如何选择发动机润滑油

4.2.4　润滑油的检查与选择

汽车发动机润滑油在润滑系统内循环流动,循环次数每小时可达 100 次。润滑油的工作条件十分恶劣,在循环过程中,润滑油与高温的金属壁面及空气频频接触,不断氧化变质。窜入曲轴箱内的燃油蒸气、废气以及金属磨屑和积碳等,使润滑油受到严重污染。另外,润滑油的工作温度变化范围很大,在发动机起动时为环境温度;在发动机正常运转时,曲轴箱中润滑油的平均工作温度可达 95 ℃或更高。同时,润滑油还与 180~300 ℃的高温零部件接触,被强烈地加热。

1. 润滑油的使用特性及机油添加剂

(1) 适当的黏度。润滑油黏度对发动机的工作有很大的影响。黏度过小,在高温、高压下容易从摩擦表面流失,不能形成足够厚度的油膜;黏度过大,冷起动困难,机油不能被泵送到摩擦表面。润滑油的黏度随温度而变化,温度升高,黏度减小;温度降低,黏度增大。

(2) 优异的氧化安定性。氧化安定性是指润滑油抵抗氧化作用不使其性质发生永久变化的能力。当润滑油在使用与储存过程中与空气中的氧气接触而发生氧化作用时,润滑油的颜色变暗,黏度增加,酸性增大,并产生胶状沉积物。氧化变质的润滑油将腐蚀发动机零部件,甚至破坏发动机的正常工作条件。

(3) 良好的耐腐蚀性。润滑油在使用过程中不可避免地被氧化而生成各种有机酸。这类酸性物质对金属零部件有腐蚀作用,可能使铜铅和镉镍一类的轴承表面出现斑点、麻坑或使合金层剥落。

(4) 较低的起泡性。由于润滑油在润滑系统中快速循环和飞溅,必然会产生泡沫。如果泡沫太多,或泡沫不能迅速消除,将造成摩擦表面供油不足。控制泡沫生成的方法是在润滑油中添加泡沫抑制剂。

(5) 强烈的清净分散性。润滑油的清净分散性是指润滑油分散、疏松和移走附着在零部件表面上的积炭和污垢的能力。为使润滑油具有清净分散性,必须加入清净分散添加剂。

(6) 较高的极压性。摩擦表面之间的油膜厚度小于 0.3~0.4 μm 的润滑状态称边界润滑。习惯上把高温、高压下的边界润滑称为极压润滑。润滑油在极压条件下的减磨性称为极压性。

2. 润滑油的分类

润滑油的分类方法国际上广泛采用 SAE 黏度分类法和 API 使用分类法,而且它们已被国际标准化组织(ISO)确认。美国汽车工程师学会(SAE)按照润滑油的黏度等级,把润滑油分为冬季用润滑油和非冬季用润滑油。冬季用润滑油有 6 种牌号:SAE0W、SAE5W、SAE10W、SAE15W、SAE20W 和 SAE25W。非冬季用润滑油有 4 种牌号:SAE20、SAE30、SAE40 和 SAE50。号数较大的润滑油黏度较大,适于在较高的环境温度下使用。

API 使用分类法是美国石油学会(API)根据润滑油的性能及其最适合的使用场合,把润滑油分为 S 系列和 C 系列两类的分类方法。S 系列为汽油润滑油,目前有 SA、SB、SC、SD、SE、SF、SG 和 SH 8 个级别。C 系列为柴油润滑油,目前有 CA、CB、CC、CD 和 CE 5 个级别。级别越靠后，使用性能越好，适用的机型越新或强化程度越高。其中，SA、SB、SC 和 CA 等级别的润滑油，除非汽车制造厂特别推荐，否则不建议使用。

我国的润滑油分类法参照采用 API 使用分类法。GB/T 28772—2012《内燃机油分类》规定，润滑油按性能和使用场合分为以下级别。

汽油润滑油：SE，SF，SG，SH、GF-1，SJ、GF-2，SL、GF-3，SM-GF-4，SN、GF-5 8 个级别。

柴油润滑油：CC、CD、CF-2、CF-4、CG-4、CH-4、CI-4、CJ-4 8 个级别。

3. 润滑油的检查与选择

(1) 检查润滑油油量。

① 打开发动机舱，拔出机油尺。用纸巾或干净抹布擦拭干净。

② 重新放回机油尺，静置几秒钟后再拔出。

③ 观察润滑油在机油尺上的位置，一般机油尺上标有上限和下限，若润滑油液面不在上下限刻度之间，说明润滑油量过多或过少。

(2) 简单判断润滑油品质方法。拔出机油尺，取一点润滑油。观察其透明度，若色泽通透略带杂质，说明还可以继续使用。如果色泽发黑，闻起来带有酸味就需要换润滑油。另外，还可以根据检查润滑油的黏稠度来判断，沾一点润滑油在手上，用手指检查润滑油是否还具有黏性，如果在手指中没有一点黏性，像水一样，说明润滑油已达到使用极限，需要更换润滑油。

车主在选择润滑油的时候，要根据车辆的状况，按照维修手册上的要求添加合适的润滑油。

任务 4.3　润滑系统的典型故障检修

微课
机油压力报警灯点亮故障诊断与排除

实操视频
机油泵的拆卸

实操视频
机油泵的安装

实操视频
机油滤清器的拆装

4.3.1　机油压力报警灯点亮的故障诊断与排除

1. 机油压力报警灯点亮现象及原理

润滑油对汽车正常行驶有着重要的作用，正常范围的润滑油压力能够保证润滑油正常地传送到发动机内，帮助其正常工作。当机油压力传感器检测到汽车发动机润滑系统工作压力不正常，就会接通报警电路使机油压力报警灯点亮，有的车型蜂鸣器也同时报警。有机油压力保护开关的汽车，润滑油压力异常将使车辆进入保护状态，车辆无法行驶。

2. 机油压力报警灯点亮的危害

润滑油压力过高或过低都会影响发动机正常工作，甚至对发动机零部件造成损伤。所以，当机油报警灯亮起时，应尽早查找原因以便正常工作。

3. 机油压力报警灯点亮的故障原因分析及解决方案

机油压力报警灯点亮的故障原因如图 4.19 所示。

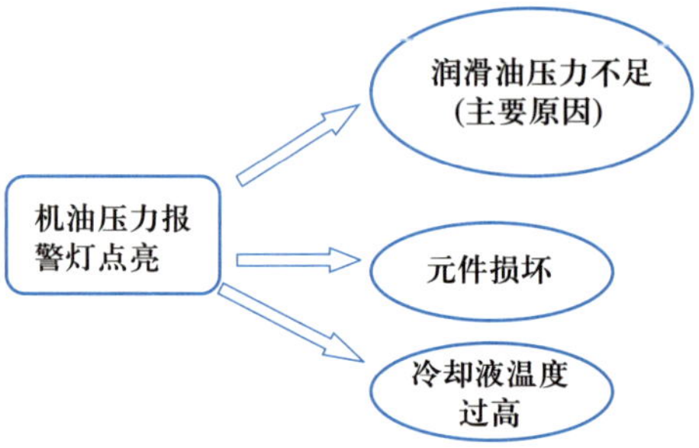

图 4.19
机油压力报警灯点亮的故障原因

(1) 润滑油压力不足。发动机润滑系统油路压力异常可分为压力过高和压力不足两类，但大多数情况都是压力不足造成的。

① 润滑油油量不足。如果润滑油油量不足，会使机油泵的泵油量减小或者因进入空气而泵不上油，使润滑油压力下降，曲轴与轴承、气缸套与活塞都会由于润滑不良而加剧磨损。因此，润滑油油量不足时应添加同一厂家生产的同一型号的润滑油，保证油位的正常，并检查是否存在密封不严造成的润滑油泄漏。

② 润滑油的品质问题。润滑油黏度不足可引起润滑油压力低。在机油泵转速不变的情况下，润滑油黏度越低，泵送量越少，润滑油压力也就越低。造成润滑油黏度不足可能有以

下原因：a. 选用的润滑油太稀，黏性不好，需要检查是否使用了黏度不合适的机油；b. 冷却液温度过高直接影响润滑油的温度，造成润滑油过热，黏度变稀。尤其是在夏季高温下长时间怠速或爬坡，因车速较慢，冷却效果差，发动机温度容易过高；c. 润滑油中混入燃油、液压油或水等，被稀释后导致机油变质。由于燃烧室内可燃混合气通过活塞连杆组与气缸壁的间隙进入曲轴箱，部分车辆用柴油或煤油清洗过发动机，也容易造成该故障。

润滑是车辆日常保养最重要的内容，应使用正规厂家生产的高品质润滑油。当出现冷却液温度过高、烧润滑油故障或者燃气混入润滑油路，应尽快做车辆保养，必要时更换故障件或磨损件。

③ 油路故障。油路故障分为润滑油油路卸压和润滑油油路堵塞两类。a. 润滑油油路卸压。如果润滑油循环通路的某处出现内泄或漏损，循环通路将卸压，主油道将表现为压力不足，机油压力报警灯点亮。仔细检查油路，尤其是润滑油进油管、回油管接头处是否有油渍。如油管损坏更换油管，接头处泄漏更换接头垫片、螺栓等；b. 润滑油油路堵塞。如油底壳的集滤器堵塞使旁通阀打开，则机油压力报警灯点亮，此时需要清洗油路、更换机油滤清器。

④ 机油压力传感器故障。大多数车辆有高低压两个机油压力传感器，分别探测高、低转速的润滑油压力。首先检查传感器的线路是否因腐蚀、松动导致接触不良。如有，可更换线路或拧紧线路。其次，用万用表测试传感器，如发现接入的线有信号，接出的线无信号，说明机油压力传感器损坏，需更换。

⑤ 机油泵不上油。机油泵不上油可能原因是果机油泵齿轮磨损导致间隙过大或齿轮轴衬套磨损严重，使润滑油泵送量不足，可能导致凸轮轴及其附件损坏（见图 4.20）；也有可能是机油泵齿轮被卡死，使机油泵停转，润滑油压力降为零。确定机油泵损坏可把油底壳拆开，拆下机油泵进行检查，如图 4.21。不同厂家的机油泵修理方式不同，有的需要更换总成，有的只需要换齿轮。

图 4.20
由于供油不足而损坏的凸轮轴颈及轴承座

图 4.21
损坏的机油泵

(2) 机油滤清器堵塞或集滤器堵塞。当机油滤清器堵塞而使润滑油不能流通时，设在其底座上的旁通阀被打开，润滑油不经过滤直接进入主油道。如果旁通阀的开启压力设定过高，当机油滤清器被堵塞时就不能及时打开，机油泵压力就会上升，内漏就会增加，对主油道的供油量减小，润滑油压力就会下降。为此，应保证机油滤清器的清洁；正确调整旁通阀的开启压力，及时更换或者修复损坏的元件或者配合面，恢复其正常的工作性能。

若油液过脏、过黏，就容易堵塞集滤器。当发动机低速运转时，由于机油泵吸油量不大，主油道尚能建立起一定的压力，因而油压正常；但当高速运转时，机油泵的吸油量会因集滤器阻力过大而明显地减少，于是因主油道供油不足，机油压力表的示值反而下降。此时应清洗集滤器，或更换润滑油。

(3) 旁通阀损坏或限压阀压力过低。为了保持主油道的正常油压，润滑系统设有旁通阀，如果其调压弹簧软化或调整不当，阀座与钢球的配合面磨损或者被卡住而关闭不严时，回油量增加，主油道的压力就会下降。此时应拆下旁通阀进行检查，然后把压力调整到正常范围。

在润滑系统中，机油泵泵送的润滑油在到达发动机各润滑零部件之前，应保证适当的压力。如果限压阀设定压力过低、调压弹簧变软或者密封面泄漏，都会造成其压力过低。此时应调整限压阀，使压力恢复正常。

(4) 主轴承与连杆轴承的配合间隙增大。发动机长期使用后，主轴承与连杆轴承的配合间隙逐渐增大，泄漏增加，润滑油压力就会下降。配合间隙每增加 0.01 mm，压力就下降 0.01 MPa。此时，可修磨曲轴，选配新的连杆轴承和主轴承，恢复其配合间隙。

(5) 机油散热器漏油。机油散热器外漏润滑油会污染发动机表面，并使润滑油压力下降；内漏润滑油使润滑油进入水箱，冷却系统的散热效果变差，发动机过热，润滑油变稀，压力下降。此时应拆下散热器，进行修理或更换，恢复其功能。

(6) 油道堵塞。如果压力传感器失灵或主油道至压力传感器的油道堵塞而油流不畅时，润滑油压力就会下降。可做如下检查：发动机怠速运转，松开油管接头，观察油流的情况，判断故障部位，根据故障部位更换压力传感器或清洗油道。

(7) 发动机温度过高。发动机冷却系统水垢过多、散热不良、长时间超负荷作业或者喷油泵的供油时间过迟等都会使发动机过热，加速润滑油的老化、变质、变稀，从而从各配合间隙中泄漏，压力降低。此时应清除水垢，调整供油时间，让发动机在额定负荷内工作。

据调查，出租车司机中有 9.1% 的司机遇到过机油压力报警灯点亮的情况，其主要原因见表 4.1。

表 4.1　出租车出现机油压力报警灯点亮情况的统计

故障原因	润滑油油位低	机油压力传感器故障	发动机供油系统故障	发动机磨损过大	润滑油黏度过大	润滑油质量问题	其他原因	合计
所占比例 /%	44.1	16.7	13.3	10.5	5.6	2.3	7.5	100

微课
汽车尾气冒蓝烟故障诊断与排除

4.3.2　汽车尾气冒蓝烟故障诊断与排除

1. 尾气冒蓝烟现象及原理

只要发动机工作就会消耗润滑油，即使在车况良好的情况下，也会存在正常的润滑油损耗。润滑油的正常损耗包括蒸发、磨损等，非正常损耗包括润滑油泄漏和"烧机油"。如果汽车在使用中发现润滑油消耗过快，通常应先排除漏油的可能性。如未发现渗漏，就是出现了烧润滑油故障，即润滑油进入了发动机的燃烧室，与混合气一起参与了燃烧，导致排气管冒蓝烟。"烧机油"可分为以下三种情况：

① 冷车"烧机油"。此时后排气管会有比较浓的蓝色烟雾排出，过一段时间蓝色烟雾消失；

② 加速"烧机油"。即在车辆行驶时，驾驶人猛踩加速踏板或原地着车猛踩加速踏板，从排气管排出大量蓝烟的情况，严重的时候在车辆行驶时当驾驶人猛加油门后，驾驶人可以从排气管侧的反光镜中看见蓝色烟雾；

③ 任何情况下都"烧机油"。此状况说明发动机已经磨损得相当严重，需要进行发动机大修，如果不及时进行维修会存在比较严重的事故隐患。

2. 尾气冒蓝烟的危害

"烧机油"现象的产生，是润滑油进入了发动机的燃烧室，与混合气一起参与了燃烧，会使车辆氧传感器过快损坏，导致燃烧室的积炭增加、怠速不稳、加速无力、油耗上升、尾气排放超标等不良后果，严重者发动机润滑不足，使发动机造成难以修复的损伤甚至报废。

3. 尾气冒蓝烟的故障原因分析及解决方案

(1) 故障原因。

① 正常磨损。正常磨损是车辆在行驶一定里程以后的正常现象。一般车辆使用寿命为 20 万 km 左右，不同的车、不同的人使用、不同的地区（空气灰尘含量不同）对发动机的使用寿命都有很大的影响。

② 非正常磨损。造成非正常磨损的原因有产品质量和使用不当造成的早期磨损。此外，使用不合格润滑油、超期不更换润滑油和机油滤清器、冷车大转速起动、长期缺少润滑油状态下运转、长期高温状态下运转、长期超负荷高转速下运转、长期在空气质量不好地区运转、长期在到期未更换空气滤清器的状态下运转、机油泵油泵力不足、油压过低、油道堵塞等，都会造成发动机"烧机油"，从而减少发动机的使用寿命。

③ 零部件磨损老化。气缸套、活塞的磨损会使气缸壁的间隙变大而造成部分润滑油窜入燃烧室燃烧；活塞环的磨损、活塞环弹性减弱或断裂、活塞环口密封不严而使部分润滑油窜入燃烧室燃烧；气门油封老化破损也会让部分润滑油进入燃烧室燃烧，特别是进气门油封老化破损，更易让润滑油进入燃烧室燃烧；发动机排气管堵塞使机油室压力过高而造成部分润滑油窜入燃烧室燃烧；气缸垫油道与气缸对冲也会使部分润滑油窜入燃烧室燃烧。

(2) 解决方案。汽车发动机"烧机油"时要先判断其故障所在位置。造成发动机"烧机油"现象的原因有很多，在检修时先要由简到繁、由易到难。先要对废气管进行检查，看看废气管是否通畅，如果不通畅，则要对废气管进行清洗或者更换，然后行驶一段时间后再查看润滑油是否减少，还有看看排气管有没有冒蓝烟；其次测量气缸的压力，看看气缸压力是否正常。如果气缸压力正常，那么则可能是由于气门油封老化破损导致"烧机油"，则需要更换气门油封；如果气缸压力都处于正常值，这时只有揭开气缸盖检查气缸垫、冲油道、活塞磨损程度、活塞环的弹性、气缸壁磨损程度等。如果是冲油道问题，只需要更换气缸垫就可以。如果是因为气缸壁、活塞磨损过大，最好更换全部的气缸套(筒)、活塞、活塞环。如果气缸壁磨损不大，则只需要更换活塞、活塞环即可。如果是因为活塞环的原因，则更换全部的活塞环。

为了预防汽车“烧机油”，应选择品质较好的润滑油；平时经常检查机油标尺；按产品使用说明书要求，定期更换润滑油和机油滤清器。

4.3.3 汽车尾气冒黑烟故障诊断与排除

微课
汽车尾气冒黑烟故障诊断与排除

1. 尾气冒黑烟现象

汽车发动机抖动大，排气管有不正常的声音发出，同时排出黑色尾气，加速时感觉无力。

2. 尾气冒黑烟的危害

凡是尾气冒黑烟的发动机，必然产生大量积炭、油耗增加、零部件磨损加剧，大大缩短了零件的使用寿命，发动机动力性、经济性均下降，所以在使用中必须引起足够的重视。

3. 尾气冒黑烟的故障原因分析及解决方案

排气冒黑烟，表明混合气过浓，燃烧不完全。

(1) 进气不畅或排气不畅。空气滤清器堵塞，会使进入气缸的空气量减少，燃料燃烧不完全，排气冒黑烟。如果喷油器正常，气缸内压缩良好，发动机在高速和低速都冒黑烟，若取掉空气滤清器后，黑烟立即消失，即表明是空气滤清器堵塞，需要清洗或更换空气滤清器。

排气管道内积炭过多，或有个别用户改装排气管位置，使排气阻力增加，排气不畅，气缸内废气增多，从而减少了新鲜空气的充入量，影响了燃油的正常燃烧。此时应定期消除排气管内积炭，不要随意改变排气管道位置以及增加弯头，以免增加排气阻力。

(2) 气缸内故障。

① 气门间隙过大。进、排气门间隙过大，使气门开度减小，或者是配件机构零部件松动、磨损、变形，凸轮轴齿轮与曲轴正时齿轮相对位置发生变化，气门开闭时间不正确，都会导致气缸内新鲜空气不足。此时应检查气门间隙、气门弹簧和气门密封情况。

② 气缸压缩不良。气缸内压缩不良，压缩阻力减小。这可能是由于活塞与气缸套磨损过大、活塞环磨损过大或开口在同一方向上，造成气缸漏气，同时也可能是由于气门密封不严造成漏气。气缸内压缩不良，压缩终了温度较低，同时漏气使空气减少，燃油不能完全燃烧，因此产生黑烟。

(3) 喷油器工作不正常。喷油器压力过低，喷孔磨损或积炭，造成雾化不良，油粒过大，油雾分布不均，燃油就不能很好燃烧。对于单缸发动机出现上述情况，发动机就不能工作；对于多缸发动机个别缸喷油器滴油或有上述情况，排气管就会出现断续的黑烟，发动机的声音也不正常。此时应拆下喷油器清除积炭和检查调整。

排气管冒黑烟的现象在使用化油器的车上比较多见，这是由于使用化油器的车辆的喷油量并不是由计算机控制的，而是由驾驶人脚踏加速踏板控制，在某些工况下过多的燃油进入气缸后来不及燃烧就被排出车外，从而造成黑烟。而现在的轿车都是电喷车，一般冒黑烟的很少，如果真是出现了冒黑烟现象，则多半是气缸体内出现了故障。

项目 5
冷却系统的检修

任务 5.1　汽车冷却系统的功用

5.1.1　冷却系统的组成及特点

微课
冷却系统的
组成及特点

1. 冷却系统的功用

冷却系统的功用是使发动机在所有工况下都保持在适当的温度范围内工作。冷却系统既要防止夏季发动机过热，也要防止冬季发动机过冷；发动机冷起动之后，冷却系统还要保证发动机迅速升温，尽快达到正常的工作温度。

2. 冷却系统的分类

冷却系按照冷却介质不同可以分为风冷和水冷，把发动机中高温零部件的热量直接散入大气而进行冷却的装置称为风冷系统。而把这些热量先传给冷却液，然后再散入大气进行冷却的装置称为水冷系统。由于水冷系统冷却均匀，效果好，而且发动机运转噪声小，因此目前汽车发动机上广泛采用的是水冷系统，图 5.1 所示为长城 GW4C20B 发动机水冷系统。

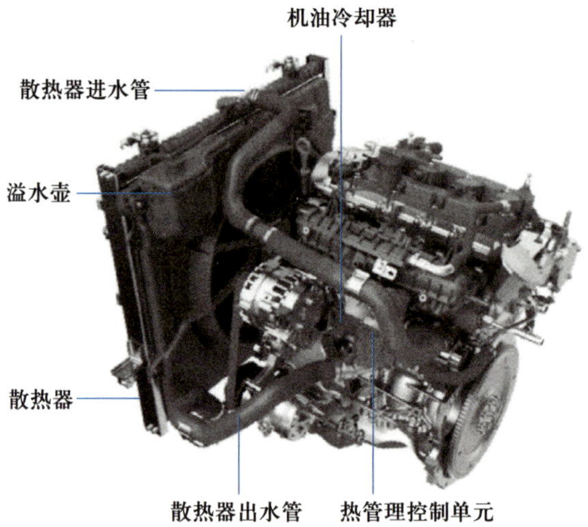

图 5.1
长城 GW4C20B 发动机水冷系统

3. 组成部分

汽车发动机的水冷系统均为强制循环水冷系统，即利用水泵提高冷却水的压力，强制冷却水在发动机中循环流动。这种系统包括水泵、散热器、冷却风扇、节温器、膨胀水箱、发动机机体和气缸盖中的水套以及其他附加装置等。

水冷发动机的气缸盖和气缸体中都铸造有储液的、连通的夹层空间，称为水套，其作用是让冷却液接近受热的高温零部件，并可在其中循环流动。水泵将冷却液由发动机外吸入并加压，使之经分水管流入发动机的气缸体水套。冷却液从气缸壁吸收热量，温度升高；然后流到气缸盖水套，再次受热升温后，沿水管进入散热器。冷却水热量不断地通过散热器，散发到大气中去，同时使冷却液本身得到冷却。冷却了的冷却液流到散热器的底部后，又在水泵的加压下，经水管再压入水套，如此不断地循环，从而使得发动机在高温条件下工作的零部件不断地得到冷却，保证了发动机的正常工作，如图 5.2 所示。

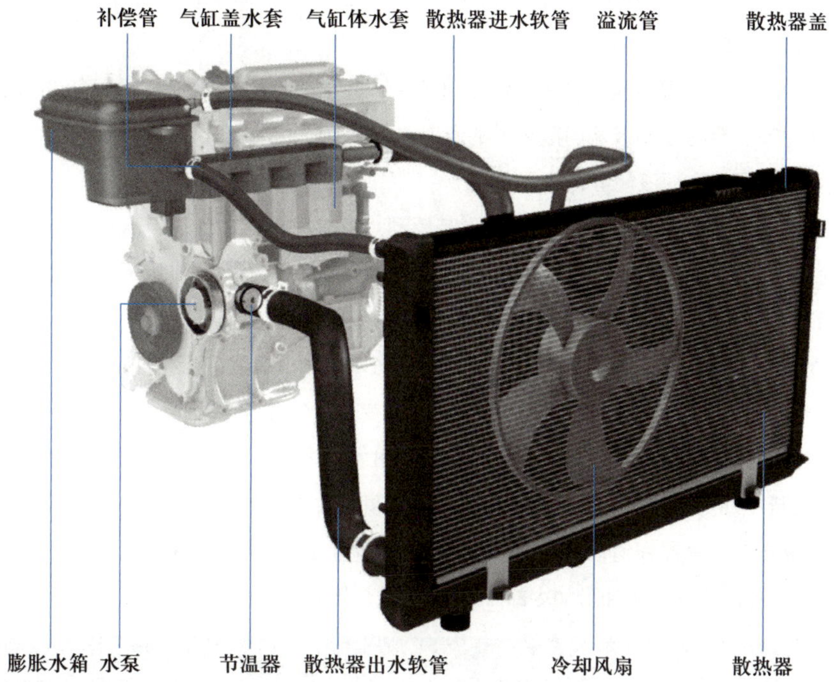

图 5.2
水冷系统的组成

动画
冷却系统的组成

（1）散热器。发动机水冷系统中的散热器由进水室、出水室及散热器芯和散热器盖构成。冷却液在散热器芯内流动，空气在散热器芯外通过。热的冷却液由于向空气散热而变冷，冷空气则因为吸收冷却液散发出的热量而升温，所以散热器是一个热交换器。按照散热器中冷却液流动的方向可将散热器分为纵流式和横流式两种。纵流式散热器芯竖直布置，上接进水室，下接出水室，冷却液由进水室自上而下地流过散热器芯进入出水室。横流式散热器芯横向布置，左右两端分别为进、出水室，冷却液横向自进水室经散热器芯到出水室流过散热器。大多数新型轿车均采用横流式散热器，这可以使发动机罩的外廓较低，有利于改善车身前端的空气动力性。

动画
散热器盖
工作原理

（2）膨胀水箱。膨胀水箱由塑料制造并用软管与散热器上加注冷却液口上的溢流管连接。其作用如上文所述，即当冷却液受热膨胀时，部分冷却液流入膨胀水箱；而当冷却液降温时，部分冷却液又被吸回散热器，所以冷却液不会损失。膨胀水箱内的液面有时升高，有时降低，而散热器却总是充满冷却液。在膨胀水箱的外表面上刻有两条标记线：“低”线和“高”线，膨胀水箱内的液面应位于两条标记线之间。若液面低于“低”线时，应向膨胀水箱内补充冷却液。在向膨胀水箱内添加冷却液时，液面不应超过“高”线。膨胀水箱还可消除水冷系统中的所有气泡。

(3) 冷却风扇。冷却风扇置于散热器后面。当发动机在车架上纵向布置时，冷却风扇一般安装在水泵轴上，并由驱动水泵和发电机的同一根 V 形带传动。冷却风扇的功用是当其旋转时使吸进的空气通过散热器，以增强散热器的散热能力，加快冷却液的冷却速度。汽车发动机水冷系统多采用低压头、大风量、高效率的轴流式冷却风扇，即风扇旋转时，空气沿着风扇旋转轴的轴线方向流动。

动画
节温器
工作原理

(4) 节温器。节温器是控制冷却液流动路径的阀门。当发动机冷起动时，冷却液的温度较低，这时节温器将冷却液流向散热器的通道关闭，使冷却液经水泵入口直接流入机体或气缸盖水套，以便使冷却液能够迅速升温。

实操视频
水泵的拆卸

(5) 水泵。水泵一般由曲轴通过 V 形带驱动。汽车发动机广泛采用离心式水泵。当水泵叶轮旋转时，水泵中的冷却液被叶轮带动一起旋转，并在离心力的作用下被甩向水泵壳体的边缘，同时产生一定的压力，然后从出水管流出。

实操视频
水泵的安装

(6) 变速器机油冷却器。装有自动变速器的汽车必须装备变速器机油冷却器，因为自动变速器中的润滑油可能过热。润滑油过热会降低变速器性能甚至造成变速器损坏。变速器机油冷却器通常就是一根冷却管，置于散热器的出水室内，由冷却液对流过冷却管的变速器润滑油进行冷却。变速器和变速器机油冷却器之间用金属管或橡胶软管连接。当汽车牵引挂车时，需要对变速器润滑油进行附加冷却。在这种情况下，可在变速器机油冷却器的管路中串接一个外部变速器机油附加冷却器，并置于散热器前面。

重点、难点提示：风冷发动机和水冷发动机各有什么优缺点

风冷发动机零部件少，构造简单，质量轻，制造成本较低，功率利用率高，没有漏液、冰冻、结垢等故障，使用维护方便，环境适应性好，起动后暖机时间短等。缺点是冷却不均匀、热负荷较高、风扇消耗功率较大和工作时噪声大。

水冷发动机的优点是：冷却效果好、冷却均匀、工作可靠、不受环境影响、噪声低；缺点是构造复杂、成本较高、故障率高及维修复杂。水冷发动机由于有冷却风扇、水泵等耗能装置，故功率损耗大。

5.1.2 冷却系统循环路线

微课
冷却系统水路

(1) 冷却液大小循环。所谓大循环是当冷却液温度较高时，冷却液经过散热器进行的循环流动；而小循环就是当冷却液温度较低时，冷却液不经过散热器进行的循环流动，可以使冷却液温度迅速升高。

(2) 发动机冷却液循环路线。目前汽车发动机上采用的水冷系统大都是强制循环式水冷系，利用水泵强制冷却液在冷却系统中进行循环流动。冷却液在水泵中增压后，经分水管

进入发动机的机体水套。冷却液从水套壁周围流过并从水套壁吸热而升温。然后冷却液向上流入气缸盖水套，从气缸盖水套壁吸热之后经节温器及散热器进水软管流入散热器。在散热器中冷却液向流过散热器周围的空气散热而降温，最后冷却液经散热器出水软管返回水泵，如此循环往复。图 5.3 所示为 EA211 发动机冷却液循环路线图为例。

动画
冷却系统
工作原理

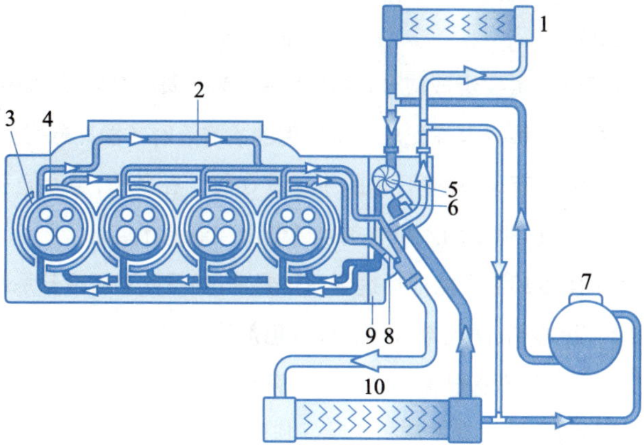

动画
冷却系统
循环原理

图 5.3
EA211 发动机冷却液循环路线图
1—暖风装置热交换器；2—排气管；3—气缸盖；4—气缸体；5—水泵；6—气缸盖节温器（87 ℃）；7—储液罐；8—气缸体节温器（103 ℃）；9—冷却液调节器壳体；10—散热器

EA211 发动机通过安装在发动机左侧的水泵及双节温器对冷却液循环路线进行控制。其中水泵和凸轮轴后端通过传动带连接，利用凸轮轴驱动水泵。

当冷却系统冷却液温度低于 87 ℃的时候，两个节温器均关闭，冷却系统进入小循环模式。冷却液由水泵驱动，流经气缸盖以及暖风装置热交换器，气缸体中的冷却液不流动，冷却液温度迅速升高。

当温度处于 87～103 ℃时，气缸盖节温器开启，流经气缸盖的冷却液除了部分进入暖风装置热交换器，大都进入散热器进行大循环，流经气缸体的冷却液仍然不流动。

当温度高于 103 ℃时，气缸体节温器开启，冷却系统进入大循环模式。流经气缸盖和气缸体的冷却液除了部分进入暖风装置热交换器，大都进入散热器进行散热，冷却能力达到最大。

重点、难点提示：节温器损坏会对发动机造成什么影响

节温器的作用是使发动机不至于过冷。例如，在发动机正常工作以后，在冬天行驶时，如果没有节温器，发动机的温度可能会太低。这时候，发动机需要暂时终止冷却液循环来保证发动机温度不至于过低。节温器根据冷却液温度的高低自动调节进入散热器的水量，改变冷却液的循环范围，以调节冷却系统的散热能力，保证发动机在合适的温度范围内工作。节温器应一直保持良好的技术状态，否则会严重影响发动机的正常工作。如节温器主阀门开启过迟，会引起发动机过热；主阀门开启过早，则发动机预热时间延长，使发动机温度过低。

5.1.3 冷却液的选择与添加

微课
冷却液的选择与添加

拓展微课
如何选择车用冷却液

(1) 冷却液的作用。冷却液是发动机冷却系统中重要的工作介质，汽车常用的冷却液有水及加有防冻剂的防冻冷却液。防冻冷却液中含有特殊添加剂，能起到冷却、防冻、防锈和防止水垢等作用，现代轿车发动机普遍采用这种冷却液。

(2) 冷却液的组成。

① 水。水是冷却液的重要组成成分，这不仅是因为水具有良好的导热性和较大的比热容，而且一些防冻剂如乙二醇只有在配成一定比例的水溶液时才能充分发挥其防冻作用。

② 防冻剂。冷却液含有大量的水，水的冰点是 0 ℃。在冬季，温度低于 0 ℃时，冷却液结冰将损坏冷却系统，因此，需要加入防冻剂以降低冷却液的冰点。

③ 添加剂。为了使冷却液性能指标达到使用要求，确保发动机冷却系统正常工作，常在冷却液中加入缓蚀剂、缓冲剂、防垢剂、消泡剂、着色剂等添加剂。

(3) 冷却液的选择。冷却液根据发动机的负荷和工作环境温度来确定。对发动机负荷的判断除了根据车型外，还要根据发动机实际工作时的负荷情况。例如，同样的发动机在一般地区工作时，发动机的负荷比较低；在沙漠地区工作时，发动机负荷就高。冷却液冰点、沸点应根据发动机工作环境的温度来选择，通常选择的冷却液的冰点要低于当地最低环境温度 5 ℃以上，这样发动机的冷却系统就不会因结冰而损坏。

(4) 冷却液的使用。人们通常把冷却液称作防冻液，因此很多人都认为冷却液只有防冻功能，只需要在冬季使用。事实上冷却液除具有防冻的作用外，还具有冷却、防腐、防垢的作用，对维持发动机冷却系统的正常工作非常重要，需要全年使用。冷却液中的水最好使用蒸馏水或去离子水，严禁使用硬度高的水，以免其中的钙、镁等物质与冷却液的其他成分发生反应，腐蚀冷却系统。如果在实际使用时使用蒸馏水或去离子水有困难，建议使用经过处理的软化水。在发动机工作过程中，冷却液中的添加剂会因不断消耗而引起冷却液性能的下降，因此冷却液使用一段时间后要进行更换。冷却液的使用寿命一般为 1～2 年，有机酸型冷却液寿命较长，通常可达到 3 年以上。

(5) 如何加注冷却液。

加注冷却液如图 5.4 所示。

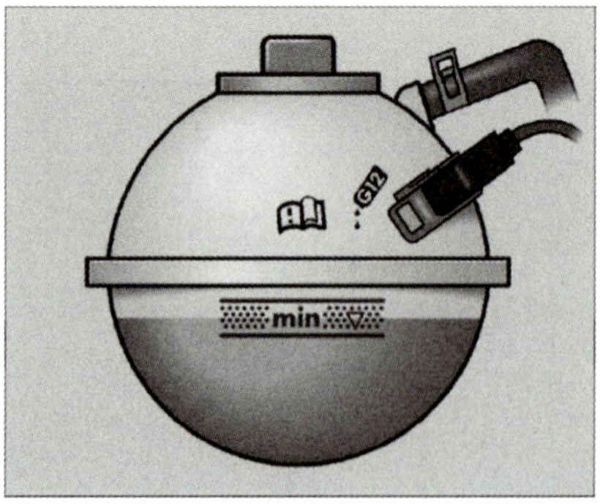

图 5.4
加注冷却液

① 用一块合适的抹布包住膨胀水箱盖，防止热的冷却液或蒸汽烫伤面部、双手或双臂；

② 小心拧下盖子；

③ 加注符合车辆规定的冷却液；

④ 加注冷却液后，液位必须在膨胀水箱的两个标记范围内，不能超过标记区域的上限；

⑤ 拧紧盖子。

工作规范

不同地区的冷却液选购参考标号应有所区别，长江以南地区可全年选用标号为 −25 号的防冻液，一些地区还可选用冰点值为 −15 ℃的水箱冷却液；长江以北地区应选用标号为 −35～−50 的防冻液。更换汽车冷却液，必须严格根据地区和车况选配，需要严格细致地选择合适标号的冷却液。

任务 5.2　冷却系统的拆装与检修

5.2.1　散热器的拆装与检修

微课
散热器的拆装与检修

1. 功用

散热器也称为水箱，其作用是将冷却液吸收的热量散发到大气中去。散热器应有足够的散热面积，通常使用导热性能、结构刚度和防冻性能比较好的铜、铝合金和铝锰合金等材料制造。

2. 散热器的构造

散热器主要由进水室、出水室、散热器芯、散热器盖组成，如图 5.5 所示。散热器进、出水室为薄钢板制成的容器。进、出水室的进、出水软管，分别用橡胶软管与气缸盖的出水管和水泵的进水管相连。进水室设有放水开关，供放水时用。

动画
散热器结构

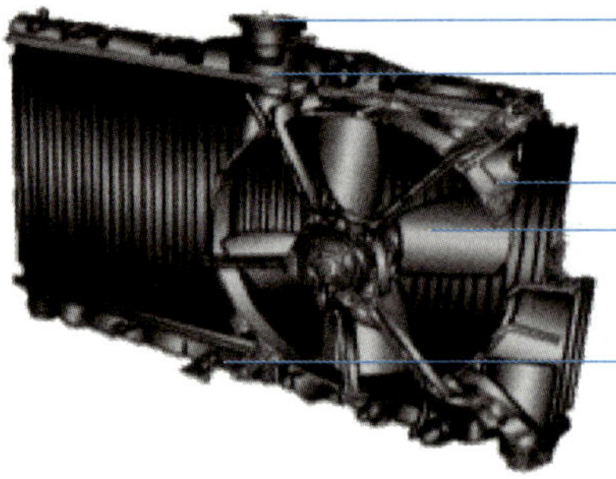

图 5.5
散热器的构造

(1) 散热器芯。散热器芯常见的结构形式有两种，即管片式和管带式，如图 5.6 所示。管片式散热器芯由许多冷却管和散热片组成。冷却管是冷却液的通道，多采用椭圆形断面，以增大散热面积，同时当管内冷却液冻结膨胀时，椭圆形管可借助其断面变形而免于破裂。为了增强散热效果，在冷却管外面横向套装了很多散热片来增加散热面积，这样也同时增强了整个散热器的刚度和强度。

管带式散热器芯采用冷却管与散热带相间排列的方式，散热带呈波纹状，其上开有形似百叶窗的缝隙，用来破坏空气流在散热带上的附面层，从而提高散热能力。管带式散热器芯与管片式相比，散热能力强，制造工艺简单，质量轻，成本低，在轿车上得到广泛的应用，但刚度不如管片式好。

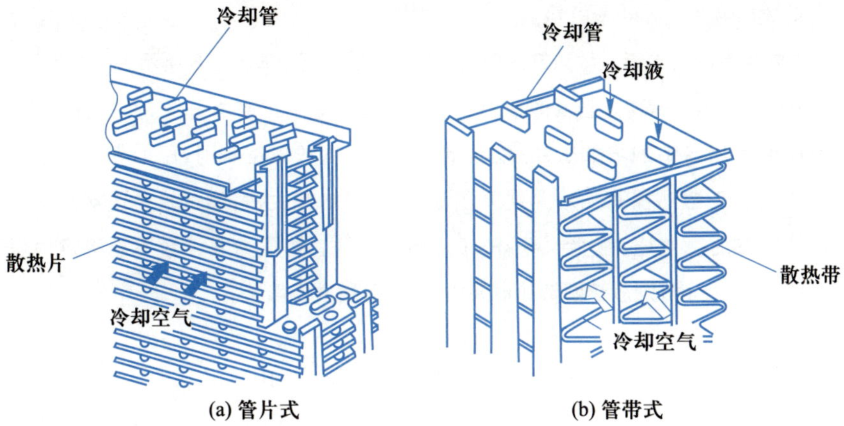

图 5.6
散热器芯不同结构形式

（2）散热器盖。散热器盖对冷却系统起密封加压作用。现代汽车发动机采用封闭式水冷系统，其散热器盖上装有自动阀门，当发动机处于正常工作状态时，自动阀门关闭，将冷却系统与大气隔开，防止水蒸气逸出，使冷却系统内的压力稍高于大气压力，从而提高冷却液的沸点，保证发动机能较长时间及在较高负荷下工作。在冷却系统压力过高或过低时，自动阀门开启，使冷却系统与大气相通。

散热器盖的结构及工作原理如图 5.7 所示。盖内装有蒸气阀和空气阀，当冷却液温度升高，散热器内部压力大于规定值时，蒸气阀开启，使冷却液蒸气从蒸气排出管排出，以避免压坏散热器芯冷却管，如图 5.7a 所示。当冷却液温度降低，体积收缩后压力降低到低于大气压的某定值时，空气阀开启，空气进入冷却系统，避免压力差将散热器芯冷却管压瘪，如图 5.7b 所示。

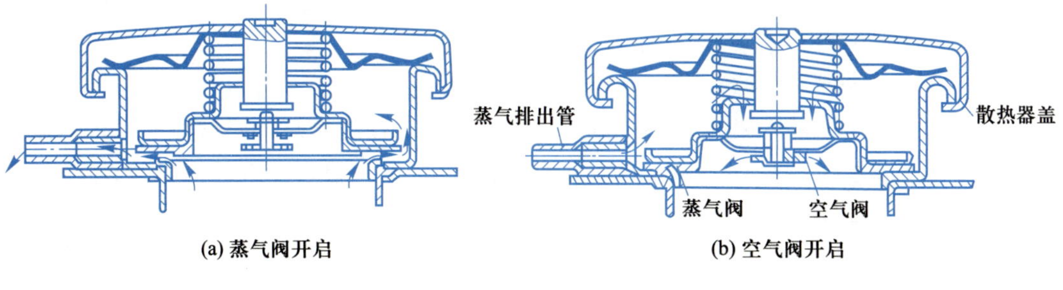

图 5.7
散热器盖的结构及工作原理

3. 散热器的检修

（1）散热器常见损伤。散热器常见的损伤现象有散热器积聚水垢、铁锈等杂质，形成管道淤塞，阻碍水流；芯部冷却管与进、出水室焊接部位松脱漏液或冷却管破裂漏液；进、出水室出现腐蚀斑点、小孔或裂缝；因外伤损坏而漏液。

(2) 对散热器渗漏和淤塞的检查。

① 散热器渗漏的检查。散热器渗漏可用气压表来检查,如图 5.8 所示。

先向散热器内注满水,盖上散热器盖,将测试软管接至放水开关,并打开放水开关,推动推杆,给散热器中的水加压,当散热器蒸气排出管放出空气时,压力表上的读数应在 27 ~ 37 kPa,检查散热器有无渗漏现象,然后关闭放水开关,将测试软管连接到蒸气排出管,推动推杆加压。当压力达到 50 kPa 时,停止推动。如压力表读数不能稳定地保持在 50 kPa 的压力不下降,则应查明散热器漏水部位,而后进行修补。

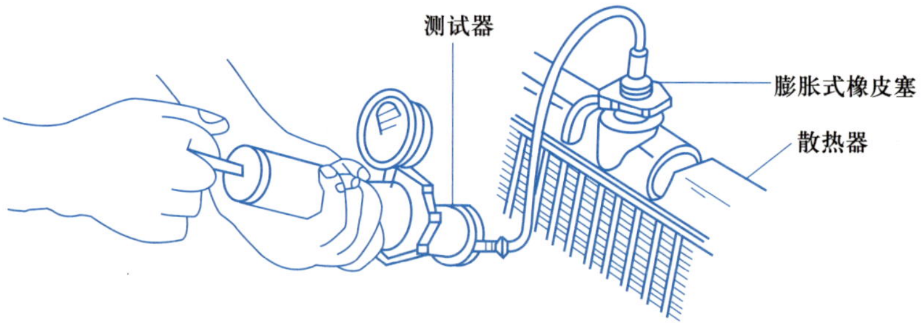

图 5.8
散热器渗漏的检查

② 用压缩空气法检查散热器。清除水垢后的散热器的漏水检查,将散热器的进水管用膨胀式橡皮塞堵塞,放入清水池内,再向散热器注入压缩空气。如果散热器各处漏气,形成气泡,则说明散热器已严重腐蚀。如漏气点不多,说明不严重,应在漏气点找出渗漏位置,做好记号准备修复。

③ 检查冷却液容量。检查散热器中冷却液的容量,可以分析出水管是否淤塞或堵住(用新、旧散热器冷却液容量对比)。

若散热器变形,应加以修整,散热器的裂纹在 0.3 mm 左右时,可用堵漏剂就车进行堵漏修补。步骤如下:

a. 拆除节温器;

b. 清洗散热器:用 2% 的纯碱水在热循环状态下,清洗散热器内壁和水循环通道,运转散热器 5 min,趁热放出碱水,再加满清水,起动发动机,升温到 80 ℃时,将水放净再用清水冲洗。铝制散热器不能用碱水清洗;

c. 堵漏剂与水的比例为 1∶20 配制溶液,根据冷却系统的容积加满溶液;

d. 起动发动机,当冷却液温度达到 80 ~ 85 ℃时,运转 15 min,之后适当加大节气门开度,再怠速运转数分钟,然后发动机停止运转。等散热器完全冷却后,再怠速运转发动机,当冷却液温度达到 80 ~ 85 ℃时,保持 10 min 后停机。添加堵漏剂溶液后当天不使用汽车,堵漏剂在冷却系统中保留 3 ~ 4 天,切勿轻易放掉,保留时间愈长,效果愈好。

(3) 散热器的修理。

① 散热器进、出水室的修理。进、出水室腐蚀不严重,只有少数小孔或腐蚀斑点时,可用镀锡法修理。其方法是将进、出水室浸于装有稀盐酸的盆内以清除水垢,再取出用钢丝刷在

清水中清除残留水垢，并用毛刷在内外表面涂以氯化锌溶液，再放入焊锡锅内，从内外表面将孔眼焊住。

当进、出水室有洞孔或裂缝时，可用补板封补方法来修理。在裂缝两端终点打两个小孔，用 0.8 mm 的铜片，按裂缝长度加 10 ~ 20 mm 剪下作为补板，将补板盖在裂缝上，涂以氯化锌铵溶液或氯化锌溶液，然后在四周用焊锡焊牢。

② 冷却管的修理。

a. 接管法。当外层冷却管损坏部分长度不大时，可用接管法修理。方法如下：用尖嘴钳拆去已损坏冷却管上的散热片，剪下已损坏的一段冷却管；从该管的端头插进通条，穿过剪去部分的上、下口，用尖嘴钳将上、下接口整理平直；剪取一段从旧散热器上拆下的可用冷却管，其长度较需镶接部分长 10 mm，并接两端接口部分稍扩大，使其能够套在所要修理冷却管上下接口。将镶接管套接于需要修理的散热器的接口上，同时再从该管的端头插进通条，并将接口处整理平顺，涂上一层氯化锌铵溶液，然后在四周用焊锡焊牢。

b. 换管法。当内层冷却管损坏或外层的冷却管损坏部分的长度较长时，可用换管法修理。方法如下：将散热器芯装在活动修理架上，用一根与冷却管内孔尺寸相近的扁铜条插入需抽出调换的冷却管内，来回抽拉几次，以清除内部积垢；将电阻加热器插入需要抽换的冷却管内，两端接通 24 V 的电流，接通约 1 min 电阻丝即可烧红，冷却管上的焊锡也随之熔化。同时，用氧焊将冷却管与上、下底板连接处的焊锡熔化，使之脱离。切断电源，趁热用手钳将冷却管连同电阻加热器一同抽出；清除底板污垢，将表面挂有焊锡的新冷却管或从废旧散热器上拆下可用的冷却管插入孔内，烧热烙铁，稍沾焊锡，将冷却管与上、下底板的结合处焊牢。

c. 拼修法。散热器芯内部的一部分冷却管和散热片严重损坏时，可用拼修法修理，方法如下：用喷灯加热，拆卸散热器芯的上、下底板；将散热器芯损坏的部分锯下来，用弯尖钳校正散热片；从废旧散热器芯上选择可用部分，锯下与所需散热器芯损坏部分同样大小的一块拼料，并校正散热器片；将拼料拼合在已损坏的散热器芯上，按修理底板的方法将底板装于散热器芯上，将其与冷却管用焊锡焊牢。

凡经接管法、换管法或拼修法修理的散热器，均应进行渗漏检查，然后补焊漏孔，直到不再渗漏为止。

(4) 散热器芯底板的检修。散热器芯底板与冷却管焊缝脱离而发生漏液现象或散热器底板有砂眼、裂缝情况时，可按如下工艺修理。

① 用喷灯或烙铁熔下冷却管与底板连接处焊锡，卸下损坏的散热器芯底板，将其浸入稀盐酸内，加热至 40 ℃，约几分钟后取出，用清水冲洗，用钢丝刷清除残存污垢。

② 在底板上涂以氯化锌铵溶液，注意不要使溶液进入冷却管内。

③ 用焊锡直接焊接或将散热器芯底板和冷却管浸入熔化的焊锡内，使散热器芯底板焊接于冷却管上。

④ 焊锡温度约 360 ~ 400 ℃，浸入深度约 10 mm，镀锡时间约为 30 s。

⑤ 将散热器芯底板取出后，应抖掉多余的焊锡。

(5) 散热器盖的检修。用专用手动打压器给散热器盖加压，当打压器上的压力表读数突然下降时，说明蒸气阀打开。蒸气阀的开启压力应符合规定，如 CA6110 型柴油发动机为 29.42 kPa，EQ6100-1 型发动机为 25～38 kPa。

5.2.2 水泵的拆装与检修

微课
水泵的拆装
与检修

动画
离心式水泵
功用

动画
离心式水泵
工作原理

根据驱动方式的不同，水泵一般分为机械水泵和电动水泵。目前大部分发动机采用的是机械水泵，有些技术含量比较高的发动机上已经使用了电动水泵，如宝马 5 系搭载的发动机。

1. 作用

水泵的作用是对冷却液加压，加速冷却液的循环流动，保证冷却可靠。汽车发动机多采用离心式水泵，具有结构简单、尺寸小、排液量大、维修方便等优点。

2. 组成

离心式水泵主要由壳体、叶轮、轴承、水泵轴、水封和传动带轮等组成。叶轮的叶片一般采用径向叶片或后弯叶片两种结构，其数目一般为 6～8 片。

(1) 壳体。离心式水泵壳体由铸铁或铸造铝合金制成。铸铁壳体壁厚且质量大，随着对发动机轻量化要求的提高，目前只有某些商用汽车的大型发动机上还在使用铸铁壳体的水泵。很多铸铁壳体上还带有部分水道和节温器安装室，这使得壳体的质量进一步增加。大多数轿车水泵采用铸铝壳体，而且壳体的尺寸越来越小，很多壳体已经不再有水道。

(2) 叶轮。离心式水泵叶轮由铸铁等金属或工程塑料制成，采用向后弯曲的半圆弧、双圆弧或多圆弧形叶片，其叶型与液流方向一致，泵液效率较高。铸铁制成的水泵叶轮质量较大，但是机械强度较高，目前较多地应用于商用汽车的大型发动机上。塑料叶轮容易实现小型化和轻量化，而且耐腐蚀性能好，外形加工容易控制，因此越来越多的轿车发动机水泵使用了塑料叶轮。

> **科技创新**
> 创新型热量管理系统（ITM）是针对发动机和变速箱的一项智能冷起动和暖机程序。它可实现全可变发动机温度调节，对冷却液液流进行目标控制。该技术已经在迈腾 B8 发动机上使用。

(3) 轴承。水泵轴承是水泵的重要部件，有相当一部分水泵的失效是由水泵轴承损坏引起的。随着发动机逐渐向大功率的方向发展，水泵轴承需要具有更高的热稳定性、更大的承载能力以及更好的密封性，因此有些汽车水泵使用了轴连轴承。轴连轴承实际上是一种结构简化的支撑轴承，两个轴承没有内圈，滚动体的滚道直接加工在水泵轴上，两个轴承的外圈制成一个整体，两端用密封件密封后组成轴连轴承。在承载能力相同的条件下，轴连轴承的尺寸比一般类型的轴承小；在相同尺寸的条件下，轴连轴承的承载能力大于一般类型的轴承。

(4) 水泵轴。水泵轴一般由合金结构钢制成。水泵叶轮安装在水泵轴的一端，水泵轴通过轴承支撑在水泵壳体上。水泵轴的另一端安装传动带轮，由发动机曲轴通过同步（齿形）带或 V 形带驱动。

(5) 水封。水封的作用是密封冷却液以免泄漏，同时将冷却液与水泵轴承隔离，以保护轴承。目前水泵上已经广泛使用了双层陶瓷水封，两片同轴安装的陶瓷水封被螺旋弹簧压紧贴在一起。与橡胶水封相比，陶瓷水封更耐磨损，使用寿命更长，但是也存在容易被冷却液中的硬质颗粒擦伤的缺点。虽然水封的加工工艺得到不断的改进，但是水封损坏导致水泵漏水仍然是水泵损坏的主要原因。

(6) 传动带轮。根据传动带的齿形不同，传动带轮可以分为同步带轮和 V 形带轮。随着发动机上传动带越来越少，更多的水泵与发电机、空调压缩机以及转向助力泵等共用一根同步带传动，因此同步带轮也越来越多。

5.2.3　节温器的拆装与检修

通过节温器可改变流经散热器的冷却液量，改变冷却强度。常用的节温器有折叠式节温器和蜡式节温器两种。

拓展微课
节温器的作用

1. 节温器作用

节温器根据冷却液温度自动调节进入散热器的冷却液量，以保证发动机在合适的温度范围内工作，可起到减少能耗等作用。发动机在低温状态下较为耗油，并且对车的损坏较大，容易产生积炭并带来一系列的问题。

2. 节温器工作原理

动画
节温器结构

节温器一般由感温元件、阀门、弹簧装置及外壳组成。

(1) 折叠式节温器。折叠式节温器如图 5.9 所示，它一般安装在气缸盖出水口处的冷却液循环路线中，由具有弹性的折叠式密闭圆筒制成。密闭圆筒内装有易于挥发的乙醚，筒内乙醚蒸气的压力随着周围温度的变化而变化，即圆筒高度随温度的变化而变化。圆筒下端焊接在支架上，支架则固定在节温器的外壳上，因此圆筒下端位置是固定不变的。圆筒的上段焊接侧阀门和阀杆，阀杆上又焊接上阀门。这样当折叠式圆筒高度改变时，侧阀门及上阀门随圆筒上端一起上下移动。节温器外壳上的旁通孔正对着气缸盖出水口的旁通管，旁通管与水泵进水口连接。当发动机在正常热状态情况下(温度高于 80 ℃)，冷却液应全部流经散热器，冷却系统形成大循环。此时节温器的上阀门完全开启，而侧阀门将旁通孔完全关闭，如图 5.10 所示。当冷却液温度低于 70 ℃时，折叠式密闭圆筒内的蒸气压力很低，使圆筒收缩到最小高度。

微课
节温器的拆装与检修

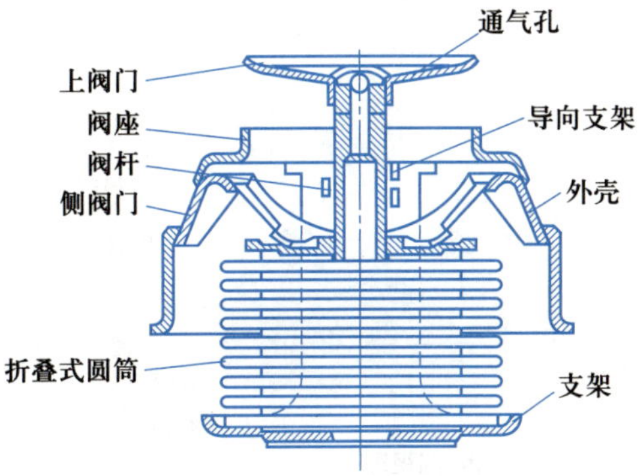

图 5.9
折叠式节温器

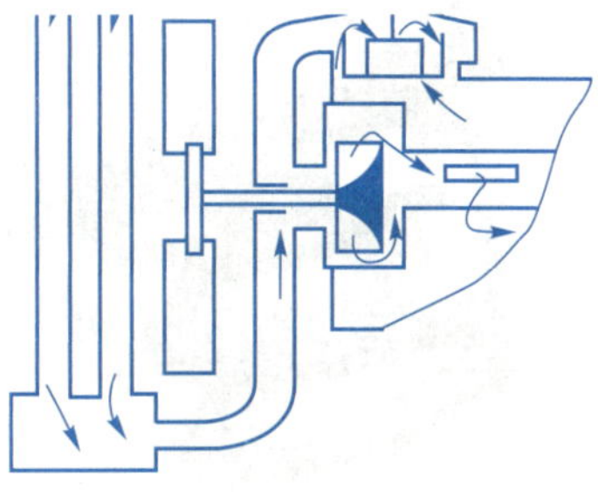

图 5.10
大循环时节温器上阀门开启，侧阀门关闭

如图 5.11 所示，冷却系统小循环时，上阀门在阀座上，这时上阀门关闭，同时侧阀门打开，切断了由发动机水套通向散热器的水路，水套内的冷却液只能由旁通孔流出经旁通管进入水泵，又被水泵压入发动机水套，此时冷却液并不流经散热器，只是在水套与水泵间循环，形成了小循环，从而防止了发动机过冷，并使发动机能迅速而均匀地预热。

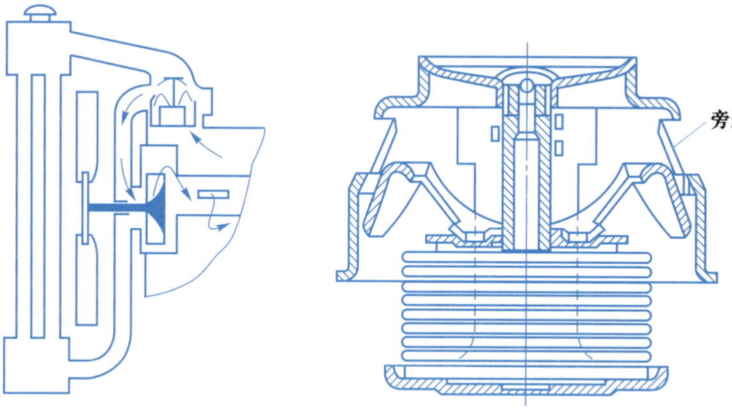

图 5.11
小循环时节温器上阀门关闭，侧阀门开启

当冷却液温度在 70 ~ 80 ℃，上阀门与侧阀门便处于与温度相适应的中间位置，此时只有部分冷却液流经散热器。

上阀门上面的通气孔是用来将阀门上面的出水管的内腔与发动机水套相连通，使在加注冷却液时，水套内的空气可以通过排气孔排出，以保证冷却液能充满水套。

动画
蜡式节温器
工作原理

（2）蜡式节温器。图 5.12 所示为东风 EQ1090E 型发动机上使用的蜡式节温器。推杆上端固定于支架上端的中心处，另一端插入胶管的中心孔中，胶管与节温器的外壳之间形成的腔体内装有精制石蜡。常温时，石蜡呈固态，弹簧将主阀门推向上方，使之压在阀座上，主阀门关闭；而副阀门上移离开阀座，小循环通路打开，如图 5.13a 所示。来自发动机气缸盖出水口的冷却液，经水泵又流回气缸体水套中，进行小循环。当发动机冷却液升高时，石蜡

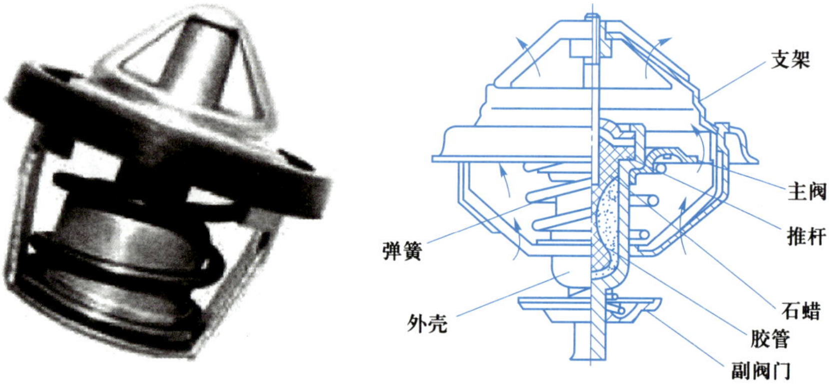

(a) 实物　　(b) 剖视图

图 5.12
蜡式节温器的结构

逐渐变成液态，其体积膨胀，迫使胶管收缩，而对推杆锥状端头施加向上的推力，固定不动的推杆对胶管及节温器外壳产生向下的反推力。当发动机冷却液超过 76 ℃时，推杆对节温器外壳的反推力可以克服弹簧预压力，使主阀门打开一部分。当冷却液超过 86 ℃时，主阀门全开，而副阀门此时正好关闭了小循环通路，这时来自气缸盖出水口的冷却液沿出水管全部进入散热器，进行大循环，如图 5.13b 所示。

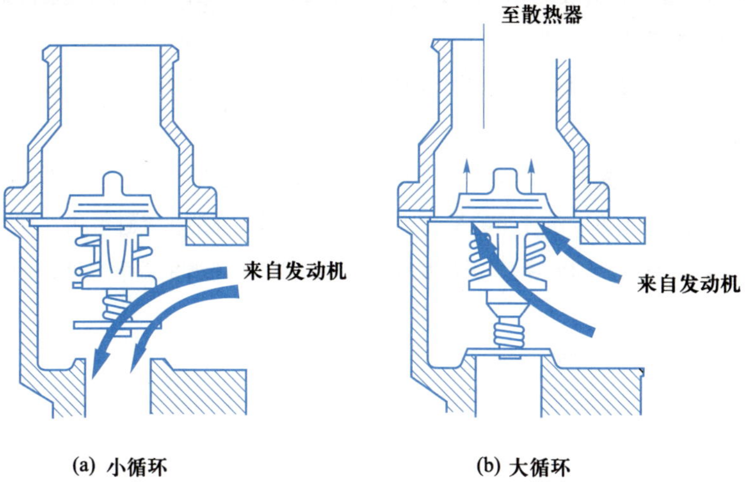

图 5.13
大小循环

3. 节温器的拆装

（1）节温器的拆卸。LS400 轿车的节温器设置在发动机的前部（散热器附近），其所在位置如图 5.14 所示。其拆卸步骤如下。

① 断开蓄电池负极导线，放出冷却液。

② 拆下节温器壳体。

③ 拆下节温器，卸下垫片。

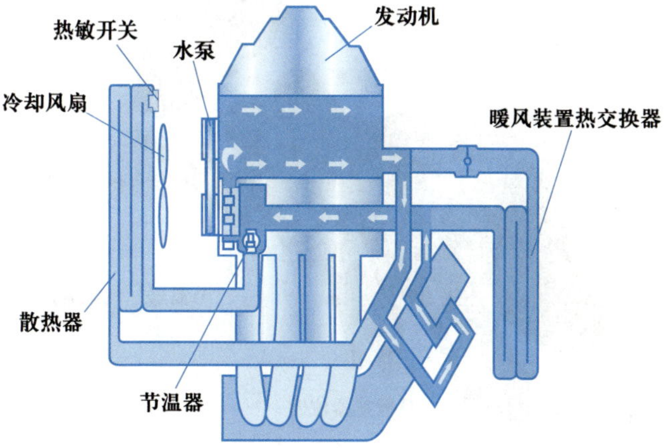

图 5.14
节温器所在位置

(2) 节温器的安装。

① 认真清洁所有零部件尤其是外壳结合表面，保证螺栓未生锈或损坏，清洁螺栓，以防止损坏发动机上的螺孔。用冷却液涂抹干净垫片后，装上垫片。

② 将节温器安装在壳体内，使壳体与发动机上的位置对准。

③ 添加冷却液到合适的位置。

④ 连接蓄电池负极导线，去掉散热器盖，车辆运转到使节温器打开，尽可能向散热器添加冷却液至规定的范围。

⑤ 安装散热器盖，关掉发动机使其冷却。待机体冷却后，再检查散热器和储液罐的冷却液量。

4. 节温器的检查

检查节温器的功能是否正常，可将节温器置于热水中，观察温度变化时节温器的变化(见图 5.15)。大众 EA211 发动机使用的是传统石蜡型节温器，分别在气缸盖和气缸体上安装有两个节温器控制横流冷却系统，如图 5.16 所示。节温器 1 在冷却液温度超过 87 ℃时打开，

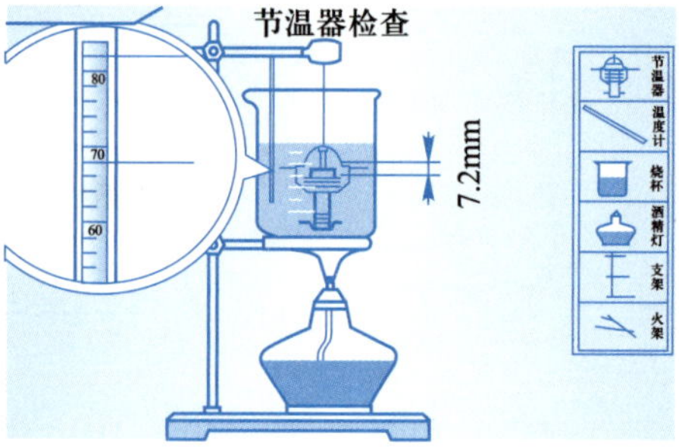

图 5.15
节温器的检查

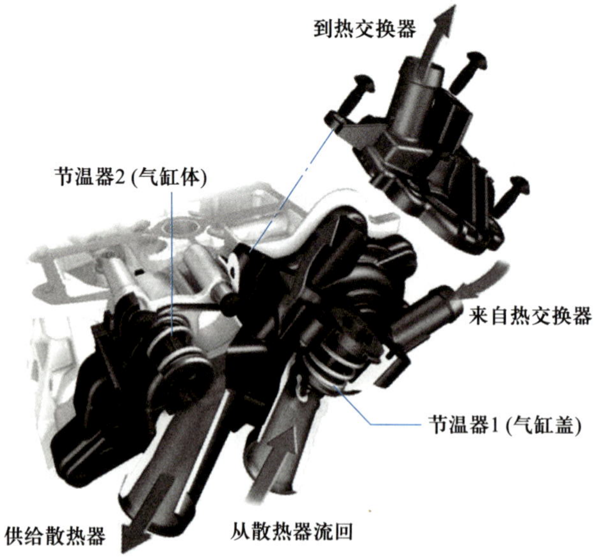

图 5.16
大众 EA211 发动机节温器

从而敞开从散热器到水泵的通路。节温器 2 在冷却液温度超过 103 ℃时打开，敞开从气缸体到散热器的已升温的冷却液的通路，整个冷却液循环路线都打开了。若达不到要求，就应更换节温器。

5.2.4　冷却风扇的拆装与检修

微课
冷却风扇的拆装与检修

冷却风扇通过提高散热器芯的空气流速与流量，来增强散热器的散热能力。冷却风扇安装在散热器后面，当冷却风扇运转时，对前方空气形成吸力，高速空气流由前向后通过散热器芯，带走散热器芯表面的热量，加速冷却液的冷却。冷却风扇的扇风量主要与冷却风扇的直径、转速、叶片形状、叶片安装角及叶片数量有关。

1. 冷却风扇的构造

对于冷却风扇来说，要求风量大，效率高，振动与噪声小，消耗发动机的功率少。传统的冷却风扇一般采用钢板冲压制成，和水泵同轴，与发电机一起，同时由曲轴传动带轮通过 V 形带驱动。一般将发电机支架做成可移动式，以调节 V 形带的张紧度，如图 5.17 所示。

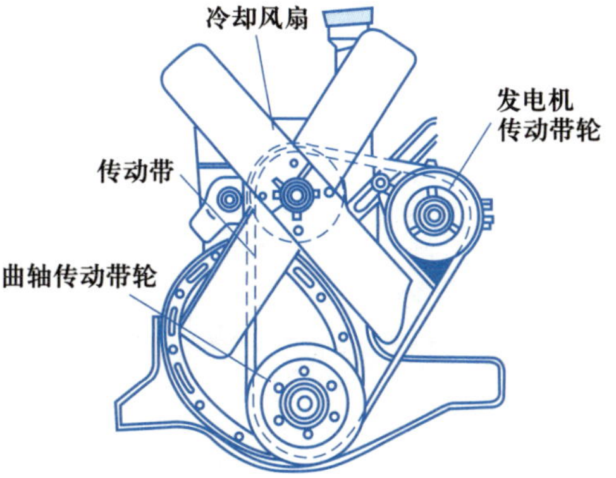

图 5.17
V 形带驱动冷却风扇

现代汽车发动机冷却风扇通常采用合成树脂材料制成，以减少噪声，且广泛采用电动风扇，其特点是不与水泵同轴，而由电动机驱动，并由受冷却液温度影响的温度开关控制。发动机低温时电动风扇不转动，当发动机高温后电动风扇才转动，且某些发动机电动风扇有高、低两个挡位，由专门的电路控制，如图 5.18 所示。

2. 冷却风扇的检修

动画
温控开关控制电动风扇工作原理

(1) 冷却风扇叶片的检修。冷却风扇拆卸后，检查冷却风扇叶片表面，若有裂纹或发生折断，应及时更换；连接冷却风扇叶片的铆钉如有松动，应予以重铆；冷却风扇叶片与旋转平面有 30° ~ 45°倾斜角度，每片倾斜角度应相等，可用样板来检查其是否符合规定，否则会影响风量。

(2) 电动风扇热敏开关的检修。发动机热态时，即使发动机已经熄火，电动风扇仍然可能转动。如果冷却液温度很高但电动风扇不转，应检查熔断器，若熔断器完好，则应停机检查热敏开关，检查电动机的功能，必要时应更换有关零部件。

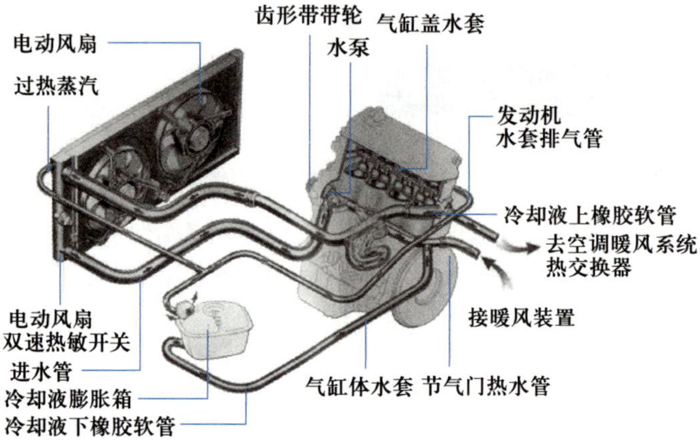

图 5.18
散热器电动风扇

任务 5.3　冷却系统的典型故障检修

5.3.1　发动机冷却液温度过高故障诊断与排除

微课
发动机冷却液温度过高故障诊断与排除

1. 发动机冷却液温度过高故障排除原则

发动机冷却系统与发动机其他系统（如起动系统，点火系统）排除故障的方法虽略有不同，其他系统故障的排除在很多情况下要借助检测仪器的帮助（如解码器、示波器、尾气分析仪等），但总的排除故障原则还是相同的，具体如下：

（1）看。“看”就是看发动机冷却系统外露部件的情况，重点放在各个水管的连接处和散热器上。如果看到有渗漏的地方，先将其处理恢复到正常状态，确保不再渗漏。

（2）听。“听”就是在发动机正常运行的情况下，听冷却系统各元件的工作情况，如听水泵电子控制冷却风扇有无异响，通过对异响的判断，重新对故障的产生原因进行分析。

（3）问。“问”就是对故障车辆的驾驶人进行询问，进一步了解故障的发生情况，如可以问驾驶人车辆的使用情况、故障发生条件、以前维修情况、日常的保养情况等，尽可能缩小故障的范围，减少排除故障的时间。

（4）诊。“诊”就是对车辆进行规范的检测与维修，检测与维修的一般步骤是：

① 常规检查：对车辆的整体状况进行了解。

② 与汽车发动机控制单元建立通信连接：利用解码器和汽车发动机控制单元进行通信连接，从而了解发动机控制单元故障代码记录情况，知晓汽车发生故障的部位。

③ 清除、读取故障码，看数据流：清除故障码的目的是将“软”故障先清除掉，这个“软”故障可能是上次维修后未清除的故障码。发动机清除、读取故障码后还可以观察数据流，了解各传感器和执行器的工作状态等。

④ 排除故障：针对故障码和数据流的提示排除故障。

⑤ 清除发动机控制单元的故障码，试车，交车。

2. 东风标致 307 轿车 EW10A 发动机冷却液温度过高故障排除思路分析

造成发动机冷却液温度过高的原因是多种多样的，在故障排除过程中应注意各个传感器和执行元件是相互配合工作的，要整体分析问题，分析问题时应遵循由易到难，由简单到复杂的原则，重点放在故障率较高的部分，所以在东风标致 307 轿车 EW10A 发动机冷却液温度过高故障排除过程中，一般可以从这 4 个方面来进行分析，即电子控制装置、节温器、水泵、散热器。

（1）电子控制装置。东风标致 307 轿车 EW10A 发动机采用的是电动风扇，由电动机驱动，受发动机 ECU、冷却液温度传感器、节温器、风扇电动机、风扇继电器、风扇电源熔断器共同控制。EW10A 发动机 ECU 损坏的可能性较小，冷却液温度传感器损坏只会造成冷却液温度无法显示，这里就不考虑了。因此风扇继电器、风扇电源熔断器、风扇电动机是电子控制装置检查的重点。风扇继电器是控制电动风扇低速运行功能和高速运行功能的，风扇电源熔断器将安全可靠的电源传输给电动风扇，确保电动风扇正常运行，风扇电动机是直接用来驱动风扇的，所以其三者任意一者出现故障，都将使电动风扇无法运行或无法正常运行，导致发动机冷却液温度过高。

(2) 节温器。与普通节温器相比，东风标致 307 轿车 EW10A 发动机装配的是可控节温器。在这个节温器的内部，有一个由发动机计算机控制的加热单元。当温度上升时，该节温器与普通节温器一样运行，发动机不介入其运行，普通节温器工作模式其初始开启温度为 101 ℃，在温度为 105 ℃时完全打开。当要求发动机满负荷运行时，存在发动机冷却液温度上升并超过 105 ℃的风险。因此，为了避免冷却液沸腾和节省电动风扇消耗的能源，可控节温器通过计算机控制，可以在温度更高（108 ℃）的情况下对冷却液的温度进行调节，延长开启时间，使冷却液在散热器内实现最佳循环。如节温器损坏，大循环时阀门不能按规定的温度打开或开度不够，致使发动机冷却液温度过高，这也是最常见的冷却系统故障。

(3) 水泵。东风标致 307 轿车 EW10A 发动机安装的是离心式水泵，其主要由泵体、叶轮和水泵轴组成，叶轮的叶片一般是径向或向后弯曲的，其数目一般是 6 ~ 9 片。当叶轮旋转时，水泵中的冷却液被叶轮带动一起旋转，在离心力作用下，冷却液被甩向叶轮边缘，然后经外壳上与叶轮成切线方向的出水管压送到发动机水套内。与此同时，叶轮中心处的压力降低，散热器中的冷却液便经过水管被吸进叶轮中心部分。如此连续的作用，使冷却液在水路中不断循环。如果水泵因故不能正常工作或停止工作时，冷却液将不能进行有效的循环，发动机温度会很快升高。

(4) 散热器。由于东风标致 307 轿车 EW10A 发动机加注防锈防冻液，为了减少冷却液的损失，保证冷却系统的正常工作，采用散热器加副水箱的结构。副水箱的上方用一根软管通向大气，另一根软管与散热器的溢流管相连。当散热器内的蒸气压力升高到某一值时，散热器盖上的压力阀打开，冷却液回到散热器内部，这样可以防止冷却液损失。副水箱内部印有两条液面高度标记线，副水箱内的液面高度应位于这两条标记线之间。散热器回水管被吸瘪变形，芯管堵塞或散热器内水垢过多使冷却液流通不畅，将严重影响冷却系统工作时的回水量，很容易造成发动机冷却液温度过高。

3. 东方标致 307 轿车 EW10A 发动机冷却液温度过高故障排除方法

在遇到 EW10A 发动机冷却液温度过高的故障时，根据 EW10A 发动机维修工艺要求及实际维修中积累的经验，在排除故障过程中，首先应该从故障率较高或容易损耗的零部件着手。在实际维修时，其电子控制装置（主要指电动风扇）出现故障的概率最高，故障主要集中在风扇电源熔断器、风扇继电器、风扇电动机。因此在排除故障过程中，应将电子控制装置视为第一重点。

(1) 电子控制装置。

① EW10A 发动机的风扇电源熔断器阻值为 0 Ω，直接影响电动风扇的通断电，其检查方法为：将其拆下，首先目测观察是否已经熔断，再使用万用表检查其阻值，阻值应接近 0 Ω，如果已经熔断或阻值很大，说明其已损坏，应直接更换，并观察电动风扇是否能正常工作。

② 若电动风扇仍不能工作，应检查风扇继电器，其通断是通过电磁线圈通断来实现的，由发动机 ECU 控制。检查时使用解码仪(安装东风标致轿车专用检测程序 Peugeot plant 2000)，首先将解码仪和车辆建立通信，通过解码仪给发动机 ECU 下达指令，分别检查电动风扇的高、低速功能。如果电动风扇不能正常运行，则将其更换并再次进行测试。

③ 若测试电动风扇还是无法工作，应检查风扇电动机。首先检查其线路、电机插头是否完好，若完好，将风扇总成(扇叶与风扇电动机一体)拆下，更换新的风扇总成进行测试。

EW10A 发动机的可控节温器出现故障而不能正常工作，使发动机冷却液温度过高，其故障率仅次于电子控制装置。当电子控制装置检查正常时，下一步就应对节温器进行检查。

(2) 节温器。检查节温器的步骤如下。

① 车上检查。在车上检查节温器时，可根据发动机起动后冷却液的变化情况进行判定。如果冷却液的温度上升较快(可对照冷却液温度表指针)，并且在达到大循环阀门初始开启温度后，冷却系统的冷却液温度上升速度显著减慢，这样说明节温器工作基本正常；否则，表示已经损坏。

② 拆下检查。为了更加准确地判断节温器的工作性能，可将节温器拆下，置于装有水的透明容器中，对水进行加热并用水温表测量温度变化。如果节温器不能完全打开，说明节温器出现故障。

如果节温器工作也正常，应检查水泵，EW10A 发动机装配的水泵的故障多为水封漏水，泵轴松旷、断裂，导致冷却液循环量不足，水泵不能正常工作或无法工作。检查时先观察水泵部位有无渗漏现象，有渗漏则直接更换水泵。

若水泵工作良好，根据工艺要求最后需对散热器进行检查，检查散热器有无明显的渗漏、变形并清除散热器内的水垢。散热器渗漏、变形或内部水垢过多都将严重影响冷却系统工作时的回液量，导致发动机冷却液温度过高。

重点、难点提示：导致东风标致 307 轿车 EW10A 发动机的冷却液温度过高故障的因素很多，在排除故障过程中应该由点及面，抓住重点，同时要把握以下几个方面：

① 排除故障时要遵循总的排除故障原则，做到细心，耐心，谨慎，防止漏查。

② 在排除故障时要了解所修发动机基本控制情况(特别是冷却系统)，知晓各传感器、执行器作用及基本工作原理。

③ 在发动机冷却液温度过高故障排除过程中要拓宽思维，考虑问题要全面，分析故障时结合实际现象，要敢于大胆猜想，由点到面，从而彻底排除故障。

5.3.2　汽车冷却风扇不转故障诊断与排除

微课
汽车冷却风扇不转故障诊断与排除

工匠园地

吴端华，2010 年入职北京汽车股份有限公司株洲分公司后，成为一名普通的汽车维修工。如今，他拥有株洲市“技能大师”、湖南省“创新达人”、北汽集团“首席技师”等身份。由他主导设计制作的发动机防冻液自动加注设备，较人工加注效能提高 10 倍，获得湖南省首届职工科技创新成果铜奖和 2015 年度湖南省机械装备工业优秀 QC 成果一等奖。

1. 故障现象

有一辆配备有 V6 3.0L 发动机的别克君威汽车在行驶了 13.7 万千米后，经常出现冷却液温度过高故障，而发生故障时，空调也不制冷。在高速行驶时还不太明显，等红绿灯时尤为明显，指针一下子就指向红色报警区，但有时又会慢慢地降下来。送修理厂检查时发现，水箱有裂纹，导致冷却液不足，更换水箱后进行高、低速风扇检查时无异常。

2. 故障主要原因

根据故障现象和客户的描述，首先应考虑到冷却系统的冷却风扇。因为只有冷却系统的冷却风扇才会影响空调的制冷，而且高速时前方的风可以帮助水箱散热，这一点也足以证明是冷却风扇故障。造成冷却风扇间歇性故障的原因主要有以下几种：

① 传感器故障；

② PCM 故障；

③ 继电器触点烧蚀；

④ 线路间各插头松动、烧蚀；

⑤ 线路短路、断路。

3. 故障诊断

以上的几种原因都可能造成冷却风扇间歇性故障，但不是所有的可能发生故障部件都需要检查，因为很多故障都可通过故障现象及诊断数据直接进行排除。

按故障码优先原则安装故障诊断仪，执行动力系统车载诊断（OBD）系统检查，无故障码存在。打开点火开关，起动发动机查看冷却液温度传感器，显示温度已经超过 106 ℃，而打开机盖发现冷却风扇不转。打开空调，冷却风扇也同样不转。同时在发动机数据流中发现低速风扇已接通指令，但两个风扇都未运转。

根据上述现象可直接排除传感器故障和 PCM 故障，说明故障就在冷却风扇电路。首先用故障诊断仪指令将低速继电器接通，发现两个低速风扇都未运行；然后将高速风扇继电器接通时，发现左侧风扇不运转，右侧风扇运转良好。根据该故障现象，结合冷却风扇电路图（见图 5.19）进行分析，可将故障范围直接缩小一半。由图 5.19 可以得知，故障肯定在低速的控制电路、低速风扇工作回路（从熔断器 6 到右边风扇电动机前的回路）和左边风扇高速工作回路。

对低速控制电路进行检查：

① 拔下继电器 12，用 1 只良好的试灯连接继电器 12 的 85、86 端子，打开点火开关，用故障诊断仪指示冷却风扇低速运转，试灯点亮。说明低速控制电路良好。

② 打开点火开关，用 1 根良好的导线直接短接继电器 12 的 30 和 87 两端子，发现冷却风扇还是没有转动，这时可排除继电器开关触点烧蚀故障。

③ 对冷却风扇的线路进行检查，首先查看供电电路，打开点火开关，用万用表检测继电器 12 的 87 端子与搭铁间的电压为 12 V，电源正常。

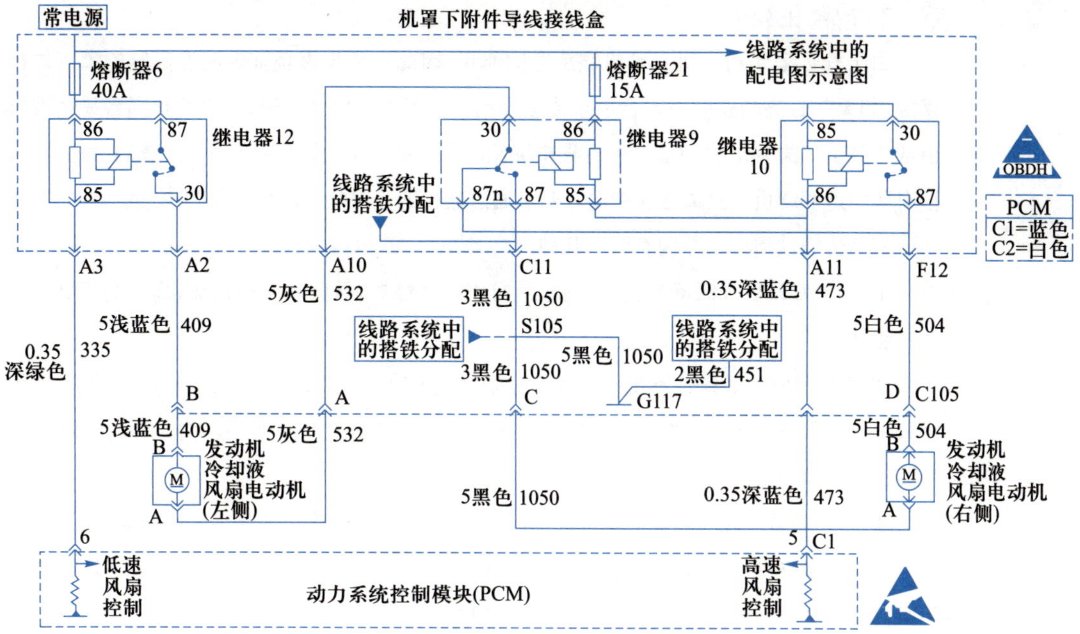

图 5.19
别克君威冷却风扇控制电路图

④ 拔下左侧冷却风扇的插头，用故障诊断仪指示冷却风扇低速运行的同时，用万用表测量左侧冷却风扇插头 B 端子与搭铁间电压，也为 12 V，电源正常。

⑤ 插回左侧冷却风扇的插头，拔下 C105 插接器，用万用表的电阻挡测量 A、B 两端子的通断情况，正常值为 0.04 Ω。

⑥ 用万用表电阻挡检测 C105 的 A、D 两端子的通断，发现为断路。

⑦ 拔下继电器 9，测量 C105 的 A 端子与继电器 9 的 30 端子间的通断状况，结果为无穷大，拆下发动机舱熔断器下的 C1 插接器，故障出现，找到故障点：C1 插接器的 A10 号端子有烧蚀现象。由于更换熔断器、发动机线束等成本过高，最后对该端子进行焊接处理。维修完成后，再进行高、低速测试时，冷却风扇的高、低速都正常运转，故障排除。

重点、难点提示：在维修当中若遇到了困难，首先要了解该系统的工作原理、控制方式及关键点，根据故障现象进行相应分析，以便找出该故障的原因，然后按照系统部件的逻辑关系，结合排除法、反思法及诊断设备进行逐一排除。这样可少走弯路，节省时间，提高工作效率。

5.3.3　汽车尾气冒白烟故障诊断与排除

微课
汽车尾气冒白烟故障诊断与排除

1. 故障现象

一台轿车装用 JV 发动机，行驶里程为 19.3 km。驾驶人反映发动机动力下降，加速时排气管冒大量的白烟。

2. 故障主要原因

由于气缸垫起到密封发动机燃烧室的作用,因此它要与燃烧室内高温高压的燃气进行接触,如果气缸垫的安装不符合要求或者发动机出现爆燃等情况时,气缸垫极易容易烧蚀而造成失效。如果发动机在运行的过程中突然出现功率下降,废气中产生了大量的白烟,此时很有可能是发动机气缸体水套中的冷却液通过破损的气缸垫进入到气缸中造成的。

气缸垫烧蚀损坏的原因有以下几种:

① 汽车发动机长时间高负荷运转,气缸内产生爆燃,导致发动机过热,高温高压燃气将气缸垫烧蚀。

② 安装气缸垫时操作不规范导致气缸垫漏气失效。例如,安装气缸盖螺栓时,没有按照相关的工艺要求操作,导致气缸体与气缸盖接合面上的气缸垫贴合不均匀、不紧密,从而产生漏气失效情况。

③ 点火提前角或喷油提前角过大,导致发动机气缸内温度过高烧蚀气缸垫。

④ 气缸垫自身的问题。气缸垫质量较差、厚薄不均、内部有气泡、石棉铺设不均或包边不紧,都有可能导致气缸垫漏气或者烧蚀失效情况的出现。

⑤ 发动机机体组的问题。发动机气缸盖或者气缸体翘曲变形,气缸体平面度不符合相关要求,导致气缸垫密封不严,产生漏气烧蚀失效。

⑥ 汽车驾驶人的问题。一些不当的驾驶操作,如习惯猛踩加速踏板、急加速、长期高速运行以及急踩制动踏板等,都会给发动机造成过大的压力,增大气缸垫烧蚀失效的可能性。

项目 6
燃料供给系统的检修

任务 6.1　燃料供给系统的功用

发动机燃料供给系统是指为发动机提供可燃混合气的装置，根据发动机各种不同工况的要求，配制具有一定量和浓度的可燃混合气，定时、定量地供入气缸中，并将燃烧后生成的废气排出发动机。

发动机燃料供给系统通常包括燃油供给系统、空气供给系统、排气系统和控制系统 4 部分，按照使用燃料不同，分为汽油机燃料供给系统、柴油机燃料供给系统、天然气燃料供给系统、液化石油气燃料供给系统和氢气燃料供给系统等。本项目主要介绍汽油机燃料供给系统。

6.1.1 汽油机燃料供给系统组成

动画
燃油供给系统
功用

汽油机所用的燃料是汽油。汽油在燃烧前，一般需要先雾化和蒸发，并按一定的比例与空气混合形成均匀的混合气供入气缸，在发动机临近压缩终了时点火燃烧而膨胀做功，保证发动机的正常运转，最后把做功产生的废气排到气缸外面（见图 6.1）。

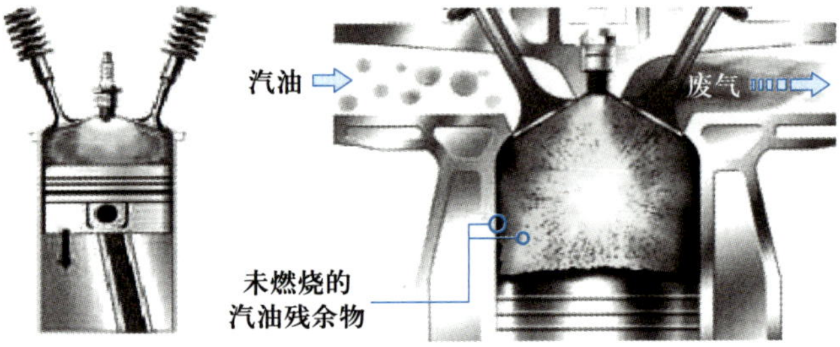

图 6.1
汽油机燃料供给系统

汽油机燃料供给系统主要由燃油供给系统、空气供给系统、排气系统和控制系统组成。控制系统涉及发动机电控系统的知识，本项目不做详细介绍。

1. 燃油供给系统

汽油机燃油供给系统主要包括汽油箱、汽油滤清器、汽油泵、燃油压力调节器和喷油器等（图 6.2），用以完成汽油的储存、输送及清洁的任务。

2. 空气供给系统

汽油机空气供给系统主要包括空气滤清器、空气流量传感器、节气门、进气总管和进气歧管等（见图 6.3），用以完成空气的清洁、调节和输送任务。

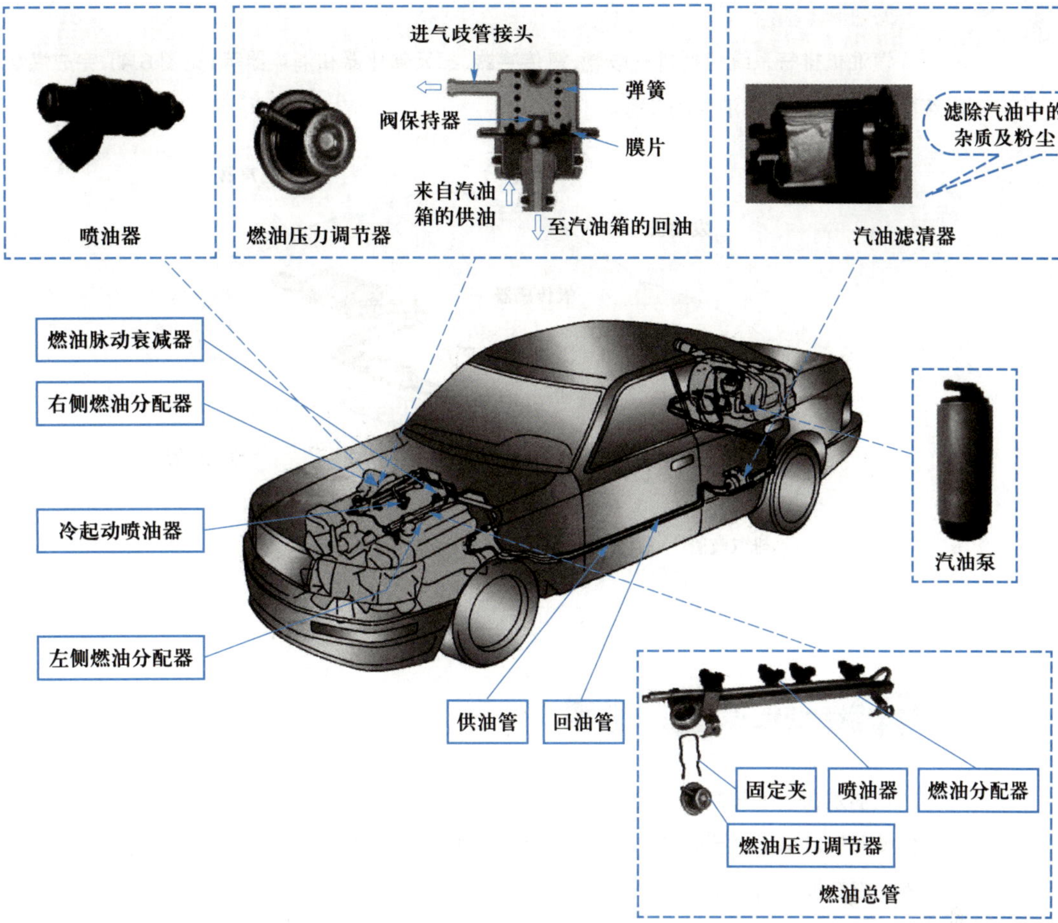

图 6.2
汽油机燃油供给系统

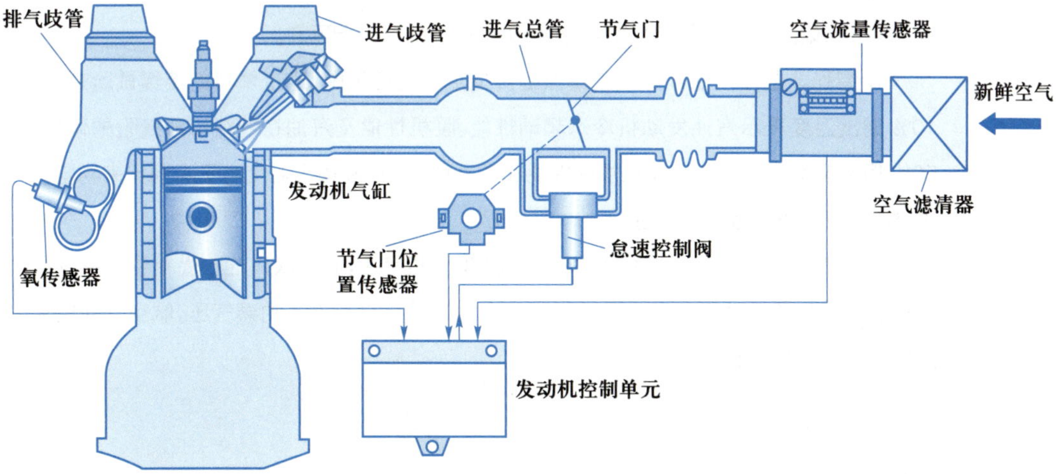

图 6.3
汽油机空气供给系统

3. 排气系统

汽油机排气系统包括排气歧管、氧传感器、三元催化器和消声器等(见图 6.4),完成燃烧废气的排出、净化和消声的任务。

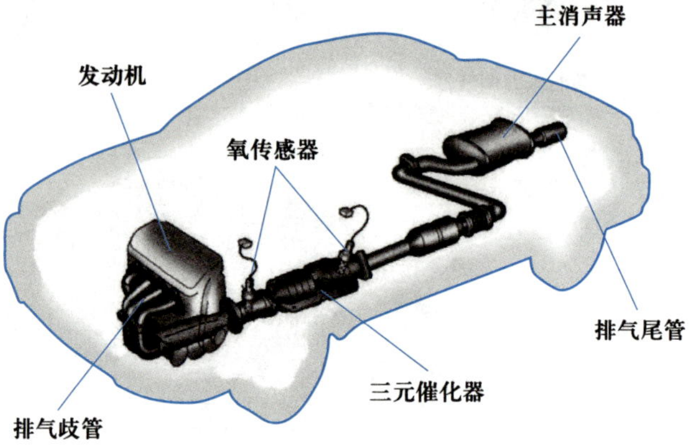

图 6.4
排气系统

6.1.2 汽油使用性能指标

汽油是由石油提炼而得的密度小又易于挥发的液体燃料,由多种碳氢化合物组成。汽油的使用性能指标主要是蒸发性、热值和抗爆性,它们对发动机动力性、经济性、可靠性和使用寿命都有很大的影响。

1. 汽油的蒸发性

在汽油发动机中,汽油只有先从液态蒸发成蒸气,并与空气混合成为可燃混合气后,才能在气缸中燃烧。对于高速发动机,形成可燃混合气的时间很短,一般只有百分之几秒。因此,汽油蒸发性的好坏,即容易蒸发的程度,对发动机的起动、暖机、加速、气阻、燃料消耗量等有重要影响。汽油的蒸发性常用馏程、蒸气压等指标综合评定。

① 馏程。是指汽油馏分从初馏点到终馏点的温度范围,通过燃料的蒸馏试验来测定。10% 馏出温度表示汽油发动机冷态起动性能、暖机性能及汽油在管路形成气阻的倾向性;50% 馏出温度表示汽油发动机加速性能和动力性能;90% 馏出温度与干点则用来判定汽油中难以蒸发的重质成分的含量。

② 蒸气压。是指在标准仪器中测定的 38 ℃蒸气压,它反映汽油在燃料供给系统中产生气阻的倾向和发动机起动难易的指标。车用汽油要求有较高的蒸气压,航空汽油要求的蒸气压比车用汽油低。

知识小贴士

气 阻

汽油发动机工作时，其汽油供给管路可能受热升温。当温度升高到使汽油蒸气压达到饱和值，即等于管路系统压力时，汽油泵和管路中将产生大量汽油蒸气泡，妨碍液态汽油流动，使汽油流量减少到不足以维持发动机正常运转，导致发动机失速。发动机的这种故障称为气阻。发动机所用的汽油蒸发性越强，则越易发生气阻。因此，在国产汽油质量指标中，规定了夏季与冬季不同的蒸气压的要求。

2. 燃料的热值

燃料的热值是指 1 kg 燃料完全燃烧后所产生的热量。汽油的热值约为 46 000 kJ/kg。

3. 汽油的抗爆性

汽油的抗爆性是指汽油在发动机气缸中燃烧时，避免产生爆燃的能力，即抗自燃能力，是汽油主要性能指标之一。

爆燃是汽油机的一种异常燃烧现象，会引起发动机过热、排气冒烟、油耗增大和功率下降等不良后果。发动机选用抗爆性较好的汽油，就可以采用较高的压缩比而不至于发生爆燃。汽油抗爆性的好坏程度一般用辛烷值表示。辛烷值越高，抗爆性越好。国产汽油的辛烷值可以从其代号的数字中看出，如 92 号、95 号汽油，其辛烷值分别为 92、95。

4. 汽油选用

应按照汽车使用说明推荐的汽油标号选择汽油(见图 6.5)，也可通过压缩比的参数来选用不同标号的汽油。

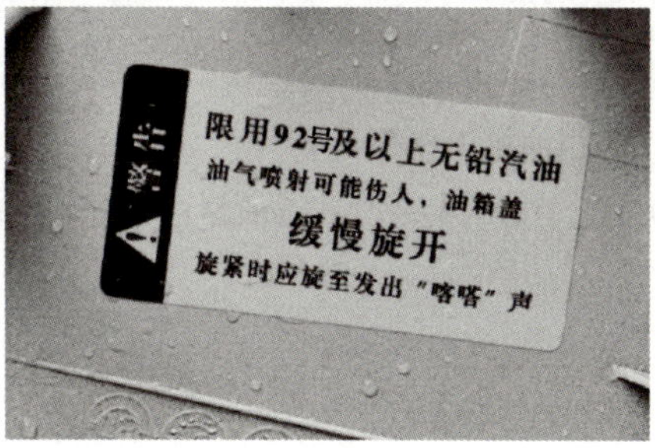

图 6.5
油箱盖上推荐的汽油标号

一般高压缩比的发动机使用高牌号的汽油，低压缩比的发动机使用低牌号的汽油。目前市面上汽油标号有92、95和98三种，一般而言，压缩比为 8～10 的发动机选用 92 号汽油，压缩比为 10～11.5 的发动机选用 95 号汽油，压缩比为 11.5 以上时，应选用 98 号汽油。

若将低牌号的汽油用在高压缩比的发动机上，除会产生爆燃外，还会产生诸如功率下降，油耗上升，发动机内部零件损坏，如活塞顶部烧蚀、脱顶等故障，严重缩短发动机的正常寿命。

节能环保

国家第六阶段机动车污染物排放标准

从 2019 年 7 月 1 日起，我国部分地区新生产(进口)的轻型汽车和重型燃油车已经开始执行国家第六阶段机动车污染物排放标准(简称国六标准)。国六标准是为贯彻《中华人民共和国环境保护法》《中华人民共和国大气污染防治法》，防治压燃式及气体燃料点燃式发动机汽车尾气对环境的污染，保护生态环境，保障人体健康而制定的标准。

国六标准的实施有助于减少汽车尾气排放，降低空气污染物含量，改善环境质量，保护大家的健康。国六标准要求汽车制造商进行技术升级和创新，推动汽车行业向更加环保、智能化的方向发展，提高我国汽车工业的竞争力。国六标准与国际接轨，有助于我国与其他国家分享先进的技术和经验，促进国际合作，推动全球汽车工业的可持续发展。

同样，低压缩比发动机用高牌号汽油，除增加用车成本外，会产生着火慢、燃烧时间长等问题，导致功率下降，还会因燃烧气体温度过高而烧坏进、排气门座圈，导致气门关闭不严。

6.1.3　可燃混合气浓度

汽油与空气混合形成并处于能着火燃烧的浓度界限范围内的混合气，称为可燃混合气。可燃混合气中汽油含量的多少，称为可燃混合气浓度。

1. 可燃混合气成分

对于混合气成分，欧美各国家及日本等一般都直接以其中所含空气与燃料的质量比——空燃比 ε 来表示。理论上，1 kg 汽油完全燃烧需要空气 14.7 kg。因此，对于汽油机而言，空燃比为 14.7 的可燃混合气可称为理论混合气。若可燃混合气的空燃比小于 14.7，则意味着其中汽油含量有余，空气含量不足，可称之为浓混合气。同理，空燃比大于 14.7 的可燃混合气则可称为稀混合气。应当指出，对于不同的燃料，其理论空燃比数值是不同的。

在我国及其他一些国家，通用的可燃混合气成分指标是过量空气系数，常用符号 α 表示。

α = 燃烧 1 kg 燃料实际供给的空气质量 / 完全燃烧 1 kg 燃料所需的理论空气质量

由上面的公式可知，无论使用何种燃料，过量空气系数 $\alpha=1$ 的可燃混合气即为理论混合气；$\alpha<1$ 为浓混合气；$\alpha>1$ 则为稀混合气。

2. 不同工况对可燃混合气浓度的要求

车用汽油发动机各种工况对可燃混合气浓度的要求各不相同，根据发动机的工况可分为稳定工况对可燃混合气浓度的要求和过渡工况对可燃混合气浓度的要求。

知识小贴士

汽油机工作特点

① 工况变化范围很大，负荷可从 0 变到 100%，转速可从最低稳定转速变到最高转速，而且有时工况变化非常迅速。

② 在汽车行驶的大部分时间内，发动机是在中等负荷下工作的。轿车发动机负荷经常是 40%～60%，而货车则为 70%～80%。

(1) 稳定工况对混合气浓度的要求。稳定工况是指发动机完成预热后转入正常运行，且在一定时间内没有转速和负荷的突然变化的工作状况。稳定工况按负荷大小划分为怠速和小负荷、中负荷、大负荷和全负荷三个范围。怠速一般是指发动机在对外无功率输出的情况下以最低转速运转，转速一般为 800～900 r/min，怠速工况节气门处于关闭位置，进入气缸内的可燃混合气数量少且雾化蒸发效果差，因而采用 α 为 0.6～0.8 的浓混合气；小负荷工况节气门略开，气缸内混合气的品质逐渐改善，此时 α 为 0.7～0.9 的浓混合气；中等负荷工况节气门有足够的开度，此时燃料经济性要求是首要的，α 为 1.05～1.15 的经济混合气，汽油机在大部分工作时间内处于中等负荷状态；大负荷和全负荷工况节气门全开，要求能供给对应最大功率的浓混合气，α 为 0.85 ~ 0.95。

(2) 过渡工况对混合气浓度的要求。过渡工况包括冷起动、暖车、加速、减速 4 种工况。

① 冷起动工况。指发动机在起动机驱动下起动，此时发动机转速和温度较低，汽油不易蒸发造成进入气缸的汽油蒸气过稀，不易着火。要求供给极浓的混合气，α 为 0.4 ~ 0.6，保证进入气缸内的混合气中有足够的汽油蒸气，使发动机得以顺利起动。

拓展微课
如何解释汽车油耗高

② 暖机工况。发动机温度逐渐上升直到接近正常值，能够稳定怠速运转为止。在暖机过程中，α 值应当随着温度的升高而升高，直至达到怠速混合气浓度。

③ 加速工况。指负荷突然迅速增加的过程。此时节气门开度突然加大，空气流量即刻随之增加，但是燃料流量的增长比空气要慢得多，致使混合气暂时过稀。为了改善汽车发动机的加速性能，在节气门开度突然加大时，应额外增加供油量，以便及时使混合气增加到足够的浓度。

④ 急减速工况。此时节气门迅速关闭，空气流量迅速减少，但燃料流量减少比空气慢得多，致使混合气暂时过浓，HC 排放增加。因此，当汽车急减速时，可以减缓节气门关闭的速度以及限制节气门开度，从而避免混合气过浓。

综上所述，车用汽油机在正常运转时，在小负荷和中负荷工况下，要求能随着负荷的增加供给由较浓逐渐变稀的可燃混合气；当进入大负荷范围直到全负荷工况下，又要求混合气由稀变浓，最后浓度增加到能保证发动机发出最大功率。

6.1.4　汽油机燃料供给系统发展历程

随着汽车技术的发展，在追求高性能、低污染的前提下，汽油机燃料供给系统经历了三个时期，即传统化油器时期、气道喷射（包括单点喷射和多点喷射）时期以及缸内直接喷射时期。目前车用汽油机的主流产品采用的是电控多点喷射和电控缸内直喷技术。如何根据发动机工作的要求配置出不同浓度、不同数量的可燃混合气，是汽油机燃料供给系统所要解决的主要问题。

1. 化油器与可燃混合气的形成

液体燃料应在蒸发为气态后才能与空气均匀混合。要使混合气能在约为 0.01 ~ 0.02 s 形成，应先将燃料雾化成极微小的油滴，使蒸发面积大大增加。化油器式混合气形成装置是利用吸入空气流的动能实现汽油雾化的。

图 6.6 所示为化油器的构造和可燃混合气形成过程示意图。化油器由浮子、量孔、浮子室、喷管、喉管以及节气门等组成。

浮子室连同喷管实际上是一个壶状的容器，其中储存着自汽油泵输送来的汽油。由于喷管口高于浮子室中的油面约 2 ~ 5 mm，汽油不可能自动流出。浮子室顶部有孔连通大气，故若在喷管口处产生足够大的真空度，即可将浮子室中的汽油吸出喷管。

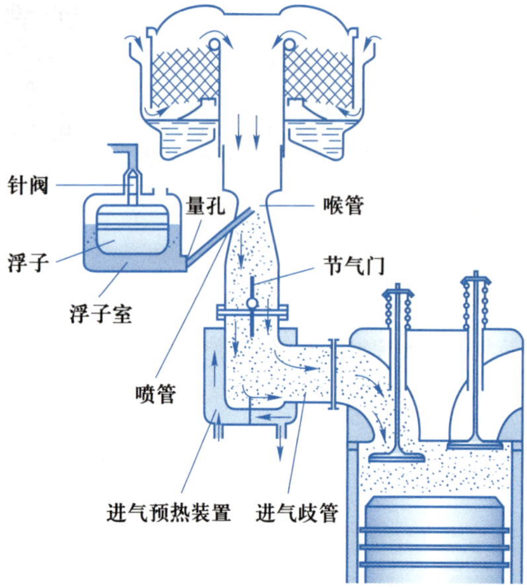

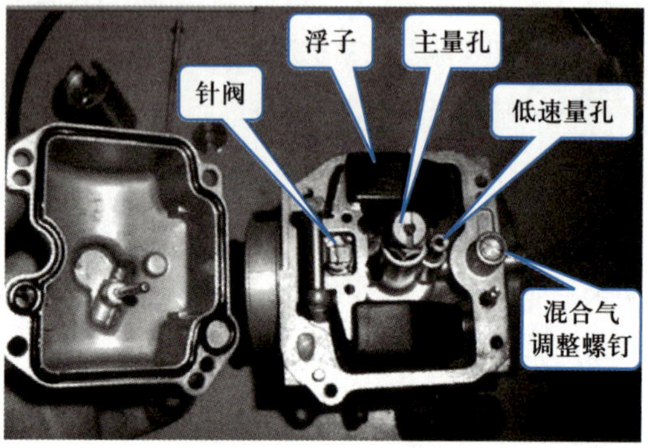

图 6.6
化油器的构造和可燃混合气形成过程示意图

知识小贴士

化油器喉管的作用

由流体力学可知，喉管的喉部截面积最小，因而喉部的空气流速最大，静压力最低。既然喉部空气流速大于大气中的空气流速，则喉部压力小于大气压力，即喉部存在着真空度，于是，汽油自浮子室经喷管喷入喉管中，由喷管喷出的油流即被高速的空气流冲散，成为大小不等的雾状颗粒，与空气混合，经进气歧管被分配到各个气缸。

节气门开度大小和发动机转速决定了喉管处的真空度，而节气门的开度变化直接影响着可燃混合气的比例，化油器控制不够精准，已远远满足不了对可燃混合气浓度随时变化的要求，致使发动机燃烧不充分，尾气排放中的有害物质含量超标，随着排放法规的日趋严格，其无法满足汽车尾气排放法规，现在已经逐渐被淘汰。

2. 进气道喷射与可燃混合气的形成

进气道喷射是将燃油喷在进气道内，主要依靠壁面温度促进燃油的蒸发，从而与空气混合形成可燃混合气。进气道喷射按喷油器的安装位置不同，又分为单点喷射和多点喷射两种，如图 6.7 所示。单点喷射（见图 6.7a），喷油器安装在节气门体上方，由于该处压力低，喷射时只需要 0.1 MPa 的低压就可以喷射了。此时多个气缸共用一个喷油器产生可燃混合气，喷油量大小根据节气门开度大小而定。单点喷射优势在于构造简单、成本较低、维修方便；劣势是由于进气歧管长短和位置不同，所以每个气缸的混合油气的量不一致，导致其工况存在差异，排放较差，不受市场欢迎而逐渐被淘汰。

多点喷射（见图 6.7b），是在每缸靠近进气门的进气道处各布置一个喷油器，以 0.35 MPa 的喷射压力将汽油直接喷射到各缸的进气前方，再与空气形成可燃混合气进入气缸。多点喷射的优势在于各缸喷油器可以单独控制，可对喷油时刻和喷油量进行精准控制，进入各缸的燃油的量不受进气歧管的影响，所以相比单点喷射动力更好，排放更优，更经济省油。

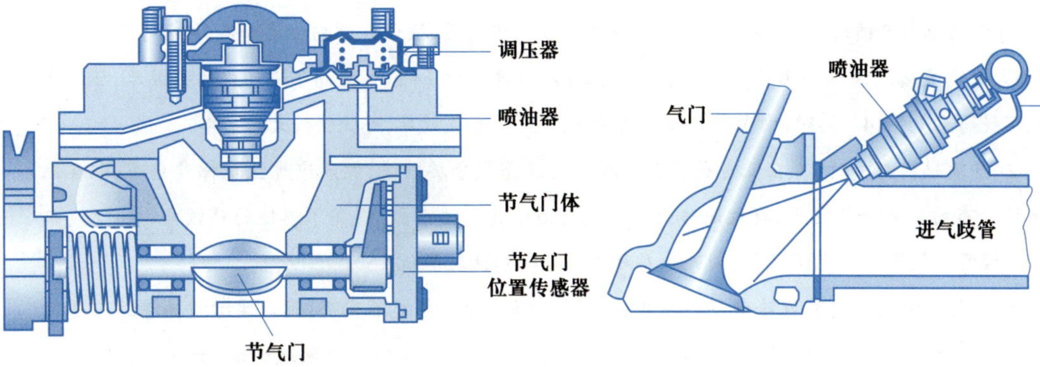

(a) 单点喷射　　(b) 多点喷射

图 6.7
单点喷射和多点喷射示意图

3. 缸内直喷与可燃混合气的形成

缸内直喷是一种新型的，也是现在比较先进的汽油喷射技术。缸内直喷与进气道多点喷射最大的不同在于燃油喷射位置不同，混合气形成方式不同，如图 6.8 所示。

动画
电控汽油喷射系统工作原理

动画
汽油喷射式燃料供给系统工作原理

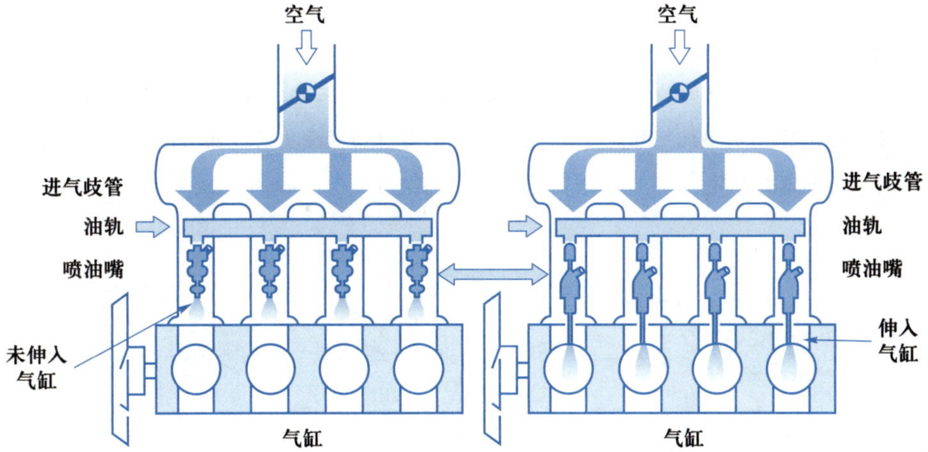

(a) 多点喷射　　(b) 缸内直喷

图 6.8
多点喷射和缸内直喷

进气道多点喷射汽油机，喷油嘴伸入靠近进气门的进气道，用较低的喷油压力将燃油喷射到进气道，并与空气混合，然后进入燃烧室参与燃烧。而缸内直喷汽油机，喷油嘴伸入气缸，用较高的喷油压力将燃油直接喷射到燃烧室内，在气缸内形成可燃混合气，并进行点火燃烧。

知识小贴士

缸内直喷的优点

① 汽油缸内直喷时，油滴从气缸内空气中吸收热量进行蒸发，使气缸内温度降低，增强了抗爆燃能力，因此缸内直喷汽油机相比进气道喷射汽油机可以用较高的压缩比，提高了汽油机的热效率，压缩比一般可提高至 11～14。同时，由于气缸内温度降低，提高了充气效率，可提供较大的功率。

② 汽油缸内直喷时，可在低负荷工况实现稀薄混合气分层燃烧，燃油浓度呈现梯度分布，即在缸壁附近分布的大部分是空气，有效地防止了热量传递给气缸体水套，提高了燃烧的热效率。由于汽车发动机经常在低负荷工况下运行，因此分层稀燃可使平均油耗降低 15%～20%。

③ 进气道喷射发动机在冷起动过程中，壁面温度低，油气蒸发不完全，因此实际喷油量远远超过了按理论空燃比计算得到的喷油量；而且在冷起动时易出现失火或不完全燃烧现象，使 HC 排放增加。而缸内直喷发动机可以精确地控制每个工作循环的空气与燃油比例，可以降低冷起动时的 HC 排放，瞬态响应较好。

科技创新

通过汽油机燃料供给系统的发展历史，可发现随着电子控制技术的发展，发动机技术在不断进步，解决了油耗、动力性、排放污染不能兼顾的问题。因此技术的积累和突破才是解决发展过程中存在问题的法宝。

6.1.5 空气供给系统

空气供给系统主要由空气滤清器、空气流量传感器、进气总管、节气门、进气歧管等组成（见图 6.9）。

知识小贴士

空气供给系统的功用是向发动机提供与负荷相适应的清洁的新鲜空气，同时测量和控制进入发动机气缸内的空气量，使它们与喷油器喷出的汽油形成空燃比符合要求的可燃混合气。

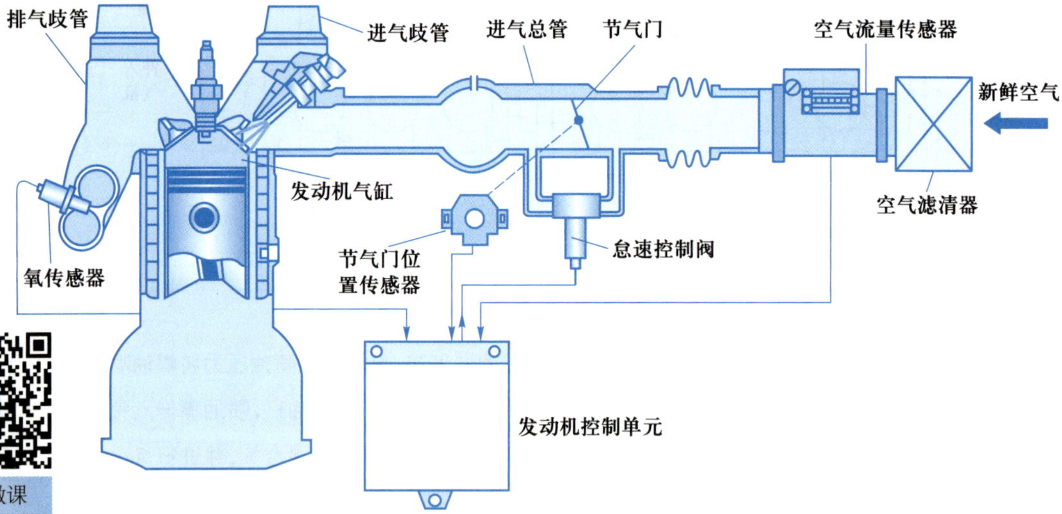

拓展微课
涡轮增压器

图 6.9
空气供给系统的组成

1. 空气滤清器

空气滤清器的作用是对进入发动机气缸的空气进行过滤，以防止灰尘、杂质等损坏发动机气缸体、活塞等，同时防止灰尘、杂质污染发动机润滑油，造成发动机各润滑部件的磨损。另外，空气滤清器也有消减进气噪声的作用。空气滤清器如图 6.10 所示。

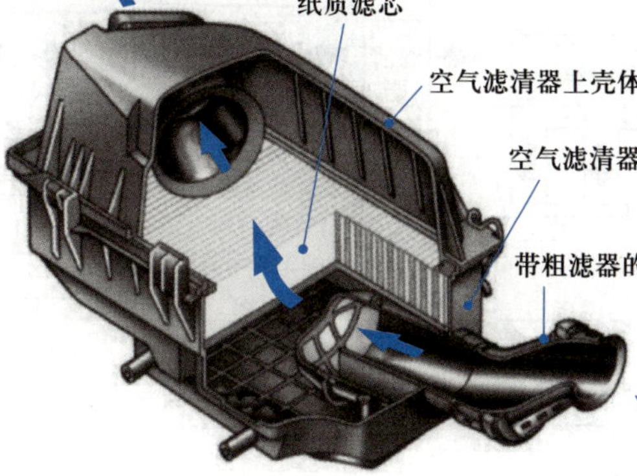

图 6.10
空气滤清器

空气滤清器一般由进气管、空气滤清器上壳体、空气滤清器下壳体和纸质滤芯等组成。现在广泛应用于汽车发动机上的空气滤清器有以下形式：油浴式空气滤清器，用于多尘条件下工作的发动机，如越野汽车发动机；纸质滤芯空气滤清器，广泛用于汽车发动机，具有质量轻、成本低、过滤效果好等优点；离心式空气滤清器，多用于大货车上。

2. 进气总管和进气歧管

进气总管相当于一个大储气罐，可以储存大量的空气，缓和进气气流的脉冲，保证各气缸有充足的进气；进气歧管的作用是将可燃混合气引入各气缸，保证进气充分和各气缸进气量均匀一致。安装在进气总管上的泄压阀的作用是防止发动机回火时，过高的气体压力对进气总管和进气歧管造成伤害。进气总管和进气歧管如图 6.11 所示。

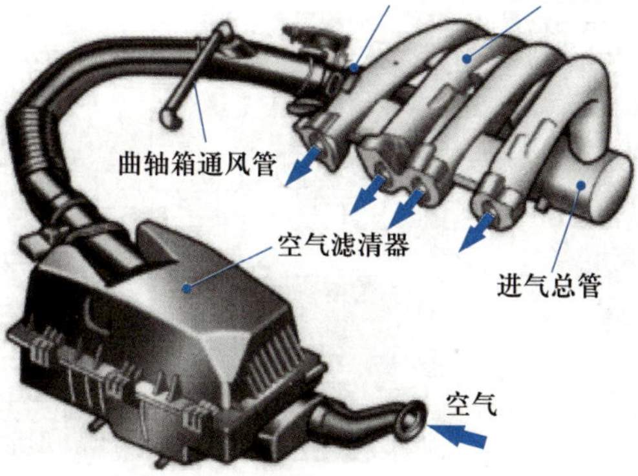

图 6.11
进气总管和进气歧管

3. 节气门

节气门的作用是控制进入发动机气缸的空气流量，有机械节气门和电子节气门两种类型的节气门，机械节气门的空气供给部分如图 6.12a 所示，电子节气门的空气供给部分如图 6.12b 所示。

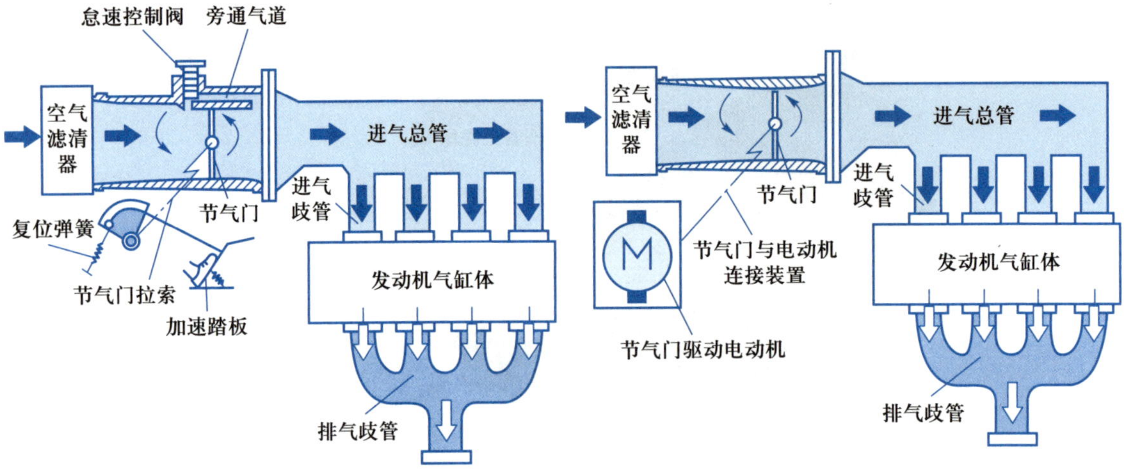

(a) 机械节气门　　(b) 电子节气门

图 6.12
机械节气门和电子节气门

汽车挂空挡，起动发动机后，发动机不对外输出功率，此时发动机产生的功率只用于维持发动机稳定运行，这时发动机的转速称为怠速。机械节气门在进气导管处会设置一个旁通气道来控制发动机怠速，电子节气门通过发动机电子控制单元直接控制节气门开度大小来控制发动机怠速。

知识小贴士

节气门的开度反映发动机的负荷，一般节气门开度大，则表示发动机负荷大。发动机电喷系统要根据节气门开度来修正喷油量和点火提前角。为检测节气门开度的大小，在机械节气门和电子节气门上都装有节气门位置传感器，如图 6.13 所示。

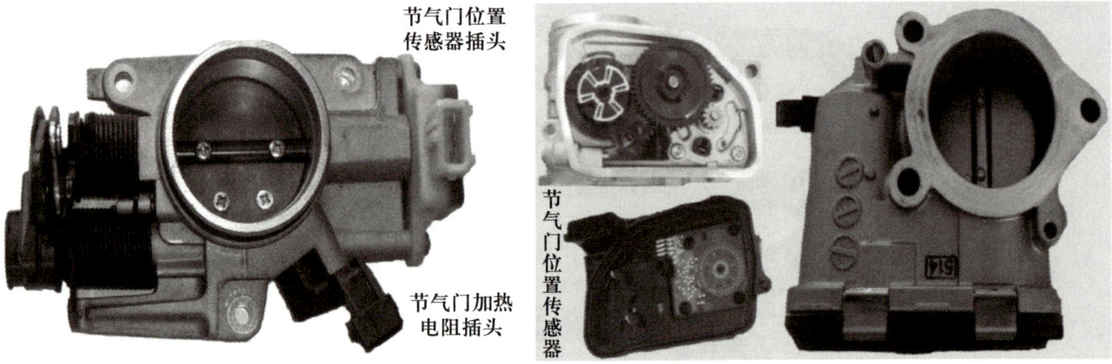

图 6.13
机械节气门和电子节气门的节气门位置传感器

4. 空气测量装置

汽车行驶时，空气流量由驾驶人通过加速踏板操作节气门控制的。进气压力传感器和空气流量传感器分别是 D 型和 L 型电喷系统中用来检测发动机进气量的传感器，如图 6.14 所示。

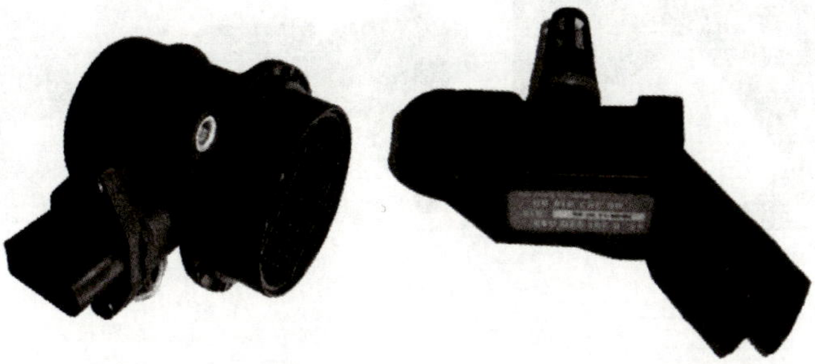

(a) 空气流量传感器　　(b) 进气压力和温度传感器

图 6.14
空气流量传感器以及进气压力和温度传感器

进气测量装置主要包括空气流量传感器或进气压力传感器、进气温度传感器和进气歧管绝对压力传感器等。主要检查进入气缸的气体流量、温度、压力。

(1) 空气流量传感器。

空气流量传感器也称空气流量计，在 L 型电控燃油喷射系统中，它的功用是将吸入的空气量转换为电信号传送给发动机电子控制单元(ECU)，其信号是 ECU 确定基本喷油量的重要信号之一，其安装在空气滤清器与节气门体之间，现已广泛应用在现代汽车发动机上。空气流量传感器结构图如图 6.15 所示。

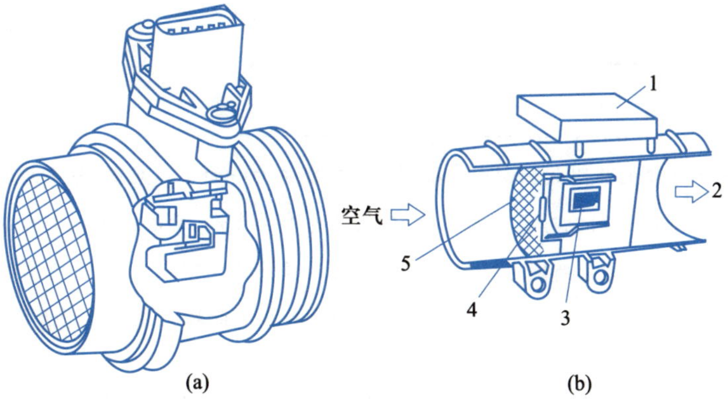

(a)　　(b)

图 6.15
空气流量传感器结构图
1—控制电路；2—通往发动机；3—热膜；4—上流温度传感器；5—金属护网

通过控制发热元件(热膜)温度与空气温度之差为一恒定值，可根据发热元件的加热电流求得空气气流的流量。

(2) 进气压力传感器。

进气管压力传感器测量节气门之后的进气管真空度，再根据发动机转速和节气门开度，由 ECU 通过计算确定发动机的进气量。进气压力传感器通过软管直接安装在进气总管上或进气歧管上。其测量进气管内绝对压力（真空度）的变化，并转换成电压信号，输送到 ECU，作为确定喷油器基本喷油量的依据。进气压力传感器如图 6.16 所示。

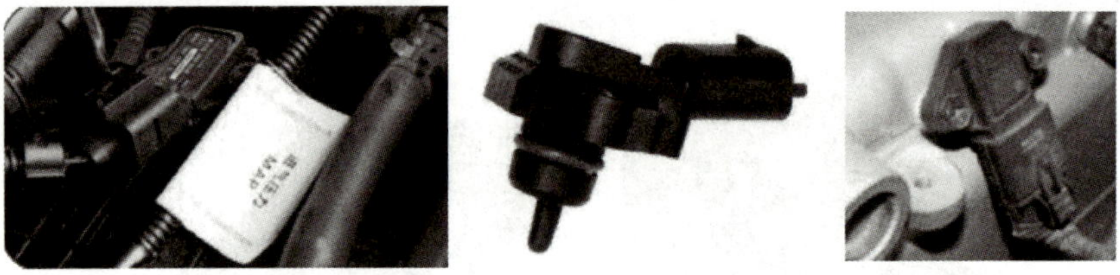

图 6.16
进气压力传感器

进气压力传感器主要有压敏电阻式、膜盒电阻式和电容式等类型。其中，压敏电阻式应用最为广泛。进气压力传感器结构如图 6.17 所示。

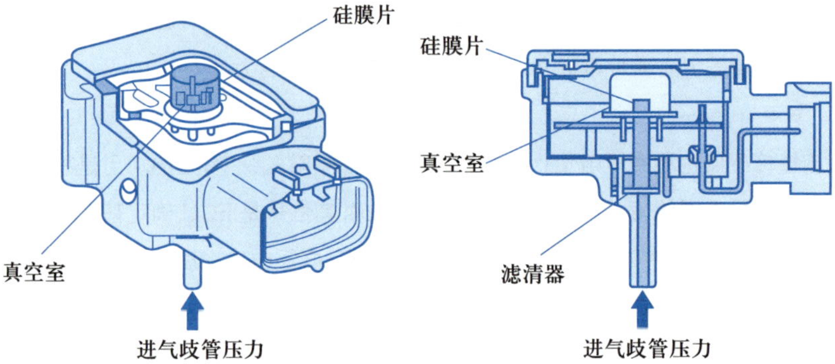

图 6.17
进气压力传感器结构

知识小贴士

压力转换元件是利用半导体的压阻效应制成的硅膜片。硅膜片的一面是真空室，另一面通过连接管路与进气歧管相通。当进气歧管内绝对压力变化时，硅膜片也产生变形，附着在薄膜上的应变电阻的阻值与变形成正比，因此即可通过惠斯顿电桥将硅膜片的变形转换为电信号，经集成电路放大后输入到发动机的 ECU。传感器输出的信号电压具有随进气歧管绝对压力的增大呈线性增大的特性，即压力越大，进气压力传感器信号电压就越高。

6.1.6 燃油供给系统

目前汽油发动机多采用进气歧管喷射和缸内直喷两种燃油喷射方式，无论哪一种，其燃油供给系统均由汽油箱、汽油泵、汽油滤清器、燃油压力调节器、喷油器等组成，如图 6.18 所示。

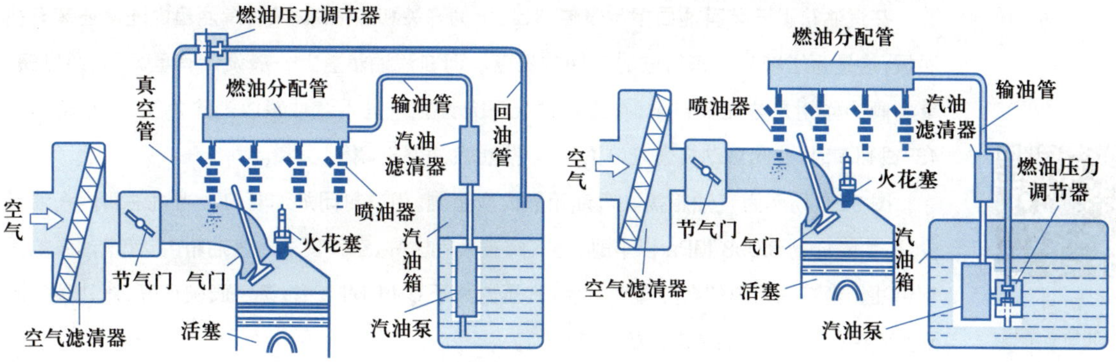

图 6.18
汽油发动机燃油供给系统

知识小贴士

燃油供给系统的功用是将燃油从燃油箱中泵出，并经过过滤、调压后提供给喷油器，喷油器根据来自发动机 ECU 的控制信号，将燃油喷入发动机气缸参与燃烧。

1. 汽油箱

汽油箱用以储存汽油，汽油箱的数目及容量因车型而异，普通汽车有一个汽油箱，越野汽车则常有主、副两个汽油箱，以适应特殊使用要求。一般汽车汽油箱的储备里程，即储存的汽油可供汽车行驶的里程为 300 ~ 800 km。

动画
燃油供给系统工作过程

在货车上，汽油箱通常装在车架外侧、驾驶人座位下或货台下面，采用薄钢板冲压焊接制成。而轿车的汽油箱一般布置在座舱内后排乘客座椅下，多数采用耐油高分子高密度聚乙烯塑料制成，强度高，密封性好，易形成异形件，可充分利用空间，结构紧凑，便于大量生产，质量轻及有防爆作用等。图 6.19 所示为汽油箱构造。

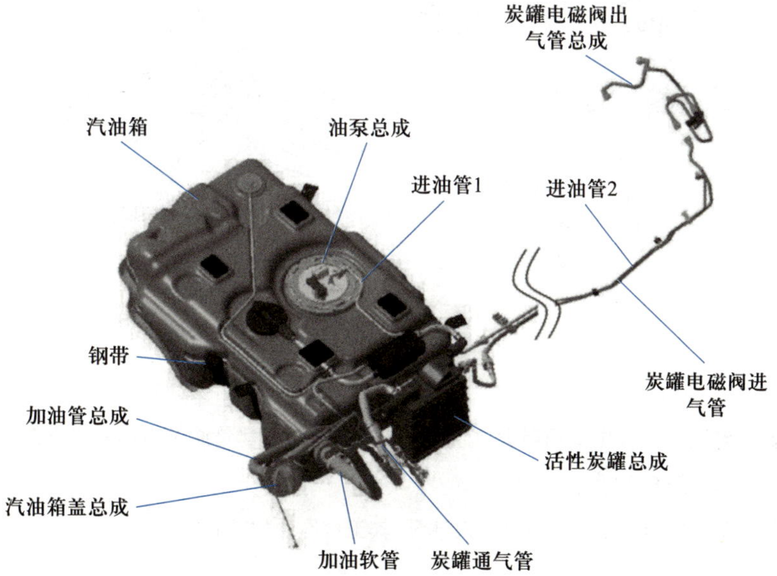

图 6.19
汽油箱构造

在汽油箱上还装有油面指示表传感器、出油开关和放油螺栓等，汽油箱内通常还装有挡油板，这是为了减轻汽车行驶时汽油的振荡。而在汽油箱盖上一般设计有重力阀、通风阀。重力阀的作用是依靠其自重，在正常情况下允许空气进入汽油箱以消除负压，当车辆倾斜45°或翻车时，此阀自动将通风口关闭，以防止汽油漏出，发生火灾。

动画
汽油箱盖结构

图 6.20 所示为汽油箱盖。汽油箱盖内有垫圈，用以封闭加油管口。当汽油箱内汽油减少，压力降低到 0.098 MPa 以下时，空气阀被大气压开，空气便进入汽油箱内，使汽油泵能正常供油。当汽油箱内的汽油蒸气过多，其压力大于 0.11 MPa 时，蒸气阀被顶开，汽油蒸气泄到大气中，以保持汽油油箱内的正常压力。

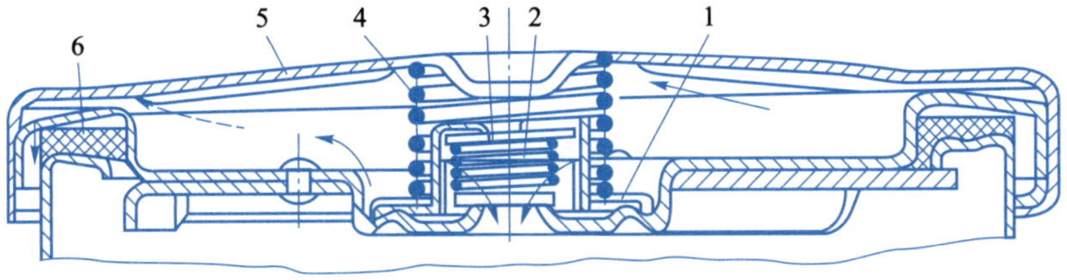

图 6.20
汽油箱盖
1—蒸气阀；2—空气阀弹簧；3—空气阀；4—蒸气阀弹簧；5—盖壳；6—密封垫圈

节能环保

燃油蒸发控制(EVAP)

燃油蒸发控制(EVAP)是防止燃油管内的燃油蒸气泄露到大气中污染环境、同时收集汽油蒸气并适时送入进气管，与空气混合后进入发动机燃烧，提高车辆的经济性的控制技术。

2. 汽油泵

汽油泵的作用是将汽油从汽油箱内吸出。目前汽车上广泛采用内置式电动汽油泵，即将汽油泵安装在汽油箱内，如图 6.21 所示。内置式汽油泵不易产生气阻和漏油现象。

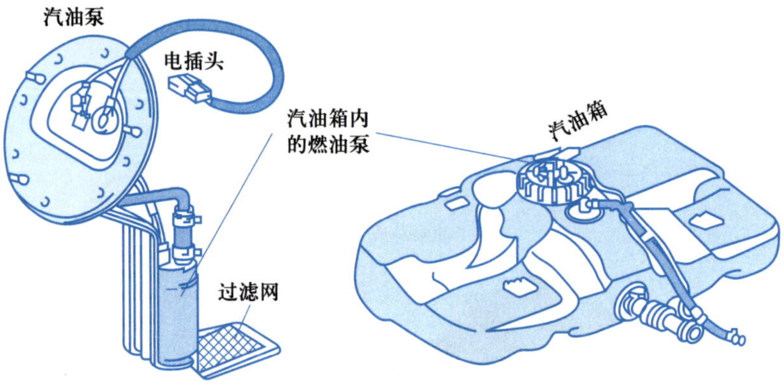

图 6.21
汽油泵

拓展微课
燃油泵

内置式电动汽油泵主要有叶片式和滚柱式两种，两者都是通过电动机带动泵片挤压汽油，建立油压，如图 6.22 所示。

目前汽车上应用较多的是滚柱式汽油泵，其工作原理如图 6.23 所示。

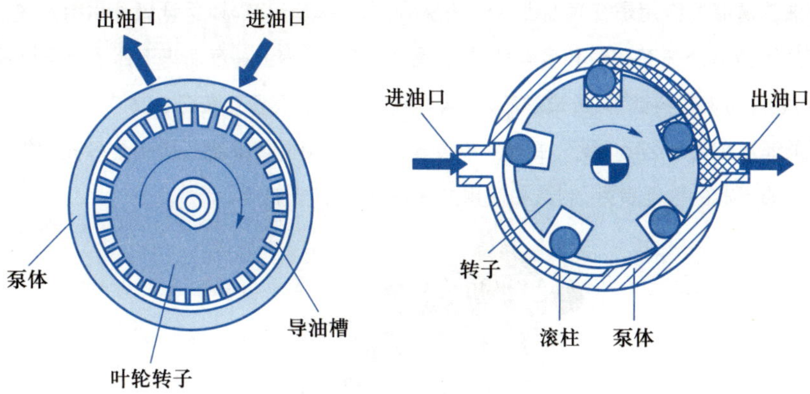

(a) 叶片式　　(b) 滚柱式

动画
燃油泵结构

动画
燃油泵功用

图 6.22
内置式汽油泵

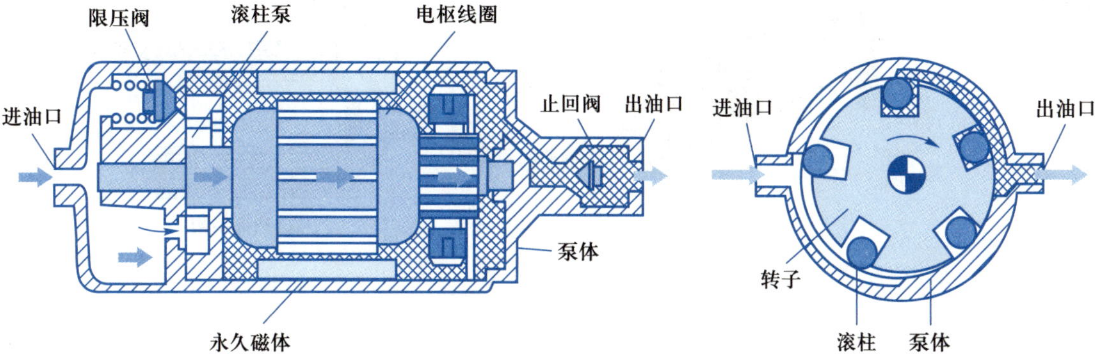

图 6.23
滚柱式燃油泵工作原理

装有滚柱的转子被偏心地安置在泵体内，转子旋转时，位于凹槽内的滚柱在离心力的作用下压靠在泵体的内表面上，对周围起密封作用。相邻两个滚柱之间形成了一个空腔，在汽油泵运转过程中一部分空腔的容积不断增大成为低压吸油腔，而另一部分空腔容积不断减小成为高压泵油腔，承受压力的汽油通过出油口压出。汽油泵内部有电动机并允许有汽油流过，故称为湿式电动机。因为电动机浸泡在汽油中，没有空气，不可能着火，但可能在无汽油但汽油泵还在旋转时，因转子上的滚柱与泵体内壁无法密封产生吸力及冷却不良而烧毁。

知识小贴士

电动汽油泵供给的汽油量要比发动机要求的最大喷油量大，以便在各种使用工况下保持输油压力。另外，在电动汽油泵中有一个限压阀，当泵油压力超过规定值时，限压阀被推开以防止油压过高。在电动汽油泵的出口处还设有一个单向阀，防止发动机停车时油压突然下降可能造成的燃油倒流现象，这样可保持油路中的静压，使下一次起动时较容易。

3. 汽油滤清器

汽油在生产、储运及加注过程中难免会混入一些杂质和水分，这些杂质随着燃油进入燃油供给系统中和发动机气缸内，导致气缸加剧磨损、油路堵塞、喷油嘴和汽油泵损坏等故障。

汽油滤清器的作用是在汽油进入汽油泵前，进行杂质过滤，以保证燃油供给系统正常工作。汽油滤清器外壳有塑料和金属两种，如图 6.24a、b 所示。汽油滤清器的滤芯包括尼龙布滤芯、聚合粉末塑料滤芯、纸质滤芯、金属片隙缝式滤芯及多孔陶瓷式滤芯等。

纸质滤芯如图 6.24c 所示，由一个中央多孔筒、特制折叠纸滤芯和一个多孔滤纸板外筒组成。纸质滤芯的性能良好，制造和使用方便，故得到广泛应用。

动画
汽油滤清器的结构

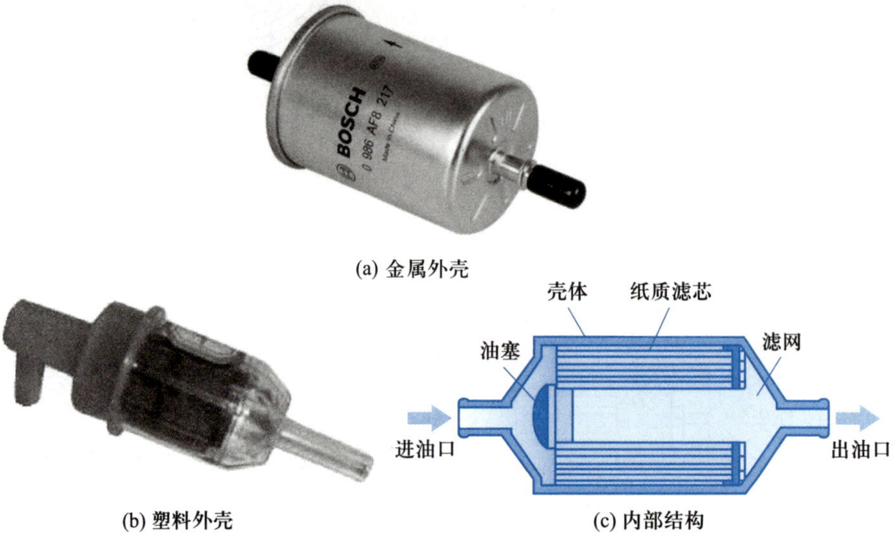

图 6.24
汽油滤清器

在汽油滤清器上用箭头表示汽油流动方向，因此在安装过程中切勿装反。汽油滤清器是常用的汽车损耗品，建议一般轿车汽油滤清器的更换标准是每 3 万 km 或每 3 年。

4. 脉动阻尼器

动画
脉动阻尼器工作原理

在部分电控燃油喷射系统中，输油管的一端装有脉动阻尼器（见图 6.25），用于减小喷油器喷油时油路中的油压可能会产生的微小波动，使系统压力保持稳定。

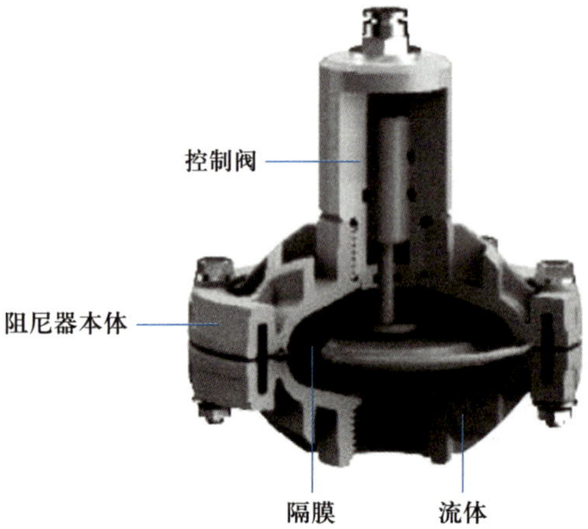

图 6.25
脉动阻尼器

知识小贴士

燃油压力脉动现象

当喷油器喷射燃油时，燃油总管内的燃油压力总会出现一定的脉动现象。当节气门开度突然减小时，进气歧管的压力会突然下降，但喷油压力的减小存在滞后现象，这就造成空燃比瞬时增大。为了消除上述现象，设置了燃油脉动阻尼器。

5. 燃油压力调节器

燃油压力调节器一般安装在燃油分配管的末端，参见图 6.18，现在一些新款轿车中燃油压力调节器安装在汽油泵的出口处。其作用是根据进气歧管内绝对压力的变化来调节系统油压（燃油总管油压），保持喷油器的喷油绝对压力恒定，使喷油器的燃油喷射量只取决于喷油器的开启时间，一般系统油压在 250 ~ 300 KPa。

动画
燃油压力调节器的结构

汽油压力调节器的结构如图 6.26 所示，它有金属壳体，其内部由橡胶膜片分成两个室，即弹簧室和燃油室，弹簧室内有一个带张紧力的螺旋弹簧，它作用在膜片上。在膜片上安装

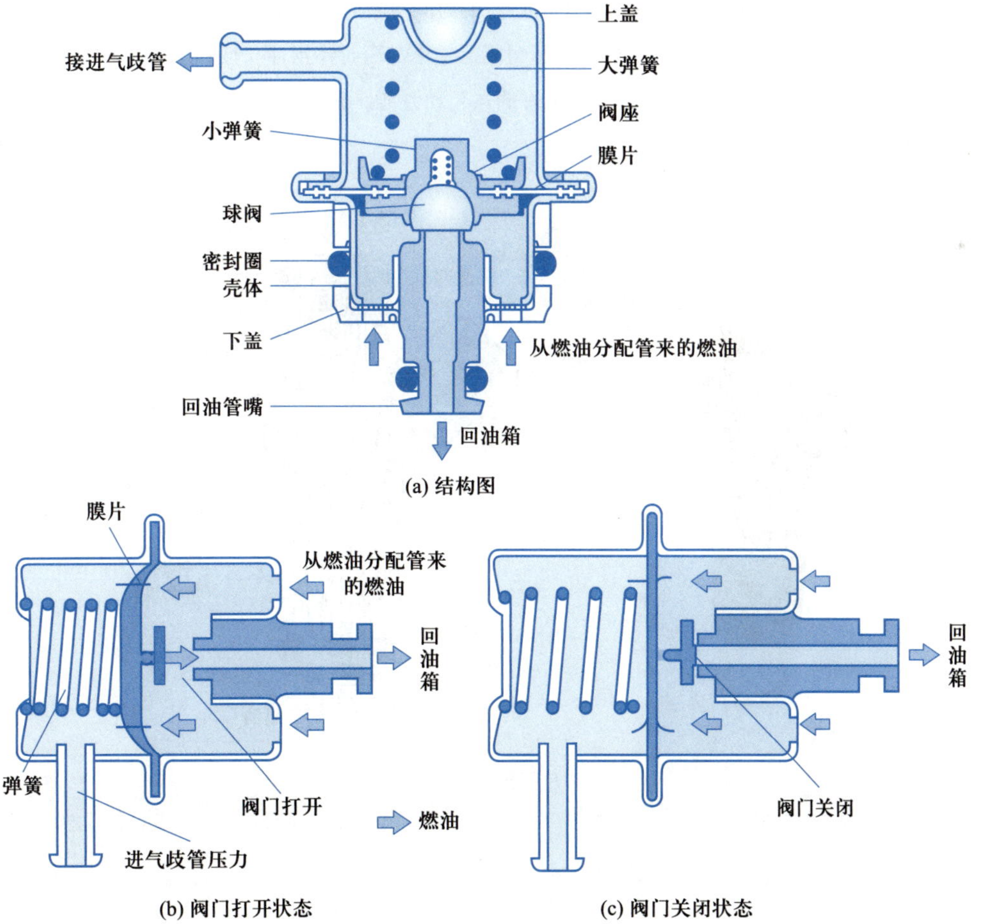

图 6.26
汽油压力调节器结构

一个球阀，控制回油。另外，其还通过一根真空管与进气歧管相连。

知识小贴士

燃油压力调节过程

当系统油压超过规定范围时，汽油压力会克服弹簧压力，将膜片向左压，迫使阀门打开，与回油通道接通，将系统压力降低回到规定范围。

如果进气歧管的真空度变大，为了保持燃油分配管内部与进气歧管内部的压力差恒定，则必须降低系统油压。把进气歧管真空度引入弹簧室，能够减少膜片上螺旋弹簧的作用力，进而减少打开阀门时的压力，使系统油压下降到规定范围；反之亦然。

当汽油泵停止工作时，在膜片和螺旋弹簧力作用下阀门关闭，保持油路中的残余压力。

动画
燃油压力调节器的工作原理

6. 喷油器

喷油器的结构如图 6.27 所示，喷油器内部有一个电磁线圈，喷油器头部的针阀与衔铁结合成一体。当接收发动机 ECU 喷油脉冲信号，电磁线圈通电后，便产生磁作用力，将衔铁与针阀吸起，使燃油通过精确设计的轴针头部环形间隙，在喷油器头部前端将燃油喷散和雾化。针阀的升程量约为 0.1 mm，喷油器打开的时间每次为 2 ~ 10 ms。通电时间长，喷油量就多。喷油器阀体的上端有 O 形橡胶密封圈起支承与密封作用，同时还可以起隔热作用，防止喷油器内产生燃油蒸气泡，以保持良好的热起动性能。此外，安装橡胶密封圈还能使喷油器免受高频的振动。

动画
喷油器的结构

动画
喷油器的工作原理

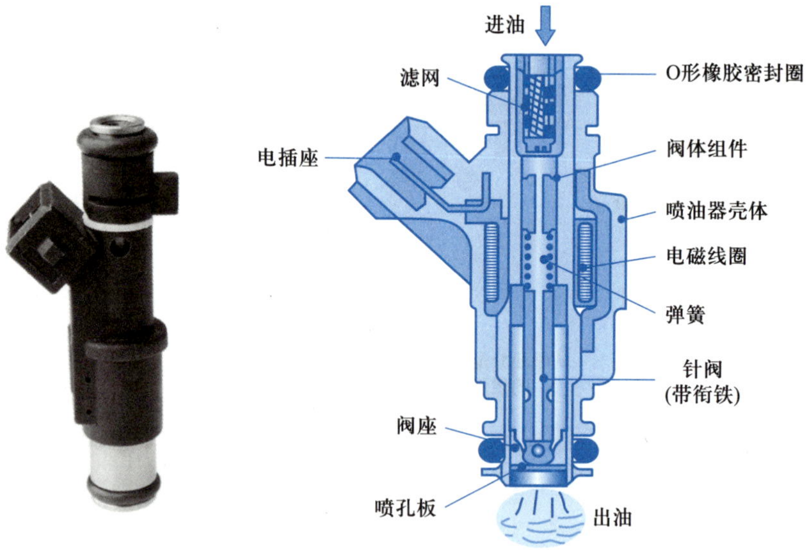

图 6.27
喷油器结构

7. 燃油分配管

燃油分配管的作用是将燃油均匀、等压地输送给各缸喷油器(见图 6.28)。由于它的容积大，故还有储油蓄压、减小油压脉动的作用。

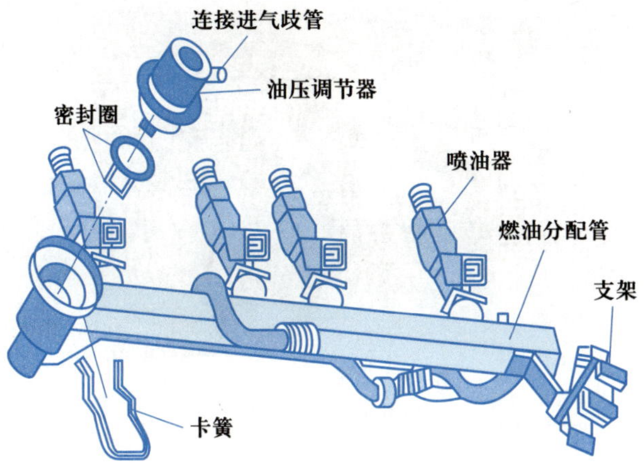

图 6.28
燃油分配管

6.1.7 排气系统

排气系统的功用是以尽可能小的排气阻力和噪声，将气缸内的废气排到大气中。排气系统主要由排气歧管、前氧传感器、后氧传感器、前消声器和后消声器等组成（见图 6.29）。

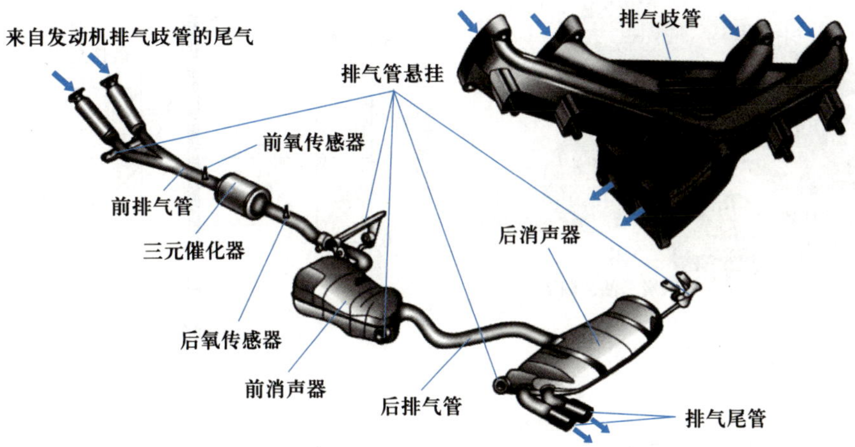

图 6.29
排气系统

1. 排气歧管

排气歧管一般由铸铁或不锈钢制造（见图 6.30），不锈钢排气歧管质量轻，耐久性好，同时内壁光滑，排气阻力小。

为了使各气缸排气相互不干扰和不出现排气倒流现象，并尽可能利用惯性排气，应该将排气歧管做得尽可能长，而且各气缸排气歧管应该相互独立、长度相等。四缸发动机分别将1、4 缸和 2、3 缸排气歧管汇合在一起，可以完全消除排气干扰现象。

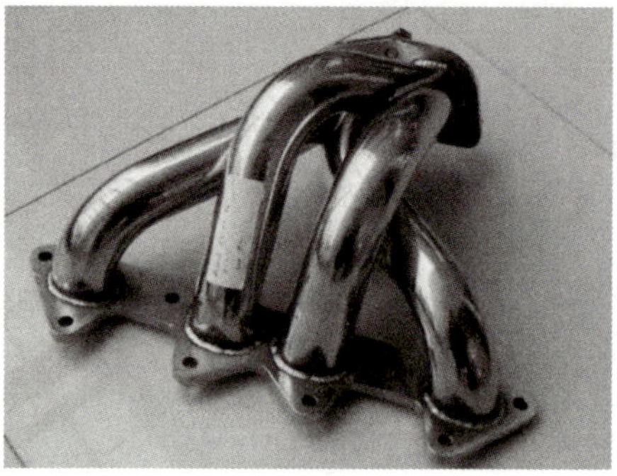

图 6.30
排气歧管

2. 三元催化器

三元催化器一般由壳体、减振层、载体和催化剂涂层 4 部分组成。催化器载体一般为蜂窝状陶瓷材料，催化剂涂层采用铂（Pt）、铑（Rh）、钯（Pd）三种贵金属，可将汽车排气管废气中的有害物一氧化碳（CO）、碳氢化合物（HC）、氮氧化合物（NO_x）转换成对人体无害的 CO_2、N_2、H_2O，可以净化 90% 以上的有害物质，从而降低汽车排放对环境的污染（见图 6.31）。

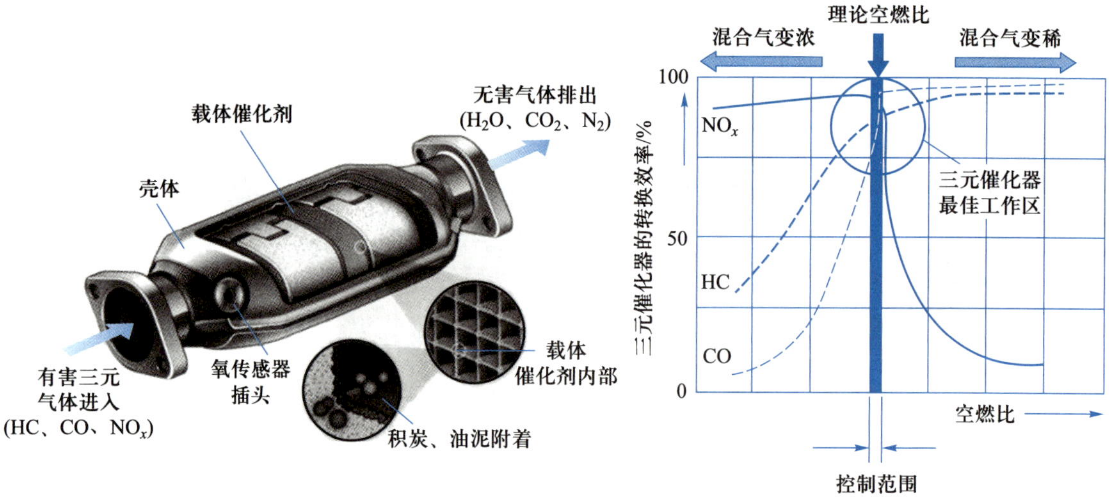

图 6.31
三元催化转换器结构和工作特性

三元催化器对排气中的 CO、HC 和 NO_x 三种污染物都有最大的转化效率，当理论空燃比在 14.7 时可最大限度地进行排气中污染物的转化和净化。

知识小贴士

四元催化器

随着汽车环保法规的不断更新，当前废气的排放标准已升级到国六 B，其对废气中灰尘颗粒、碳颗粒的排放标准进一步提高，颗粒捕捉器应运而生。颗粒捕捉器又称 GPF，它是发动机排放系统中的陶瓷过滤器，可以在微粒排放物质进入大气之前将其捕捉，随后在车辆运转过程中将其燃烧殆尽，从而降低排气污染。现在市面上销售的汽油车排气端形成了 TWC 三元催化 + GPF 颗粒捕捉集成的技术，也称四元催化器。

工作手册

三元催化器失效影响

三元催化器发生故障会增加汽车尾气污染，在某些情况下，有害气体会进入汽车，影响乘员的健康。三元催化器故障通常可通过汽车仪表盘上的发动机故障指示灯来判别。三元催化器堵塞后最常见的故障是油耗增加、燃烧不完全、加速能力降低、发动机抖动异响、故障指示灯异常点亮等。汽车尾气是车检的重要指标，如果尾气未通过检测，汽车就会报废，因而需时刻关注三元催化器性能。

3. 前氧和后氧传感器

氧传感器的作用是测定发动机燃烧后的排气中氧是否过剩的信息，即氧气含量信息，并把氧气含量转换成电压信号传递到发动机 ECU（见图 6.32）。

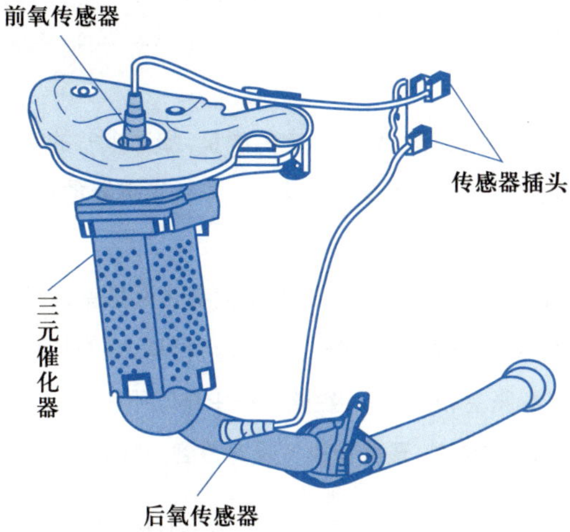

图 6.32
氧传感器

前氧传感器的信号主要用于发动机 ECU 修正喷油量，将空燃比控制在理论空燃比附近，因为把空燃比控制在理论空燃比附近时，不但可以降低发动机的燃油的消耗，而且可使三元催化器的转换效率最高。后氧传感器的作用是监测三元催化器的转化效率。

工作手册

前、后氧传感器信号判断三元催化器性能

当后氧传感器两电极检测的电压值为 0.6 V 左右，波形近似为一条直线时，说明三元催化器工作正常，如图 6.33 所示。

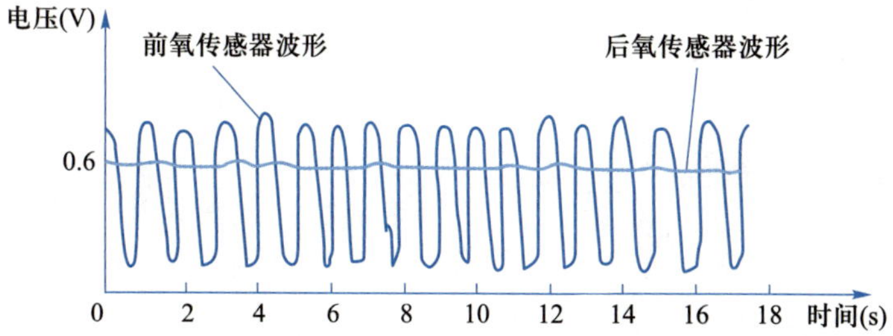

图 6.33
前氧和后氧传感器波形图不一致

如图 6.34 所示，当后氧传感器与前氧传感器的波形相同时，说明三元催化器失效，此时应更换三元催化器。

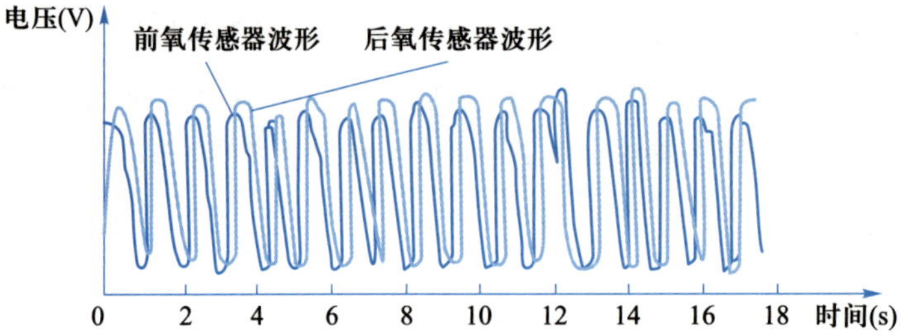

图 6.34
前氧和后氧传感器波形图一致

4. 消声器

发动机的尾气压力和温度较高，且有一定的能量，加上排气的间歇性，在排气管内会引起排气压力的脉动，导致排气会产生强烈的噪声。排气消声器的功用就是通过逐渐降低排气压力和衰减排气压力的脉动来消减排气噪声。

消声器用镀铝钢板或不锈钢板制造。通常消声器由共振室、膨胀室和一组多孔的管子构成(见图 6.35)，有的还在消声器内充填耐热的吸声材料，吸声材料多为玻璃纤维或石棉。排气经多孔的管子流入膨胀室和共振室，在此过程中排气不断改变流动方向，逐渐降低和衰减其压力和压力脉动，消耗其能量，最终使排气噪声得到消减。

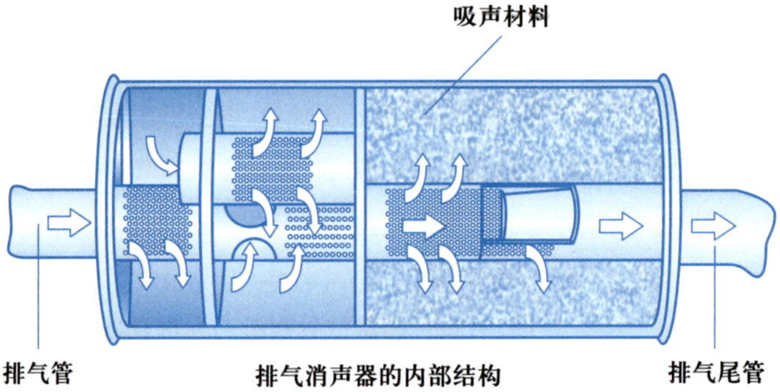

图 6.35
消声器结构

任务 6.2　燃料供给系统拆装与检修

6.2.1　燃料供给系统主要部件拆装与检查

1. 燃油泵的检查

就车检查时，点火开关置于“ON”位置时，燃油泵应转动 2 s，并且无杂音，如出现很大的杂音，应清洗燃油泵或者根据情况更换燃油泵；如点火开关置于“ON”位置，听不到燃油泵转动的声音，应检查燃油泵插头的电压；点火开关置于“ON”位置，2 s 内应出现 12 V 电压，如无电压，应根据该车的控制电路进行检查，如有电压，测量燃油泵的电阻值，应符合规定，如不符合规定，则应更换燃油泵；如燃油泵转动，但油压低，则应拆下燃油泵，对燃油泵和燃油泵滤网进行清洗，然后装复上车进行试验，如油压仍低则应更换燃油泵。

2. 燃油滤清器的检查

① 检查燃油滤清器之前先了解燃油滤清器当前的使用里程，具体要求依照相关车型维修手册标准执行。

② 检查燃油滤清器管路及连接状况，检查是否有变形、老化和泄漏等。

③ 在拆卸燃油滤清器之前，应该按照汽车制造商指定的操作规程释放燃油供给系统中的压力。释放燃油系统供给压力通常采用的办法是：断开燃油泵熔断器或者燃油泵继电器，并使发动机运转，这样就可以释放大部分燃油供给系统压力。

④ 从燃油滤清器入口放出燃油滤清器内的燃油，检查燃油中是否带有水分和杂质（见图 6.36）。

⑤ 燃油滤清器有进出口箭头标记，检查是否装反。

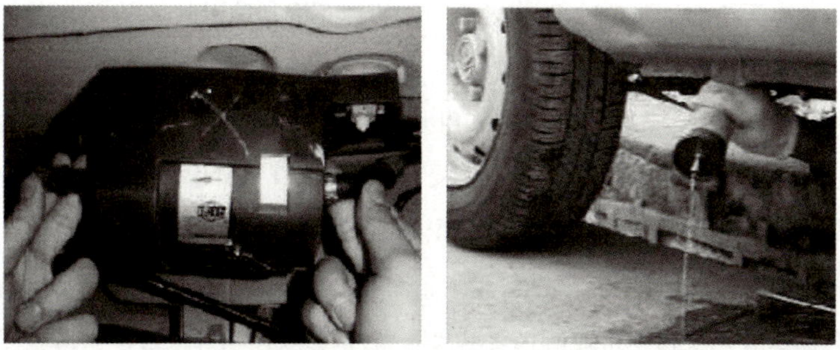

图 6.36
检查燃油滤清器中的燃油

3. 燃油脉动阻尼器的检查

燃油脉动阻尼器有两个安装位置：一是在燃油泵上；二是在供油管路上。它的作用是对燃油起到缓冲作用。当它出现故障时，对燃油供给系统的影响不会很大，检查时可用手触摸脉动阻尼器，当燃油泵转动时，应感到脉动阻尼器内的膜片有振动感，如无，则应更换。

4. 燃油压力调节器的检查

当燃油压力过高时，应检查燃油压力调节器的真空管有无破裂、漏气或脱落。当燃油压力过低时，起动发动机，读取油压表显示的油压值，然后，用钳子夹住回油管，若此时燃油压力值显示正常，应更换燃油压力调节器。

6.2.2 燃油泵的检修

电控发动机燃油供给由电动燃油泵驱动，电动燃油泵不一直工作，而是由发动机 ECU 控制，发动机运转时，电动燃油泵工作，发动机不运转时，电动燃油泵不工作。燃油泵的常见故障类型有：燃油泵不工作，无燃油供给；燃油泵工作，无燃油供给；燃油泵工作，有燃油供给，但油压过低。

电控发动机燃油泵控制的方式主要有燃油泵继电器控制、燃油泵 ECU 控制、发动机 ECU 直接控制三种。

1. 燃油泵继电器控制燃油泵

大多车型采用燃油泵继电器控制燃油泵电动机，燃油继电器由发动机 ECU 控制（见图 6.37）。

对于燃油继电器控制燃油泵电动机的燃油供给系统，故障诊断可以从燃油继电器开始，将故障范围划分为两个区域，首先短接燃油继电器座，如图 6.38 所示，再逐一诊断，诊断流程如图 6.39 所示。

2. 燃油泵 ECU 控制燃油泵

燃油泵由燃油泵 ECU 控制的燃油供给系统的燃油泵电动机的工作电压可以在 8～14 V，发动机 ECU 根据转速、负荷情况，发送信号给燃油泵 ECU，燃油泵 ECU 供给 8～14 V 的电压给燃油泵电动机，燃油泵电动机以不同转速运转。

3. 发动机 ECU 直接控制

目前汽车燃油泵控制系统普遍采用无燃油泵继电器方式，燃油泵直接由 ECU 控制。ECU 直接控制燃油泵系统，燃油泵工作受 ECU 和车身 CAN 总线网络严格控制，当车辆出现碰撞故障时，安全气囊保护系统触发，燃油泵被切断，从而保护车辆安全。

知识小贴士

燃油泵发生故障时，应首先使用专用诊断仪读取故障码，依据故障码开展检修。同时可依据经验法听诊燃油泵和燃油泵继电器是否动作来进行初步判断。

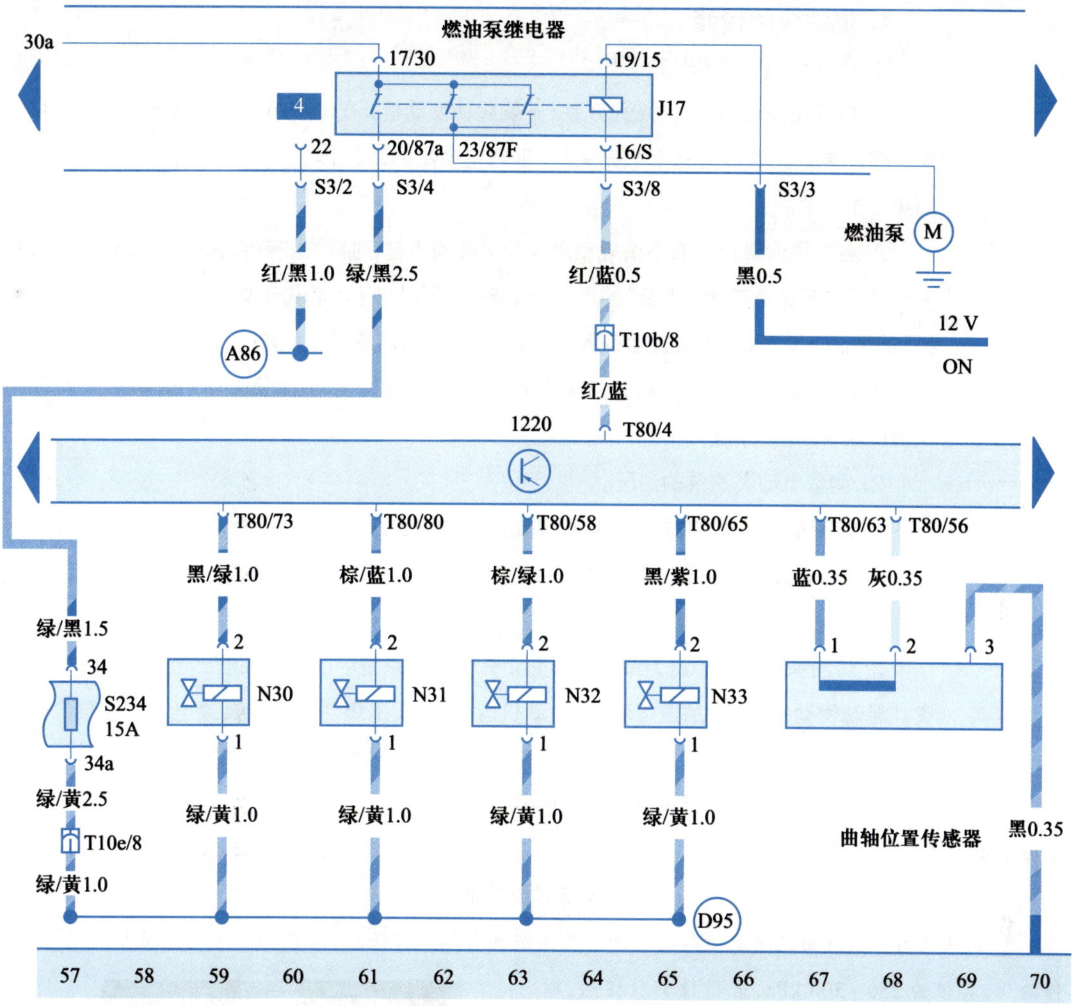

图 6.37
燃油泵继电器控制燃油泵电动机

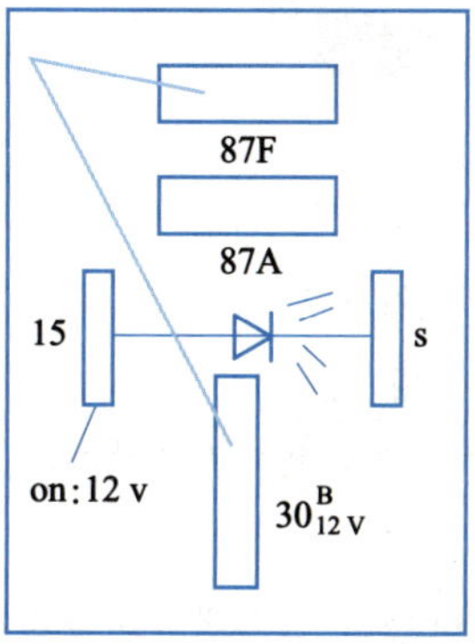

图 6.38
继电器座短接法

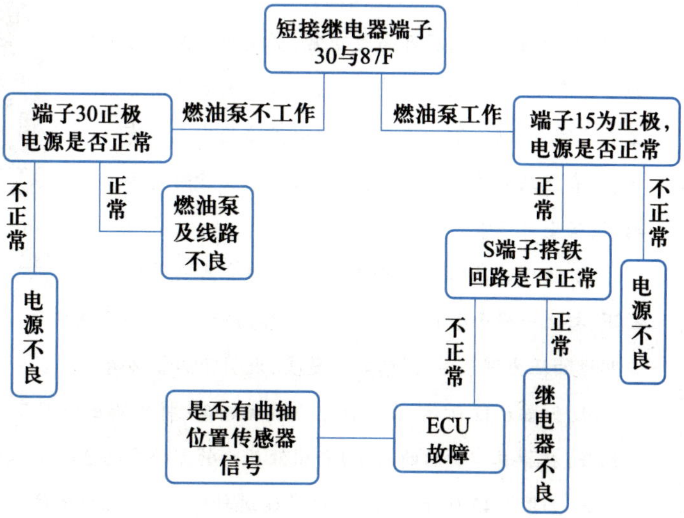

图 6.39
燃油泵故障诊断流程

4. 燃油泵的检修

(1) 检查电动燃油泵是否工作。

① 打开燃油箱盖，打开点火开关（不要起动发动机），在燃油箱口处仔细听有无电动燃油泵运转的声音。若在打开点火开关后，听到电动燃油泵运转 3 ~ 5 s 又停止，则说明电动燃油泵工作正常。

② 若在燃油箱口处听不清电动燃油泵运转的声音，可以在打开点火开关或起动机后，在发动机上方仔细听有无"嘶嘶"的燃油流动声，也可以用手检查进油软管有无压力。若有"嘶嘶"的燃油流动声，或进油软管有压力，则说明电动燃油泵工作正常。

③ 拆下发动机进油管，打开点火开关或起动发动机。若进油管内有大量汽油流出，说明电动燃油泵工作正常。

(2) 测量电动燃油泵的油压。

① 在测量油压时，首先把油压表接到油压测试头上，如无油压测试头，应释放燃油供给系统油压，然后选择合适的位置（燃油滤清器、脉动阻尼器、供油管与分油管连接处等）安装好测试头，最后接上油压表。

② 燃油供给系统的压力释放可以防止在拆卸时系统内的压力油喷出造成人身伤害和火灾。起动发动机，维持怠速运转，在发动机运转时，拔下燃油泵继电器或电动燃油泵电线接线，使发动机熄火，再使发动机起动 2 ~ 3 次，就可完全释放燃油供给系统压力。

③ 关闭点火开关，装上燃油泵继电器或电动燃油泵电源接线。

工作手册

测量电动燃油泵的油压

① 供油压力。指汽油机怠速运转时燃油供给系统的实际工作油压，图 6.40 所示为汽油机正常工作油压，其值为 250~300 kPa，若指针剧烈摆动，则油压不正常。

图 6.40
汽油机正常工作油压

② 油压过低诊断。夹住燃油压力调节器回油管，检查油压。若油压升高至正常，则说明燃油压力调节器有故障；若压力不升高，则应检查燃油滤清器是否堵塞，若燃油滤清器正常，则检查油箱中是否有油；检查燃油泵滤网是否堵塞、燃油泵出油管路是否堵塞；若全部正常，则更换燃油泵。

③ 油压过高诊断。将燃油压力调节器回油管拆下，接上一根干净的回油管至一个容器内。检查油压并观察回油管的回油量，回油量少或没有回油，说明燃油压力调节器故障；回油量多，说明回油管路堵塞。

④ 如图 6.41 所示，在汽油机怠速运转时，将燃油压力调节器真空管拆开后，燃油供给系统升高后的油压（拔掉真空管后的油压）与供油压力的差值应为 28~70 kPa。

⑤ 如图 6.42 所示，在汽油机怠速运转时，将回油管夹住时燃油供给系统的油压应为供油压力的 2~3 倍（油压应回升 400 kPa 以上）。

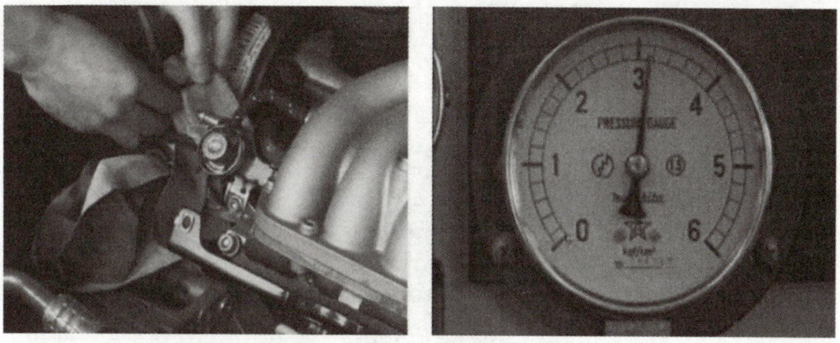

图 6.41
拔掉真空管后的油压

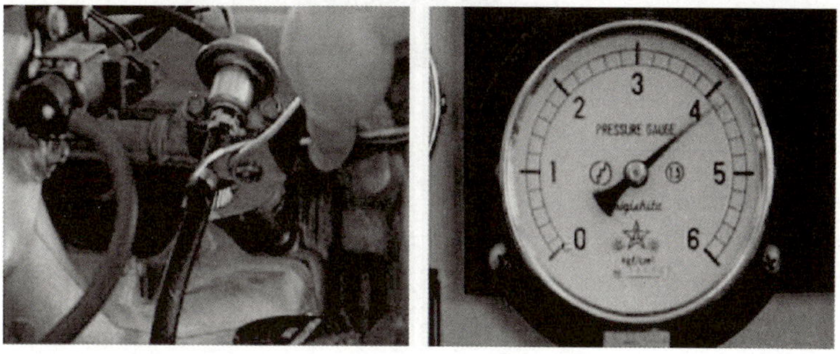

图 6.42
将回油管夹住时燃油供给系统的油压

6.2.3　喷油器检修方法

1. 听诊法和触诊法

用听诊器或一字形旋具接触喷油器并且用耳朵倾听，如图 6.43 所示，当喷油器工作正常时，会有“嗒嗒”声，如果没有“嗒嗒”声，或用手触摸无振动感，说明该喷油器不工作，应做进一步检查。

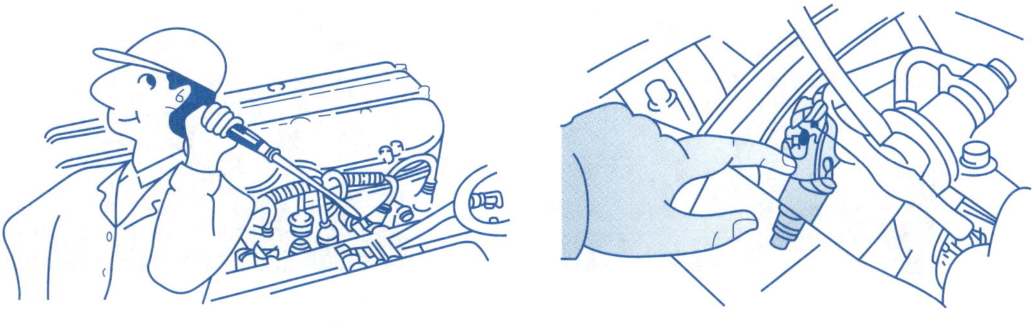

图 6.43
喷油器的听诊和触诊

2. 电阻测量法

拔下喷油器插头，用高阻抗数字万用表测量喷油器电阻，如果测得的不符合标准，应更换喷油器，如图 6.44 所示。

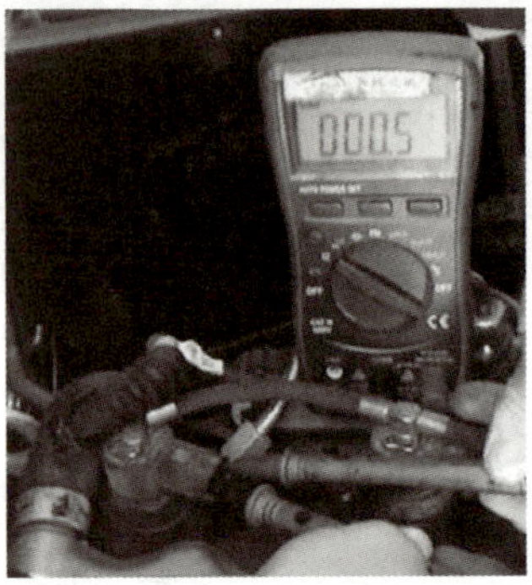

图 6.44
检查喷油器电阻

知识小贴士

喷油器有高阻和低阻(线圈电阻)之分。不同车型阻值不同，具体阻值标准需查阅相关车型维修手册。电流驱动型电路只能用于低阻型(0.5～3 Ω)的喷油器。电压驱动型电路既适用于高阻型(12～17 Ω)的喷油器，又适用于串有附加电阻的低阻型喷油器。

3. 电压测量法

测量喷油器供电电压，应为 12 V 电压，如不符合，检查点火开关或主继电器，如图 6.45 所示。

4. 试灯法

如图 6.46 所示，当喷油器供电电压正常、阻值也正常时，应拔下喷油器线束插头，在线束插头两端跨接串联一个 330 Ω 电阻或 LED(发光二极管)灯，起动发动机，试灯应闪烁，如试灯不闪烁，应检修喷油器驱动电路和 ECU，如图 6.46 所示。

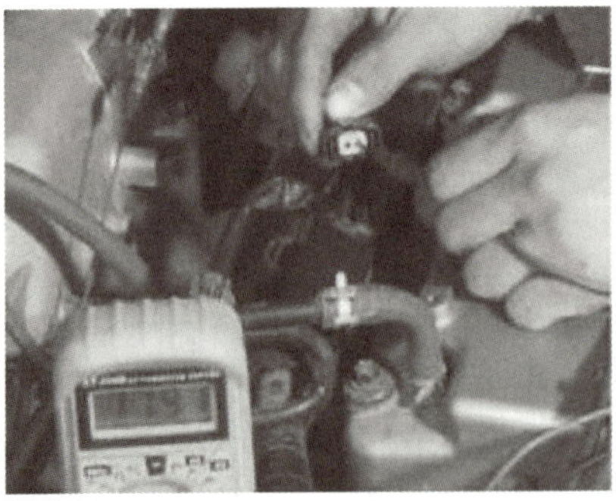

图 6.45
用万用表测量喷油器供电电压

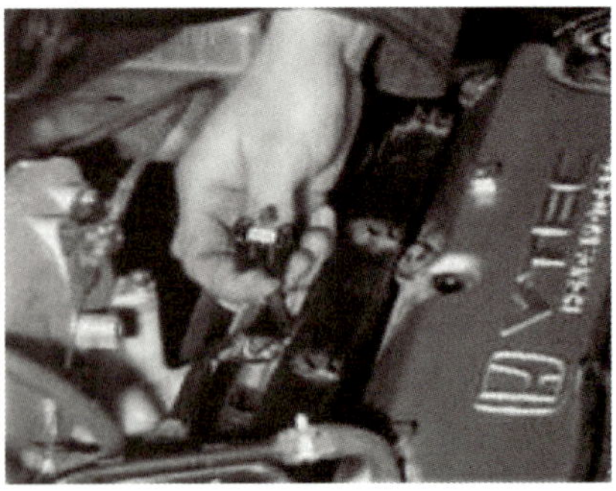

图 6.46
用 LED 灯测试喷油器线路

项目 7
发动机总成的检修

任务 7.1　发动机基本性能

7.1.1　发动机维护

微课
发动机维护

1. 维护制度特点

维护作业包括清洗、检查、补给、润滑、紧固、调整等内容。一般除主要总成发生故障进行必要的解体外，不得对车辆总成进行解体，这就明确了维护和修理的界限。与过去的维护制度比较，现行的维护制度有以下特点：

① 取消了整车解体式的三级维护。经生产实践证明，对主要总成进行大的拆卸的工艺方法是不科学的，也是不符合技术经济原则的。同时，三级维护作业内容既有维护的作业又有修理的作业，不便于维护与修理的区分。

② 各级维护周期没有做统一规定，由各省、市、自治区针对不同车型结合本地区具体情况提出统一的维护周期，同时制订了车辆维护技术规范以保证车辆正常维护质量。

③ 对季节性维护进行了规范。当车辆在冬、夏两季运行时，一般结合二级维护对车辆进行季节性维护。

2. 各类维护的作业范围

(1) 日常维护。日常维护是由驾驶人每日出车前、行车中和收车后负责执行的车辆维护作业，其主要内容是清洁、补给和安全检视。

① 外观检查。在出车前，环视汽车，看看灯光装置有没有损坏，车身有没有倾斜，有没有漏油、漏液等泄漏情况。

② 检查轮胎外表的情况；检查车门、发动机舱盖、行李舱盖和玻璃的状况。

③ 信号装置检查。打开点火开关(不起动发动机)，检查各报警灯和指示灯的点亮情况，起动发动机查看各报警灯是否正常熄灭，指示灯是否仍然点亮。

④ 燃油检查。查看油量表，若显示不足应补充燃油。

⑤ 冷却液的检查。补足冷却液，观察泄漏情况，及时排除故障。

(2) 一级维护。一级维护要由专业维修企业负责执行，是在汽车行驶达到一定里程后强制进行的。一级维护一般按汽车生产厂家推荐或规定的行驶里程或使用时间进行。一级维护的间隔里程为 7 500 ~ 15 000 km 或 6 个月，以行驶里程或使用时间先达到者为准，主要维护内容除日常维护项目以外，以清洁、润滑、紧固、补给为主，并检查有关制动、操纵等安全部件，保证车辆正常的运行状况。二级维护作业主要内容是：检查、紧固汽车外露部位松动的螺钉和螺母，按规定给润滑部位加注润滑脂，检查总成内润滑油面，添加润滑油，清洗空气滤清器、燃油滤清器、空调滤清器。图 7.1 为一级维护工艺流程图，一级维护竣工标准如下：

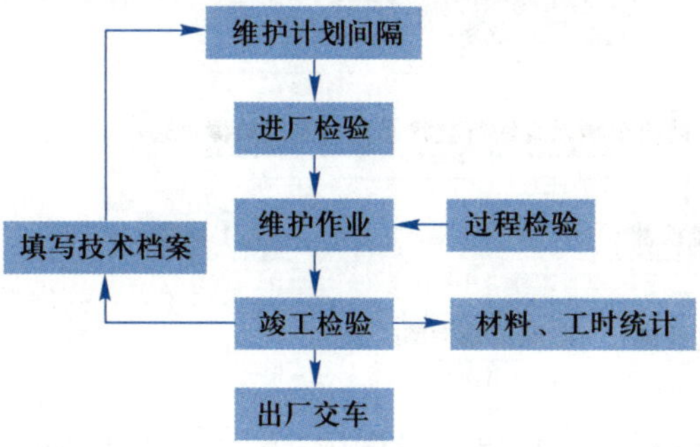

图 7.1
一级维护工艺流程图

① 发动机前后悬架、进排气歧管、散热器、轮胎、传动轴、车身、附件支架等外露的螺栓、螺母须齐全、安装牢靠、无裂纹。

② 转向臂、转向拉杆、制动操纵机构等工作可靠，锁销齐全有效，转向杆球头、转向传动十字轴承、传动轴十字轴承无松旷。

③ 转向器、变速器、驱动桥的润滑油面，应在检视口下沿上方 0 ~ 15 mm 位置(车辆处于停驶状态)，通风孔应畅通；变速器、减速器凸缘螺母紧固可靠。

④ 各润滑脂油嘴齐全有效、安装位置正确；所有润滑点均已润滑、无遗漏。

⑤ 空气滤清器滤芯清洁有效。

⑥ 轮胎气压应符合充气规定，胎面无嵌入的石头及其他硬物。车轮轮毂轴承无松旷。

⑦ 离合器踏板和制动踏板自由行程符合技术规定。

⑧ 灯光、仪表、喇叭、信号齐全有效。

⑨ 蓄电池电解液液面应高出极板 10 ~ 15 mm，通风孔畅通，接头牢靠。

⑩ 短途驾驶进行试车，检查维护效果。试车中，发动机、底盘运行应正常、无异响；各操纵部位应符合技术要求；转向、制动系统应灵敏可靠；各部分应安装牢靠无松动；试车后，检视各部分有无漏液、漏油、漏气和漏电现象。

(3) 二级维护。二级维护要由专业维修企业负责执行，主要内容除一级维护所包括的作业外，以检查、调整为主，并拆检轮胎，进行轮胎换位，这是在汽车行驶更长里程后强制进行的。汽车在行驶较长时间后(约 30 000 km/12 个月)，必须进行全面的检查和调整，以保证安全性、动力性和经济性达到使用要求。为防止汽车的早期损坏，保障汽车的正常技术状况和正常使用，在二级维护前，应对汽车进行检测诊断和技术评定。

图 7.2 所示为二级维护前检测流程图，二级维护常规作业项目如下：

① 进行日常保养和一级保养的全部作业。

② 更换汽油滤清器、机油滤清器和空气滤清器等。

③ 检查发电机和起动机，必要时更换电刷并润滑各轴承。

④ 检查、紧固进排气歧管及消声器总成螺栓螺母。

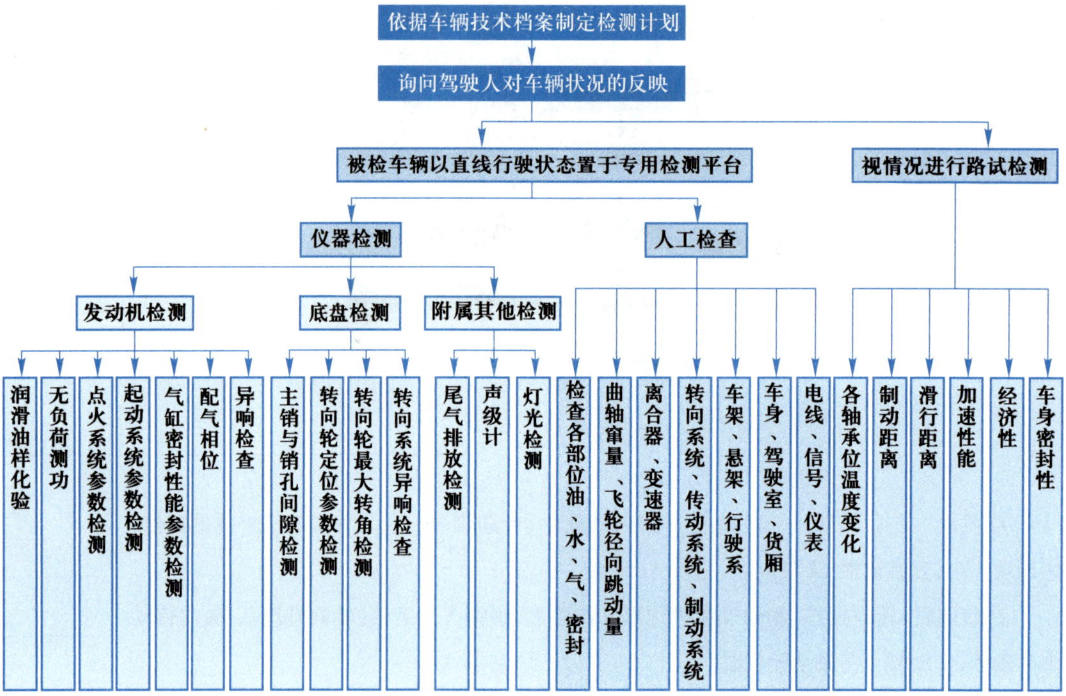

图 7.2
二级维护前检测流程图

⑤ 检查、紧固发动机支架螺栓螺母、水箱支架螺栓螺母。

⑥ 检查曲轴主轴承及连杆轴承，紧固其螺栓螺母；检查离合器，润滑分离轴承。

⑦ 检查变速器、传动轴、万向节和中间支承轴承及各部分紧固情况，润滑变速器第一轴承、万向节和中间支承轴承。

⑧ 检查、调整、紧固手制动器，前、后轮制动器，制动分泵，制动软管。

⑨ 检查、调整转向盘的自由转动量。

⑩ 检查前后减振器及转向节，检查、调整前轮前束。

⑪ 检查轮胎，并进行轮胎换位。

⑫ 检查、调整电喇叭、指示灯、照明灯、变光器及电器仪表线路接头。

⑬ 更换发动机润滑油。

(4) 季节性维护。由于冬、夏季的温差大，为保证车辆在冬、夏季的合理使用，在换季之前应进行定期维护，并附加一些相应的项目，使车辆适应气候变化后的运行条件，此种附加性的维护称为季节性维护。

(5) 磨(走)合期维护。磨合期维护是指在车辆运行初期，改善零部件摩擦表面的几何形状和表面层的物理、力学性能过程。

7.1.2　发动机运行的基本条件与要求

微课
发动机运行的基本条件与要求

发动机正常工作是要靠各机构和系统的配合，让发动机能够正常运行的基本条件如下：

① 气缸压力的正常。气缸压力正常需要三个地方的密封正常：活塞环的密封、气缸垫的密封和气门的密封。

② 配气正时正确。要求在安装发动机凸轮轴和正时传动带或正时链条时保证配气正时的正确。

③ 合适浓度的可燃混合气。

④ 点火能量足够和点火时间正确。

⑤ 冷却和润滑是车辆长时间正常工作的保证。

而要实现这几个条件，则要保证进气真空度、排气系统背压、气缸压力、润滑油压力、燃油压力等达到规定的要求。

1. 进气真空度

进气真空度是指进气管内的进气压力与外界大气压力之差。进气真空度表示发动机的综合性能，只要发动机有故障，其进气真空度必然会引起变化。因为进气真空度是由密封性、节气门位置和发动机转速等因素综合决定的。进气系统如图 7.3 所示。

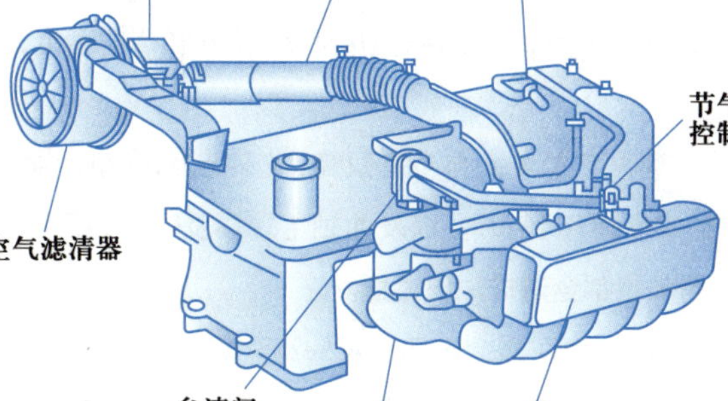

图 7.3
进气系统

节气门有故障会直接反映到进气真空度上。其他任何系统有故障都会造成发动机转速变化，那么在节气门开度一定的情况下进气真空度也会发生变化，这就是进气真空度判断的原理，因而，通过检测发动机进气真空度，可以发现发动机内部许多的问题，简便易行。

对于汽油发动机而言，在运转过程中由于进气行程的作用，在进气歧管中就会产生一定的真空度，这是由各气缸在交替进行进气行程造成的。如果进气真空度数值较高且真空表指针表现也较稳定，反映到发动机的工作中则是平稳、有力、加速性能良好。

由于现代汽车发动机在结构上存在着很大差异，所以进气真空度的大小及其稳定性就和发动机的结构及性能（进气系统密封性、发动机转速、气缸的数量等）、点火系统的工作性能、可燃混合气的品质(空燃比的大小)有着密切的联系。

2. 排气系统背压

排气背压是指排气管后的压力,排气背压对发动机的动力性、经济性和排放性能都有重要影响。通常,排气背压增大将导致发动机燃料燃烧效率下降,经济性变差,同时动力性下降,排放性能也变差。所以,现代发动机采用多气门技术,多进气门可增加进气量,多排气门可增大排气流通面积,减小排气背压,使得排气阻力变小,在自由排气阶段即可排出大部分废气,同时在强制排气阶段活塞上行排气消耗的功也少,因此转矩高,动力性提高,同时气缸内残余废气少,下个循环的进气量会增加,对动力性、经济性和排放性能都有好处。但在低转速工况,如果排气背压很低,由于排气门的提前开启,在活塞到达下止点前,仍具有一定压力的燃气就通过过于通畅的排气门排掉了,损失了一部分功,转矩自然变弱。因此低转速时保持一定的排气背压可以提高低速时的转矩。因此,在实验室做发动机性能试验和排放试验时,常需要考虑排气背压大小,并用排气背压调节阀门来进行调节。

3. 气缸压力

气缸压力的高低、正常与否影响着发动机的经济性与排放性能,正常的气缸压力有利于增强汽车的动力性与燃油经济性。气缸压缩终了时的压力与发动机压缩比、曲轴转速、发动机温度、进气阻力、润滑油黏度及气缸密封性等因素有关。在其他因素基本不变时,检测气缸压缩压力大小,可以判断气缸的密封性。

4. 润滑油压力

润滑油压力过低,会破坏发动机的润滑条件,造成润滑、冷却和清洁不良,将引起零部件黏着磨损。

润滑油压力过低,说明机油泵之前或其自身有故障,吸不上油,或机油泵后的管路开放了,漏油,需要润滑油润滑的工件得不到润滑;以及曲轴主轴颈及连杆轴颈和轴承之间间隙过大,润滑油黏度过低和滤芯破裂都会造成油压过低。

润滑油压力过高,虽然不多见,但同样会破坏正常的润滑条件。例如,润滑油黏度过大、变质结胶,滤芯和油道堵塞,调压阀调整不当或不能开启都会造成油压过高。

润滑油压力过高,说明机油泵之后的油管、油道堵塞,需要润滑油润滑的工件,得不到充分和完整的润滑;润滑油压力过大会造成燃烧润滑油过多,燃烧润滑油过多会造成燃烧室积炭过多、散热功能降低等不利因素。而润滑油压力过低又会润滑不良、增加气缸磨损,压缩比减小、动力性下降等。所以必须随时监测润滑油压力。

5. 燃油压力

发动机在正常工作时需要向气缸内供给足够流量和规定压力的燃油。油压不正常对发动机工作的影响很大,燃油压力不正常会使汽车出现起动困难、不能起动、加速不良、动力不足、怠速不稳、加速回火、油耗大、冒黑烟、发动机抖喘等故障。

① 怠速油压过低会造成发动机怠速运转不平稳。

② 急加速油压过低会造成动力不足、加速无力、加速回火等故障。

③ 残余油压过低会造成发动机起动困难或不能起动。

④ 燃油压力过高，会导致发动机怠速过高、混合气过浓、发动机起动时火花塞淹灭、火花塞积炭严重、发动机排放超标、三元催化器发热等故障。

⑤ 燃油压力不稳，会导致怠速不稳、发动机运转不稳、加速无力发喘等故障。

7.1.3　汽车仪表指示灯检查

微课
发动机仪表指示检查

发动机仪表指示灯对于日常行车起着十分重要的作用，看懂这些图标所表示的含义，可以帮助我们及时发现车辆存在的故障，及早修复从而保证行车安全。图 7.4 所示为汽车仪表指示灯示意图。

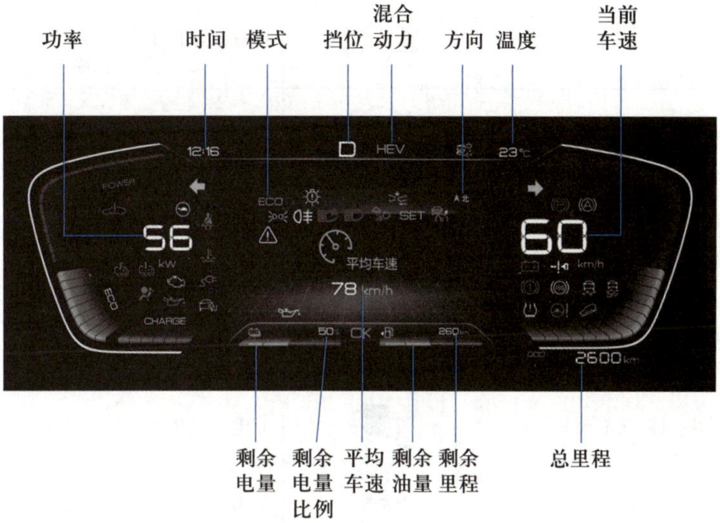

图 7.4
比亚迪唐 DM-2 汽车仪表指示灯示意图

常见汽车仪表指示灯见表 7.1。

表 7.1　常见汽车仪表指示灯

图示	名称	图示	名称
	转向信号指示灯		小灯指示灯
	放电指示灯		全天候灯指示灯
	自动驻车指示灯	SET	定速巡航控制指示灯（装有时）
	定速巡航主指示灯		陡坡缓降开启指示灯
	ACC 工作指示灯（装有时）		智能领航系统指示灯（装有时）
ECO	ECO 指示灯	SPORT	运动模式指示灯

续表

图示	名称	图示	名称
NORMAL	NORMAL 指示灯	OK	OK 指示灯
	智能远近光灯指示灯（装有时）		远光灯指示灯
	ESP OFF 警告灯		前照灯故障警告灯
	后雾灯指示灯		主告警灯
	驱动功率限制指示灯		排放故障指示灯
	胎压故障警告灯		ABS 故障指示灯
	雪地模式指示灯		智能钥匙系统警告灯
	ESP 故障警告灯		燃油低警告灯
	润滑油寿命监测指示灯（装有时）		充电连接指示灯
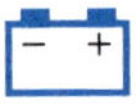	低压供电系统故障警告灯		动力蓄电池过热警告灯
	动力系统故障警告灯		座椅安全带指示灯
	动力蓄电池故障警告灯		发动机冷却液温度高警告灯
	SRS 故障警告灯		驻车系统故障警告灯
	润滑油压力低警告灯		自动紧急制动指示灯（装有时）
	转向系统故障警告灯		交通标志识别指示灯
	电子驻车指示灯		

7.1.4 发动机安装定位与要求

1. 气缸体的安装

气缸体是基础件，装配前，必须对气缸体的表面，尤其是油道和配合安装面进行认真的清洁和检查。即使是已清洁并安装好的气缸体，整机装配前，也应再次重复进行此项工作。有条件的应装上台架，如图 7.5 所示，便于发动机总成装配。

微课
发动机安装
定位与要求

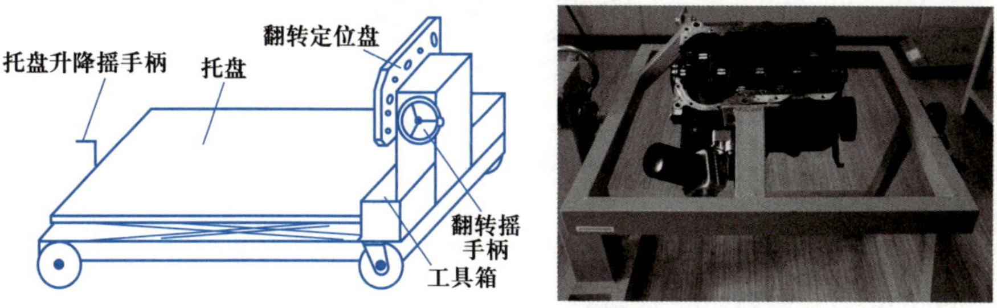

(a) (b)

图 7.5
气缸体装配台架

2. 曲轴飞轮组的安装

曲轴飞轮组安装时，曲轴主轴承盖、主轴承（大瓦）、止推垫片按标记对齐并注意方向和对应位置，气缸体的轴承座油孔应与轴承油孔对齐，有调整垫片的按调试的位置安放调整垫片，调整垫片不允许有弯折、破裂等损伤。轴承与曲轴主轴颈、曲轴油封、止推垫片等的滑动接触面，应用润滑油进行适当的润滑。紧固轴承盖螺栓时应采用多次、均匀、对称的方法紧固到规定力矩。一般分 4 次紧固，第 1 次大约紧固到规定力矩的 30%，第 2 次大约紧固到规定力矩的 60%，第 3 次大约紧固到规定力矩的 90%，第 4 次紧固到规定力矩。在第 2 次拧紧时，每拧紧一道轴承，转动几圈曲轴，以便了解轴承盖紧固情况。要及时发现异常现象，全部拧紧后用手扳动飞轮或曲柄，应能够转动、阻力均匀、无阻滞现象，曲轴旋转的灵活性和轴向间隙要达到规定的要求。

飞轮的安装根据结构的不同有需要先安装曲轴飞轮组的，但现代汽车一般是先安装曲轴轴承，后安装曲轴油封，再安装飞轮和曲轴正时齿轮。装配油封时可在油封与支承座结合面上涂上汽车专用密封胶，以防油封漏油，而在与曲轴密封的部位涂上润滑油。

3. 活塞连杆组的安装

活塞、连杆、连杆轴承应按标记配对，检查安装方向并检查是否与气缸对号入座，然后进行安装。图 7.6 所示为活塞连杆组安装示意图。活塞连杆组的检查与安装步骤如下：

① 将气缸体侧置，用纱布擦拭干净气缸壁。

② 每缸对应的活塞连杆组件先不装活塞环，从气缸的上部装入气缸中，并把连杆大头的轴承、连杆轴承盖按规定拧紧力矩拧紧，安装在曲轴连杆轴颈上。

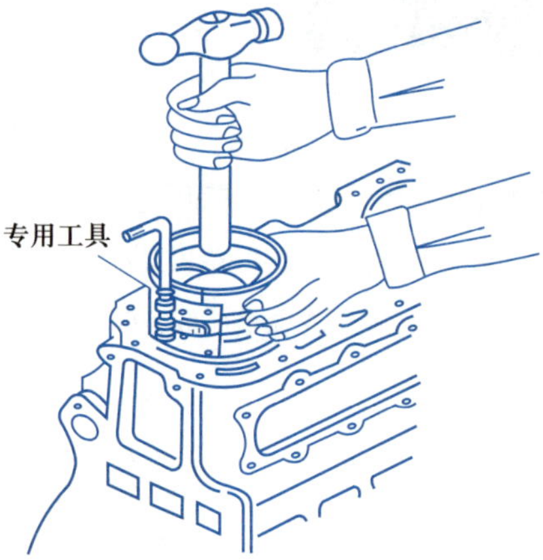

图 7.6
活塞连杆组安装示意图

检查活塞销与活塞销支承座端面以及与气缸之间的间隙，其值应符合维修手册上的。间隙如果不均匀，多为气缸中心线偏移或连杆弯曲所致，应予以校正。

摇转曲轴，使活塞分别处于气缸上、下止点和中间三个位置，用塞尺分别测量活塞头部在气缸前后两个方向与气缸壁的间隙，其间隙应符合技术要求。

③ 当活塞在气缸中的位置准确无误后，再将各气缸对应活塞环分别套装在对应的活塞上。拆装活塞环应使用专用工具，如图 7.7 所示。

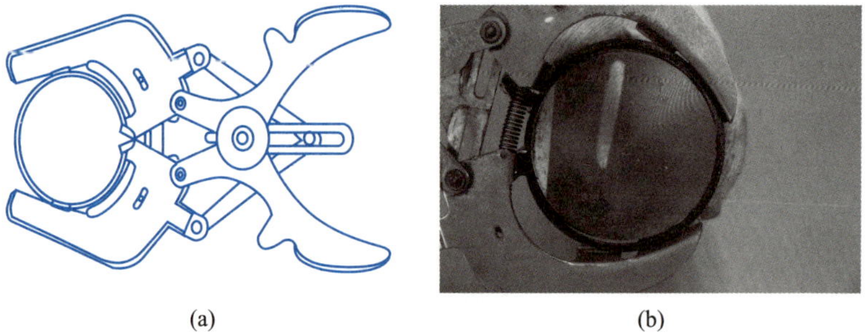

图 7.7
活塞环拆装

④ 在把活塞环装入气缸前，要把各道活塞环开口方向按规定摆放正确，在气缸、活塞外表面、活塞销孔、环槽和活塞环上涂以润滑油。拿起活塞连杆总成，对准气缸号、前后记号和方位后，用专用工具将活塞环夹紧在活塞上，再将连杆穿入气缸内，用橡胶锤柄轻轻敲击活塞顶部，将活塞敲入气缸中。同时注意连杆大头与曲轴连杆轴颈是否对正，给对应的连杆轴承盖涂上润滑油，按正确的方位装好，并按规定力矩拧紧连杆螺栓和螺母，有锁紧装置的应按要求锁紧。

⑤ 将各气缸活塞连杆组装入气缸，并与曲轴连杆轴颈的连接完成后，用橡胶锤子沿曲轴轴向轻轻敲打连杆盖，连杆大头应能轻微移动。转动曲轴时，松紧应适度。各气缸活塞在上

止点时,活塞顶至气缸体上平面的距离应均匀一致。

4. 气缸盖的安装

① 将气缸垫放在气缸体的上平面上,位置、标记对准。

② 将已组装好的气缸盖总成平稳、轻轻地对准位置放下,应避免放不准而反复移动气缸盖使气缸垫的位置移动。

③ 插入气缸盖螺栓,按规定力矩和顺序分次均匀拧紧,如图 7.8 所示。

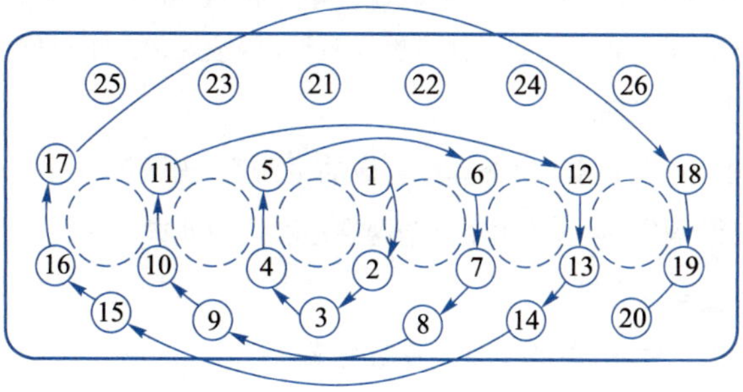

图 7.8
气缸盖螺栓的紧固顺序

5. 配气正时机构的安装

以上置式配气正时机构为例。

根据气门间隙的调整方式(液力挺杆自动调节、垫片调节、螺钉调节)的不同,其安装和检验的工艺要求也各有不同,但满足配气正时的基本要求是一致的。其安装的主要步骤及工艺要求如下:

① 在气缸盖安装好后,检查清洁配气正时机构安装所用的所有零部件。

② 将 1 缸活塞置于上止点。上置式配气正时机构的曲轴正时齿轮的正时标记与正时齿轮罩上固定的正时齿轮标记对准,1 缸活塞即处于上止点位置。1 缸活塞是否处于压缩上止点位置,则要根据观察凸轮轴的位置来判断。

③ 将凸轮轴与正时齿轮装好。发动机大修,凸轮轴油封应更换新件。

④ 将凸轮轴的正时齿轮的正时标记与气缸盖或正时齿轮罩上的正时标记对准,并通过凸轮轴的形状进一步确认 1 缸处于压缩上止点。

⑤ 检查凸轮轴轴承盖的方位,在凸轮轴轴承滑动接触面上涂上润滑油,装上凸轮轴总成。紧固凸轮轴轴承盖螺栓时,应采用多次、均匀、对称的方法紧固到规定力矩。检测凸轮轴的轴向间隙,应符合标准。

⑥ 调整垫片式配气正时机构应检查进排气门间隙,并使之达到标准间隙范围。

⑦ 装上正时 V 形带或正时链条及导链板,调整正时 V 形带张紧轮或正时链条导链板张紧器张紧到规定的程度。

⑧ 检查所安装的配气正时机构的安装标记是否对准,若正时 V 形带或正时链条张紧后标记有误,应重新调整。气门间隙螺钉可调节配气正时机构,在配气正时机构安装完毕后,

应调整进排气门间隙到规定范围。

⑨ 装上气门室盖和正时齿轮盖。发动机大修，气门室盖密封垫应更换新件，并采用多次、均匀、对称的方法紧固到规定力矩。

6. 机油泵和油底壳的安装

安装机油泵时，应注意传动齿轮与凸轮轴上的驱动齿轮的啮合要准确，传动轴和机油泵轴要保持良好的同心度。另外，除驱动机油泵外，多数型号的发动机用凸轮轴上的机油泵齿轮驱动分电器。安装机油泵时，存在分电器轴与凸轮轴和机油泵的联动关系。曲轴箱附件安装完毕后可安装油底壳，油底壳密封件应更换新件，并按规定力矩对称拧紧。

7. 进、排气歧管的安装

彻底清理进、排气歧管内部，检查其接合面的平面度，确认符合规定后，装上衬垫，再装上进、排气歧管。安装固定螺栓，并由中间向两端逐次均匀地拧紧。

8. 冷却系统的安装

① 安装气缸盖出水管、节温器和冷却液温度感应塞。

② 安装水泵。在衬垫上涂上黄油，贴在气缸体前面的水泵安装结合面上，将水泵装上，拧紧固定螺钉。

③ 安装传动带轮轮毂和传动带轮，并按规定力矩拧紧螺母，有自锁开口的应安装开口销。

9. 燃料供给系统的安装

① 垫好汽油泵衬垫，安装汽油泵，拧紧固定螺钉，再连接输油管。

② 安装化油器或燃油喷射装置，连接各控制拉杆和输油管。

③ 安装空气滤清器。

10. 润滑系统其他装置的安装

① 安装加机油管和标尺。

② 安装机油滤清器（粗滤器、细滤器）、机油感应塞，连接管路、加注润滑油。

11. 其他辅助装置的安装

将冷却风扇、曲轴箱通风管道、空调压缩机、交流发电机、起动机、动力转向油泵等依次安装到发动机机体上。

7.1.5 汽车排放标准与要求

微课
发动机尾气排放标准与要求

汽车排放是指从汽车尾气中排出的 CO（一氧化碳）、HC 和 NO_x（碳氢化合物和氮氧化物）、PM（微粒、碳烟）等有害气体。为了抑制这些有害气体的产生，促使汽车生产厂家改进产品以降低这些有害气体的产生，世界各国都制定了相关的汽车排放标准。

1. 汽车排放标准——出台背景

根据有关资料显示，汽车的尾气是一种非常复杂的物质，其中有许多有害的成分，例如，固体悬浮颗粒、未燃烧或燃烧不完全的碳氢化合物（HC）、氮氧化物（NO_x）、一氧化碳（CO）、二氧化碳（CO_2）、二氧化硫（SO_2）、硫化氢（H_2S）以及微量的醛、酚、过氧化物、有机酸和含铅、磷汽油所形成的铅、磷污染等。

汽车尾气在直接危害人体健康的同时，还会对人类生活的环境产生深远影响。汽车尾气含有二氧化硫、二氧化氮，这些气体会使大气形成酸雨；汽车尾气中大量的二氧化碳，是造成全球气候变暖、温室效应的主要原因；汽车排气污染最严重的危害是产生“光化学烟雾”，汽车尾气中的二氧化氮是造成光化学烟雾的主要因素。

2. 汽车排放标准——中国标准

2016 年 12 月 23 日，原环境保护部和原国家质量监督检验检疫总局发布了《轻型汽车污染物排放限值及测量方法(中国第六阶段)》(GB18352.6—2016)。自 2020 年 7 月 1 日起，该标准替代《轻型汽车污染物排放限值及测量方法(中国第五阶段)》(GB 18325.5—2013)。

2020 年 5 月 13 日，生态环境部、工业和信息化部、商务部、海关总署发布了关于调整轻型汽车国六排放标准实施有关要求的公告。其中，自 2020 年 7 月 1 日起，全国范围实施轻型汽车国六排放标准，禁止生产国五排放标准轻型汽车，进口轻型汽车应符合国六排放标准。另外，轻型汽车国六排放标准颗粒物数量(PN 限值)6.0×10^{12} 个 / 千米过渡期截止日期，由 2020 年 7 月 1 日前调整为 2021 年 1 月 1 日前。2021 年 1 月 1 日起，所有生产、进口的国六排放标准轻型汽车，PN 限值应符合 6.0×10^{11} 个 / 千米要求。

2023 年 5 月 8 日，生态环境部、工业和信息化部、商务部、海关总署、市场监督管理总局发布了关于实施汽车国六排放标准有关事宜的公告。其中部分内容为：自 2023 年 7 月 1 日起，全国范围全面实施国六排放标准 6b 阶段，禁止生产、进口、销售不符合国六排放标准 6b 阶段的汽车；针对部分实际行驶污染物排放试验(即 RDE 试验)报告结果为“仅监测”等轻型汽车国六 b 车型，给予半年销售过渡期，允许销售至 2023 年 12 月 31 日。

科技创新

随着国 6b 的实施，对发动机排放要求越来越严格，但是国产的发动机不但满足了排放要求，且进一步提高了发动机热效率。比亚迪骁云 1.5T 发动机的最大功率达到 136 kW，最大扭矩为 288 N·m，比上一代产品提升了 20% 以上，动力性能已经超越国际上主流的 1.5T 增压发动机。在轻米勒循环、350 bar 高压直喷、智能热管理等先进技术加持下，其整机热效率达到 38%，油耗降低 15%。

任务 7.2 发动机运行基本性能检测

7.2.1 进气真空度检测

1. 检测方法

微课
进气真空度检测

现代汽车发动机上一般布置有多根胶管，主要目的是利用发动机工作时进气歧管内产生的真空，作为多种辅助设备的动力源或有关传感器的信号源。发动机进气歧管真空度的高低及其稳定性与发动机工作的气缸数、转速、密封性、点火性能、混合气空燃比和节气门开度等有关。

用真空表（见图 7.9）对进气真空度进行检测的方法是：把真空表接于节气门的后方，起动发动机，发动机正常怠速运转，即可从真空表中获取真空度数值。如果随意改变节气门的开度（急加速或急减速）就会获取真空度的变化值，根据这些数值的变化，就可分析和判断发动机存在的故障。

图 7.9
真空表

2. 结果分析

发动机正常工作时，进气真空度的大小及变化都有固定的范围和规律，如进气真空度大小与正常值相偏离，则发动机必然存在某种故障。造成进气真空度异常的常见原因有一个或多个火花塞缺火、空气软管破损或软管接头松脱、气门密封不良、气缸盖衬垫或进气歧管垫等漏气、活塞环漏气严重、废气再循环阀（EGR）不能关闭、曲轴箱强制通风阀（PCV）被卡住而全开等。不同的原因所对应的真空表读数范围不同，因此掌握常见工况下真空表的正确读数范围及一些因故障而造成的异常情况，对故障诊断有益。

① 怠速工况下，发动机进气歧管真空表的读数应稳定在 57.5 ~ 71.2 kPa，如怠速测试

时真空表读数不正常，则需进行如下测试：

a. 检查基本点火正时；

b. 检查气门正时；

c. 检查气缸压缩压力；

d. 检查曲轴箱强制通风阀。

② 气缸垫漏气情况下进行怠速测试，真空表读数较低且指针在 16～65 kPa 大幅度摆动。

③ 发动机急加速或急减速时测量进气真空度可反映出活塞漏气的严重程度。正常状态下怠速时真空表读数约为 61.5 kPa，急加速时降至 0～10.4 kPa，而在急减速时则跳至 76.5～84.2 kPa。活塞漏气严重时，真空表指针的摆动幅度将不太明显。指针摆动幅度越大，则发动机技术状况越好。

④ 点火正时不准或气门开启时间过早或过迟时怠速测试进气真空度，如点火正时迟滞或气门开启过迟，真空表指针将在 47.1～68 kPa 轻微摆动；如点火正时提前或气门开启过早，则指针在 45.2～68 kPa 大幅度摆动。

⑤ 排气系统阻塞情况下发动机怠速时，真空表读数有时可达 54 kPa，很快又跌落为 0。发动机加速时，读数逐渐而清晰地下降为 0。

⑥ 某气缸气门烧坏或气门间隙不合适，真空表指针稳定，但每当有毛病的气缸工作时，指针就回摆且回摆值在 6.5 kPa 以上。

⑦ 气门卡滞，真空表指针将以不规则的间隔回退。为检验这种情况，可使发动机在 2 500 r/min 左右的转速下运转约 2 min，使气门杆升温到一定程度，在怠速运转状态下，如真空表指针在短时间内猛烈抖动，则说明存在气门卡滞问题。待气门冷却后，真空表指针的抖动将变得缓和些。

⑧ 发生混合气比例不合适或个别气缸点火效果差故障时，真空表读数（怠速时）较正常值低。混合气较浓时，指针在 45～68 kPa 慢摆；混合气较稀时，指针不规则地回摆又前摆，摆动幅度大，且常有怠速游车现象。

7.2.2　排气背压检测

1. 检测方法

使用背压表检测发动机排气背压，将排气背压表安装在排气管上，涡轮增压器前端；排气背压测量点选取离发动机排气管出口或涡轮增压器出口 75 mm 处，在排气连接管里测量，测压头与管内壁平齐。背压传感器的安装位置应在直径不变的直管段，一般以“前 3D 后 4D”的原则，否则安装后马上进行变径处理的话，测量时有时会产生负压。背压表如图 7.10 所示。

图 7.10
背压表

微课
排气系统
背压检测

2. 结果分析

① 背压表一般是连接在装氧传感器或空燃比传感器的位置，所以，连接时，要注意螺栓拧紧的力矩，不能过大（把螺栓拧坏），也不能过松（防止漏气）。

② 连接背压表后，注意观察怠速时指示的范围，如不超过 0.08 kg/cm^2 时，可以将发动机转速提高到 3 000 r/min，检查压力不超过 0.15 kg/cm^2（如果只从动力性方面考虑，也可以用压力不超过 0.25 kg/cm^2 来作为判断标准）。

③ 如果怠速时，压力超过 0.2 kg/cm^2，则应立即熄火，不允许提高发动机转速，以防止仪器损坏。

④ 由于排气温度较高，所以测试时间应尽量缩短，避免仪器连接的橡胶软管部件由于长时间承受高温而损坏。

⑤ 背压表拆下后，应采用自然冷却降温的方式，不能强行降低温度，待接头温度和室外温度一致时，方可将仪器放入盒内。

7.2.3 气缸压力检测

1. 气缸压力表

气缸压力表是检测气缸压缩压力的一种专用压力表，它一般由压力表头、导管、单向阀和接头等组成。压力表头的驱动元件是一根扁平的弯成圆圈状的管子，一端为固定端，另一端为活动端。活动端通过杠杆、齿轮机构与指针相连。当压力进入弯管时弯管伸直，于是通过杠杆、齿轮机构带动指针动作，在表盘上指示出压力的大小。气缸压力表如图 7.11 所示。

微课
气缸压力检测

2. 检测方法

测量气缸压缩压力时，应将发动机运转至正常工作温度（冷却液温度达到 80 ~ 90 ℃）后熄火进行。汽油机需要先清理灰尘后拆除全部火花塞，保证蓄电池电量充足，将节气门和阻风门全开；柴油机需要拆除全部喷油器，然后把气缸压力表的锥形橡皮头压紧在火花塞（喷油器）孔上，用起动机转动曲轴 3 ~ 5 s（转速应符合原厂规定）。由一人把汽缸压力表塞头严密堵塞在要检查的气缸火花塞孔内；另外一人将节气门完全打开，起动发动机，使气缸压缩 3～5 次，待压力表指针回零。再按上述方法将同一气缸打开三次，以最大读数的一次为准，其压力应达到原厂规定的标准。气缸压力表安装方法如图 7.12 所示。

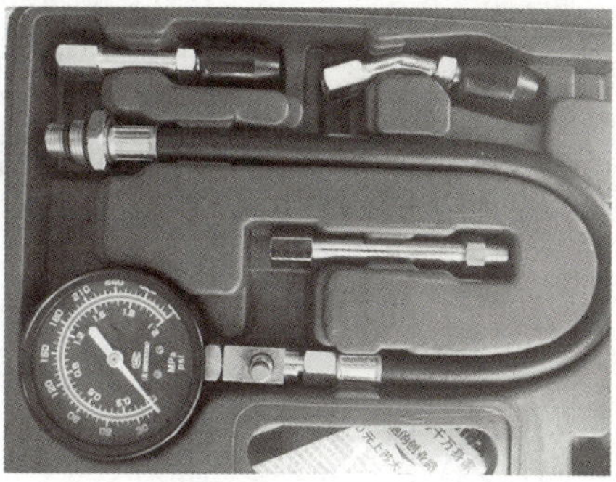

图 7.11
气缸压力表

图 7.12
气缸压力表安装图

3. 结果分析

汽油机气缸压缩压力应符合原厂规定的范围或不低于原厂规定的标准值的 90%；柴油机气缸压缩压力应符合原厂规定范围或不低于原厂规定的标准值的 80%。为保证发动机运转平稳，各气缸的压力差标准为：汽油机不超过其平均值的 10%；柴油机不超过其平均值的 8%。

如果同一气缸中，读数时高时低，可能原因是气门关闭不严密；一只气缸的读数比标准低，可能原因是该气缸气门关闭不严或气缸失圆、活塞环漏气等。如果测得的气缸压缩压力超过原厂规定，其原因一般为燃烧室内积炭过多、气缸衬垫过薄或气缸体盖结合平面修理磨削次数过多所致。如果测得的气缸压缩压力低于原厂规定，可向该气缸火花塞（喷油器）孔内注入 20～30 mL 新润滑油后再测量。如果第二次测出的压力比第一次高，接近标准压力，表明是气缸、活塞环、活塞磨损过大或活塞环对口、卡死、断裂及气缸壁拉伤等原因造成气缸密封不严。若第二次测出的压力与第一次基本相同，但仍比标准压力低，表明是进、排气或气缸衬垫密封不严。若两次检测结果均表明某相邻两气缸压力读数比标准低，说明是两气缸相邻处的气缸衬垫烧损窜气。相邻两气缸压力读数比标准低，是该相邻缸间的气缸衬垫漏气或气缸盖螺栓没有拧紧，应先检查气缸盖衬垫是否损坏，气缸盖是否平整及固定螺栓是否拧紧，然后检查活塞环，活塞与气缸壁间隙和气门的密封情况。

如果车辆行驶无力，油耗增加，可能是气缸压力降低，此时可采取简易的检查方法，即用压缩空气检查发动机的渗漏部位。先让发动机熄火，拆下火花塞，打开散热器，卸下空气滤清器，将怀疑有故障的气缸的活塞通过摇转曲轴，摇转至压缩行程上止点位置。然后用一根长胶管，将本车储气筒内的高压空气（必须在 600 kPa 以上），通过胶管充入气缸，观察以下现象即可判断故障所在：在排气歧管处听到漏气声，为排气门密封不严；若是散热器加液口有气泡，而且相邻气缸有漏气声，为气缸垫烧蚀；若是加润滑油口处听到漏气声，为气缸与活塞环密封不严，应确定故障并分别予以排除。

7.2.4　气缸漏气量检测

微课
气缸漏气量
检测

1. 检测原理

检测气缸漏气量时，发动机不运转，活塞处在压缩终了上止点位置，从火花塞孔处通入一定压力的压缩空气，通过测量气缸内压力的变化情况，可以表征整个气缸组的密封性，不仅表征气缸活塞摩擦部分的密封性，还表征进排气门、气缸衬垫、气缸盖及气缸的密封性。该方法仅适用于对汽油机的检测。气缸漏气量可用图 7.13 所示的国产 QLY-1 型气缸漏气检测仪来检测。

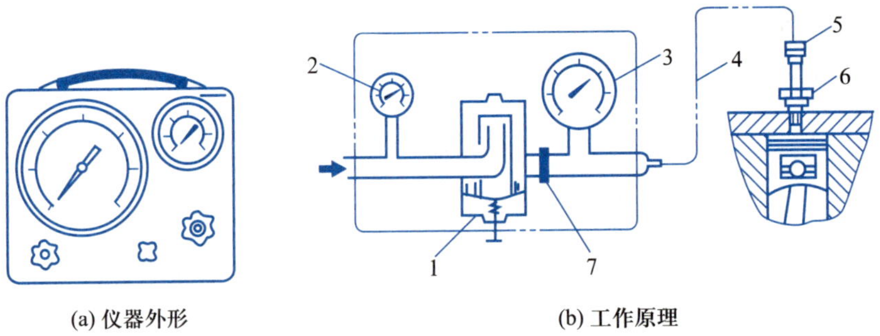

图 7.13
QLY-1 型气缸漏气检测仪
1—调压阀；2—进气压力表；3—测量表；4—橡胶软管；5—快速接头；6—充气嘴；7—校正孔板

该仪器由调压阀、进气压力表、测量表、校正孔板、橡胶软管、快速接头、充气嘴组成。此外，还需配备外部气源、指示活塞位置的指针和活塞定位盘，活塞位置指示器如图 7.14 所示。

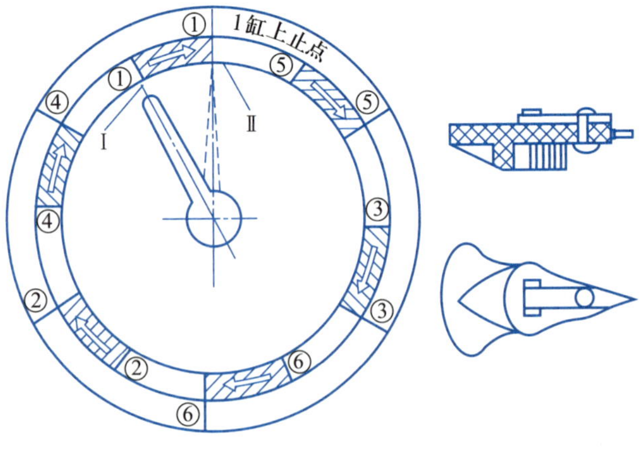

图 7.14
活塞位置指示器

2. 结果分析

① 如在进气口处听到漏气声，说明进气门密封不严；

② 如在排气口处听到漏气声，说明排气门密封不严；

③ 如在散热器加液口看到气泡或听到漏气声，说明气缸垫密封不严；

④ 如在相邻气缸火花塞口处听到漏气声，说明气缸垫在该两气缸之间部分破损；

⑤ 如在润滑油加注口听到漏气声，说明气缸活塞摩擦部分密封不严。

7.2.5 润滑油压力检测

润滑油压力检测是检测发动机润滑油的油液量和质量的重要标准，润滑油压力过高或过低将造成发动机起动困难、不能起动等故障现象。因此，润滑油压力的检测，对提高车辆使用性能具有十分重要的意义。图 7.15 所示为汽车机油压力测量仪。

微课
润滑油压力检测

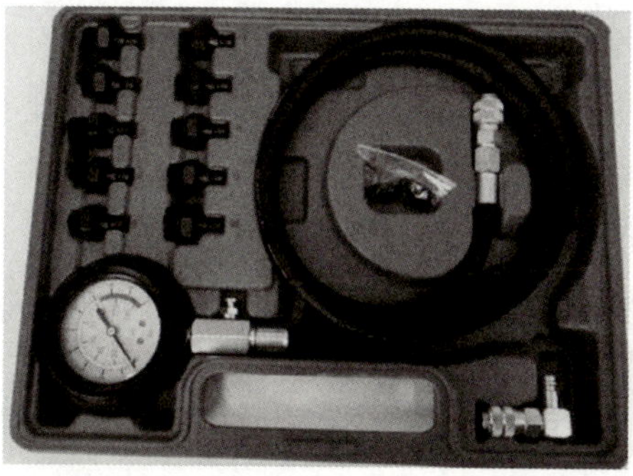

图 7.15
汽车机油压力测量仪

1. 检测方法

测量润滑油压力的方法如下：

① 拔下机油压力传感器的线束插头，拆下机油压力传感器；

② 将机油压力表的软管接头拧入安装机油压力传感器的螺孔内，并拧紧接头；

③ 将机油压力表放置在不会接触到发动机旋转部件及高温部件的地方；

④ 起动发动机，检查机油压力表接头处是否漏油。如漏油，应熄火后重新拧紧接头；

⑤ 运转发动机使之达到正常的工作温度，分别在怠速和 2 000 r/min 时检查油压表的读数，并与标准压力值进行比较。

各种车型发动机的润滑油压力标准都不完全相同，一般在怠速时应大于 0.05 MPa，在 2 000 r/min 时应大于 0.2 MPa。在测量完润滑油压力后，应拆下机油压力表，装上机油压力传感器并按规定力矩拧紧，接上线束插头。起动发动机，确认机油压力传感器没有漏油。

2. 结果分析

(1) 润滑油压力过低。润滑油压力过低，将使润滑效果降低，磨损增加，甚至危及机件的正常运转而使之烧坏。润滑油压力过低可能原因如下。

① 润滑油量没有达到规定容量。这会使得机油泵无法泵油或泵油量不足，只需将润滑油加到规定容量即可排除该故障。

② 润滑油黏度变小。按照说明书上要求，重新加入符合要求的润滑油即可。

③ 限压阀调整不当、弹簧折断或弹力不足，会使得大量的润滑油泄漏，导致润滑油压力下降，应参照说明书对各处的限压装置进行检查，排除故障。

④ 机油泵泵油不良。将油底壳取下查看机油泵的齿轮与泵壳、泵轴与轴承之间是否存在严重磨损、泵轴断裂或调压装置失效等，与机油泵连接的管线接头或集滤器堵塞等都能使机油泵无法建立起正常的工作压力，如果存在这些问题则需要进行修理或更换新的配件。

⑤ 润滑油油路严重泄漏。在检修时，要根据图纸等资料进行认真检查并排除故障。

⑥ 润滑油压力检测系统故障。有些发动机是采用电传感器和电感压力表来共同监测润滑油压力的，这些零部件出现故障后，可能使反映出来的润滑油压力偏低。而有些发动机是采用润滑油管线和机械压力表来监测润滑油压力的，当管线堵塞、泄漏及压力表出现故障时，也会使润滑油压力偏低。无论哪种故障均可用另外一块完好的机械压力表和管线来测量，如果结果不正常，说明润滑油压力的故障确实存在，需检修其他可能存在的故障。

⑦ 油道堵塞。油道堵塞能够引起润滑油压力低，通常是在连接压力表的油道之前，出现该故障只需要对连接压力表前的油道进行疏通即可。

(2) 润滑油压力过高。润滑油压力过高，容易冲坏机油细滤器盖，也会冲坏机油压力传感器。润滑油压力过高可能原因如下。

① 润滑油黏度过大。

② 限压阀调整不当或被胶质黏住卡死在关闭位置。

③ 气缸体主油道堵塞。

④ 机油滤清器滤芯堵塞且旁通阀开启困难。

⑤ 机油压力表失准或机油压力传感器失效。

⑥ 新装配的发动机曲轴轴承或连杆轴承间隙过小。

润滑油压力一般检测值标准：汽油机润滑油压力在 196～392 kPa，柴油机润滑油压力在 294～588 kPa。

7.2.6 燃油压力检测

微课
燃油压力检测

1. 燃油压力检测仪

图 7.16 所示为燃油压力检测仪。

2. 检测方法

(1) 卸压。先拔下燃油泵熔断器(见图 7.17)、继电器或燃油泵插头，再起动发动机，直至发动机自行熄火后，再次起动发动机 2～3 次，然后拆下蓄电池负极。

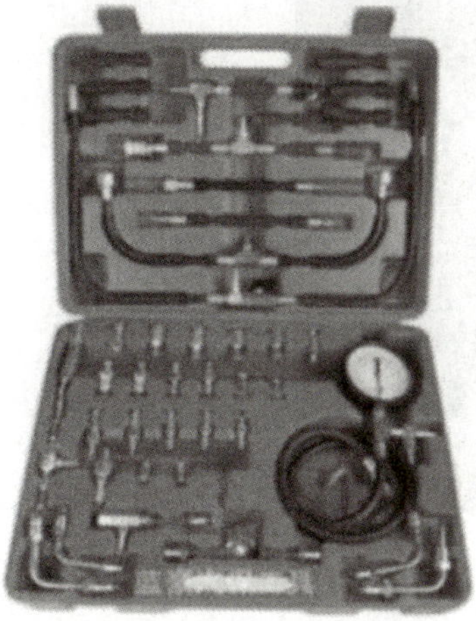

图 7.16
燃油压力检测仪

图 7.17
拆熔断器

（2）安装燃油压力表。将燃油压力表串接在进油管中(见图 7.18)，将燃油压力表连接到测压口(针对带测压口的车辆)上。在拆卸油管时，要用一块毛巾或棉布垫在油管接口下，防止燃油泄漏在地上。

图 7.18
安装燃油压力表

（3）检测油压。检测油压，主要包括静态油压、怠速油压、最大油压、剩余油压，如图 7.19 所示。

① 静态油压：起动发动机，用跨接线连接燃油泵诊断接头上的两个端子(如丰田车系的“+B”与“FB”端子)，并将点火开关转至“ON”位置，燃油泵工作，静态油压一般在 300 kPa 左右。

② 怠速油压。安装燃油泵熔断器或继电器，起动发动机，使燃油泵在怠速下运转，此时油压表读数为怠速工作油压。

③ 最大油压。用包有软布的钳子夹住回油管，此时油压表读数为燃油泵最大供油压力，

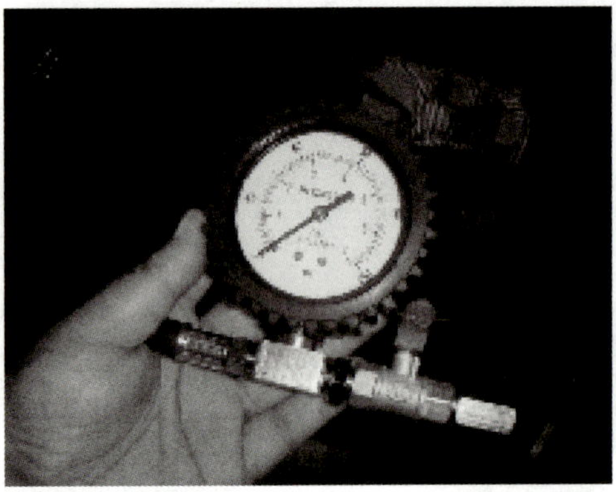

图 7.19
检测油压

一般为正常工作油压的 2～3 倍。

④ 剩余油压。松开夹住回油管的钳子，发动机熄火，燃油泵停止运转 10 min 后，油管保持压力应大于 150 kPa。

注意单位换算：1 MPa＝1 000 kPa；1 bar＝1 kg/cm^2＝14.2 psi＝100 kPa。

3. 结果分析

油压表读数不外乎油压为零、油压正常、油压过高和油压过低四种情况。

① 若油压为零，先检查油箱存油量，及油道是否严重外泄，燃油滤清器是否完全堵塞。排除以上故障可能性后，油压表读数依然为零，则需检查燃油系统的控制电路，如熔断器是否烧断、继电器是否不工作、燃油泵电路线束有否开路、燃油泵是否损坏等。

② 若油压过高，主要检查压力调节器顶部的真空管是否松脱或破裂漏气，或油压调节器回油管是否堵塞等。

③ 当燃油压力过低，或燃油泵停止工作 2～5 min 内油压迅速下降，在排除油路向外泄漏的前提下，则可能原因是喷油器泄漏、燃油压力调节器故障、燃油滤清器堵塞、油泵故障。

任务 7.3　发动机大修调试和检测

7.3.1　发动机大修磨合

1. 磨合的作用

① 扩大配合表面的实际接触面积。

② 降低配合表面的粗糙度。

③ 增大配合间隙。

磨合磨损扩大了配合表面的实际接触面积，降低了表面粗糙度，增大了配合间隙，改善了润滑效果。因此，磨合磨损显著提高了零件的抗磨损能力和抗疲劳破坏能力，增加了大修发动机后的可靠性与耐久性。

微课
发动机大修磨合（1）

微课
发动机大修磨合（2）

2. 发动机的磨合规范

根据发动机磨合过程中转速和负荷的组合不同，发动机的磨合通常分为冷磨合和热磨合。磨合规范包括磨合转速、磨合时间和负荷大小。

（1）发动机的冷磨合。冷磨合是将装配好等待磨合的发动机，安装固定在磨合试验台上，利用外来动力（如电动机加变速器或磨合好的发动机），带动待磨合的发动机以不同的转速运转，在惯性负荷作用下实现磨合的方法。图 7.20 所示为发动机冷磨合试验台。

图 7.20
发动机冷磨合试验台

发动机冷磨合规范及注意事项如下：

① 冷磨合的发动机要加足润滑油，通常用 20 号润滑油作为发动机润滑油，润滑油要保持正常的润滑油压力，以便有利于散热和冲洗摩擦面。

② 冷磨合时，一般不安装火花塞（汽油机）或喷油器（柴油机），燃油供给系统也应停止供

油，以减轻发动机运动部件的负荷，有利于发动机运动部件初始阶段的磨合。

③ 冷磨合的发动机，不接通冷却液循环系统，靠外界水循环冷却，冷却液温度控制在 70 ℃左右。

④ 冷磨合起始转速一般为 400 ~ 600 r/min，然后以 200 ~ 400 r/min 的级差逐级增加转速，冷磨合终了，转速一般为 1 000 ~ 1 200 r/min。冷磨合的总时间一般为 1.5 ~ 2 h，具体磨合时间应根据零部件加工质量和装配情况确定。

⑤ 发动机在冷磨合过程中，应进行以下检验：

a. 顶置气门式发动机，应打开摇臂室罩盖，检查摇臂的润滑飞溅情况和有无金属摩擦声。如听到"叽叽"的干摩擦声，则说明摇臂衬套润滑不良，应查明原因并排除。

b. 检查有无漏液、漏油现象。

c. 检查发动机各运转磨合部位，发现异响，应查明原因，予以调整和排除。

d. 检查活塞环有无泵油、喷油现象（火花塞孔不应有喷油现象），将白纸放至火花塞的上面片刻，查看纸面上有无油渍。

e. 观察发动机运转是否平稳，如有严重抖动，应检查发动机运动件的平衡状况以及旋转件的同轴度等。

⑥ 发动机冷磨合完成后，应放出全部润滑油，加入清洗油（90% 的柴油和 10% 的车用润滑油），再运转 5 min，放出清洗油，并清洗各油道。必要时，将各主要零部件解体清洗检查。

（2）发动机的热磨合。热磨合是在冷磨合的基础上，以发动机自身发出的动力进行运转磨合试验的过程，通常称为热试。它是为了检查发动机是否达到了应有的装配性能，同时为发动机进行汽车行驶前的走合，以保证发动机的竣工验收和正常使用。

热磨合分无负荷热磨合和有负荷热磨合两种。

① 无负荷热磨合。无负荷热磨合的目的除进一步磨合外，还要对发动机的油路、电路进行必要的检查和调整，以排除故障。其磨合规范及注意事项如下：

a. 采用该发动机冬季用润滑油。

b. 按规定程序起动发动机，在空载情况下，以规定转速 800 ~ 1 000 r/min 运转 1 h。

c. 调整润滑系统、燃料系统、冷却系统和点火正时等，使其符合标准和达到最佳状态。

d. 检查润滑油压力是否正常，否则应立即停机排除故障。

e. 检查发动机的冷却液温度、润滑油温度是否正常，否则应检查排除。

f. 若发现异响，特别是当发动机运转阻力增大时，应立即停机检查，及时排除故障。

g. 发动机热磨时，各部位应无漏液、漏油、漏气和漏电等现象，否则应查找原因并排除。

② 有负荷热磨合。有负荷热磨合就是用试验台的加载装置对发动机加载增速进行磨合。一般增加的载荷约为发动机额定负荷的 10% ~ 15%。有负荷热磨合的目的是进一步改善摩擦副工作表面的微观不平度，检验新修发动机的功率恢复情况。进行有负荷热磨合时应注意事项如下：

a. 观察冷却液温度、油压和油温，应符合原厂规定。

b. 发动机在各种工况（负荷）下应运转平稳、无异响，发现故障及时排除。

c. 及时调整点火提前角至最佳值。

发动机热磨合结束之后，还必须拆检主要机件。检查气缸压力(或真空度)应符合大修规定；抽出活塞连杆组，检查气缸有无拉伤和偏磨；检查活塞裙部的接触面是否磨合正常，活塞环的外表面与气缸的磨合痕迹应不小于外表面面积的 90%，活塞环的开口间隙不大于装配间隙的 25%；检查主轴承和连杆轴承的磨合情况；拆除凸轮轴，检查轴承、凸轮及挺杆等各摩擦副的配合情况。经过检查，若发现不正常，应进行排除，必要时重新磨合。

7.3.2　发动机大修性能调试与检测

1. 发动机总成修理竣工技术条件

微课
发动机大修性能调试与检测

(1) 一般技术要求

① 装备齐全、按规定完成了发动机磨合，无漏油、漏液、漏气、漏电现象。

② 加注的润滑油量、牌号以及使用的润滑脂符合原厂规定。

③ 急加速时无爆炸声，消声器无放炮声，工作中无异响。

④ 润滑油压力和冷却液温度正常。

⑤ 气缸压力符合原厂规定，各气缸压力差，汽油机应不超过各气缸平均压力的 8%，柴油机应不超过 10%。

⑥ 四冲程汽油机转速在 500 ~ 600 r/min 时，以海平面为准，进气歧管真空度应在 57.2 ~ 70.5 kPa 范围内，其波动范围，六缸机不超过 3.5 kPa，四缸机不超过 5 kPa。

(2) 主要使用性能

① 发动机在正常工作温度下，5 s 内应能起动。柴油机在 5 ℃、汽油机在 −5 ℃环境下，应起动顺利。

② 配气相位差不大于 2° 30′ 。

③ 加速灵敏，速度过渡圆滑，怠速稳定，各工况工作平稳。

④ 最大功率和最大转矩不低于原厂规定的 90%。

⑤ 最低燃料消耗率不得高于原厂规定。

⑥ 发动机排放限值应符合规定。

二级维护竣工的发动机要求能正常起动，低、中、高速运转均匀、稳定，冷却液温度正常，加速性能好，无断火、回火、放炮等现象。发动机运转稳定后应无异响。无负荷测功功率不小于额定值的 80%。

> **工匠园地**
>
> 杨永修高考时落榜，复读再战，虽然可以上本科但是选择余地较少，最后他决定上个好专科。上学后，他逐渐爱上了数控专业，在校期间保持着班级第一名的成绩。毕业后，他如愿成为原一汽技术中心的一名工人。现如今，三十多岁的他，是一名数控技术工人，更是中国汽车制造领域的大国工匠，他能把高端发动机气缸体、气缸盖垂直度和同轴度等制造精度做到头发丝直径的三分之一，他攻克了高端发动机精密制造技术，获得全国技术能手、全国五一劳动奖章等多项荣誉。

2. 发动机的验收

发动机大修后，经过冷磨合、热磨合，试验检测合格，即可进行竣工验收。发动机验收必须按汽车修理技术标准中的有关规定执行。根据国家标准 GB/T 15746—2011《汽车修理质量检查评定方法》的规定，主要验收项目及要求如下：

① 装备与装配。发动机装备齐全有效，装配符合国家标准 GB/T 3799—2021《汽车发动机大修竣工出厂技术条件》的有关规定。

② 起动性能。发动机正常工作温度下,5 s 内能起动。

③ 进气真空度。以海平面为基准,汽车发动机怠速时,进气歧管真空度应在 57.2~70.5 kPa 范围内;进气歧管真空度波动值,六缸汽油机不超过 3.5 kPa,四缸汽油机不超过 5 kPa。

④ 气缸压力。气缸压力应符合原设计规定,气缸压力与各气缸平均压力的压力差,汽油机不超过 8%,柴油机不超过 10%。

⑤ 运转情况。发动机怠速运转稳定,其转速符合原设计规定,转速波动不大于 50 r/min;改变转速时应过渡圆滑;突然加速或减速时排气管中不得有爆炸声,无回火、放炮现象;在正常工况下运转时,不得有异常响声。

⑥ 发动机润滑油和冷却液规格、数量符合原厂规定,润滑油压力和冷却液温度正常。

⑦ 动力性能。发动机最大功率和最大转矩均不得低于原设计标定值的 90%。

⑧ 燃料消耗率。发动机最低燃料消耗率不得高于原设计要求。

⑨ 排放性能。发动机排放应符合国家标准 GB 18285—2000《在用汽车排气污染物限值及测试方法》的规定。

⑩ 其他。发动机应无漏液、漏油、漏气和漏电现象;柴油机停机装置应灵活有效;发动机应按规定加装限速装置,并加铅封。

汽车发动机修理质量评定分为汽车发动机修理维修档案的评定(见表 7.2)和汽车发动机修理竣工质量的评定(见表 7.3)。

表 7.2 汽车发动机修理维修档案的评定

序号	评定项目	技术要求
1	汽车维修合同(或委托书)	合同填写应字迹清晰;合同条款中应明确维修项目(含补充项目)、维修费用和完工时间;合同应由委托、承修双方签字或盖章确认
2	汽车发动机修理进厂检验单	检验单填写应字迹清晰并包括下列内容:进厂编号;发动机型号和编号;发动机装备及附件;客户主述及检验记录;检验日期;承修方处理意见;检验员签字;托修方签字
3	汽车发动机修理过程检验单	检验单填写应字迹清晰;过程检验项目应与维修合同中规定的作业项目一致;检验结果记录应真实准确;检验单应有编号、检验日期、主修人员及检验员签字
4	汽车发动机修理竣工检验单	竣工检验项目应符合 GB/T 3799—2021《汽车发动机大修竣工出厂技术条件》的相关规定;检验结果记录应真实准确并有检验员签字
5*	机动车维修竣工出厂合格证	应使用由省级道路运输管理机构统一印制的机动车维修竣工出厂合格证;合格证填写应字迹清晰并有质量检验员签字
6	汽车维修工时费、材料费结算清单	清单中应列出工时费及材料费明细,并注明所更换配件类别(原厂配件、副厂配件、修复件)

注:带 * 号的项目为关键项,其余为一般项。

表 7.3　汽车发动机修理竣工质量的评定

序号	评定项目	技术要求
1	发动机外观及装备	
1.1	外观	发动机的外观应整洁,无油污,各部无漏油、漏液、漏气、漏电现象
1.2	装备	发动机装备应齐全、有效
1.3	润滑油(脂)及冷却液	发动机应按原设计规定加注润滑油、润滑脂及冷却液
2	起动性能	
2.1	冷机起动	汽油发动机在环境温度不低于 −5 ℃,柴油发动机在环境温度不低于 5℃时,应能顺利起动。运行起动 3 次,每次不超过 5 s
2.2	热机起动	在正常工作温度下,发动机应能在 5 s 内一次性顺利起动
3	发动机运转状况	
3.1	怠速运转性能	从起动后到正常工作温度,发动机怠速应运转稳定,其怠速转速应符合原设计规定
3.2	运转状况	发动机在各种工况下应运转稳定,改变工况时应过渡圆滑
3.3	加速或减速	发动机在急加速或减速时,不应有爆炸声
3.4	异响	发动机在正常工况下运转时,不应有异常响声
4	进气真空度	在正常工作温度和标准状态下,发动机怠速运转时,进气歧管真空度应符合原设计规定;其波动范围六缸汽油机一般不超过 3.5 kPa,四缸发动机一般不超过 5 kPa
5*	气缸压缩压力	在正常工作温度下,气缸压力应符合原设计规定;气缸压力差,汽油机应不超过各气缸平均压力的 5%,柴油机应不超过 8%
6	机油压力	正常工作温度和规定转速下,润滑油压力应符合原设计要求
7	紧急停机装置	柴油发动机紧急停机装置应可靠有效
8	额定功率	应符合 GB/T 3799—2021 的规定
9	最大转矩	应符合 GB/T 3799—2021 的规定
10	燃料消耗率	发动机最低燃料消耗量不应大于原设计标定值的 105%
11*	排放性能	发动机排放装置齐全有效;车载诊断系统(OBD)应工作正常;排气污染物排放应符合国家标准的规定

注:带 * 号的项目为关键项,其余为一般项。

参考文献

[1] 陈家瑞.汽车构造[M].3版.北京:机械工业出版社,2009.

[2] 郃敬明,王维先.汽车发动机构造与维修[M].北京:机械工业出版社,2022.

[3] 陈瑜,雍朝康.汽车发动机构造与拆装[M].3版.北京:人民交通出版社,2019.

[4] 邱斌.汽车发动机机械维修[M].2版.北京:人民交通出版社,2021.

[5] 黄艳玲,田有为.汽车发动机机械系统检测与修复[M].3版.北京:机械工业出版社,2021.

[6] 李江江,李晶华.汽车发动机机械系统检测与维修[M].北京:高等教育出版社,2022.

[7] 修辉平,王宏松.汽车发动机机械系统检修[M].武汉:华中科技大学出版社,2020.

[8] 李俊泓,李有通.汽车发动机机械系统检修[M].成都:西南交通大学出版社,2020.

[9] 吴正乾.汽车发动机机械系统检修[M].北京:高等教育出版社,2021.